Razão e Emoção:
diálogos em construção

Maria Thereza C. Coelho de Souza
Vera Silvia Raad Bussab
Organizadora

Razão e Emoção:
diálogos em construção

Casa do Psicólogo®

© 2006 Casa Psi Livraria, Editora e Gráfica Ltda.
É proibida a reprodução total ou parcial desta publicação, para qualquer finalidade, sem autorização por escrito dos editores.

1ª Edição
2006

Editores
Ingo Bernd Güntert e Christiane Gradvohl Colas

Assistente Editorial
Aparecida Ferraz

Produção Gráfica & Capa
Renata Vieira Nunes

Ilustração da Capa
Robert Delaunay, Janela

Editoração Eletrônica
Renata Vieira Nunes

Revisão
Christiane Gradvohl Colas

Dados Internacionais de Catalogação na Publicação (CIP)
(Câmara Brasileira do Livro, SP, Brasil)

Razão e emoção: diálogos em construção / Maria Thereza C. Coelho de Souza organizadora. - - São Paulo: Casa do Psicólogo®, 2006.

Vários autores
Bibliografia.
ISBN 85-7396-511-8

1. Afeto (Psicologia) 2. Emoções 3. Psicologia do desenvolvimento 4. Psicologia educacional 5. Razão I. Souza, Maria Thereza C. Coelho de.

06-7921   CDD- 152.4

Índices para catálogo sistemático:
1. Razão e emoção : Psicologia   152.4

Impresso no Brasil
Printed in Brazil

Reservados todos os direitos de publicação em língua portuguesa à

Casa Psi Livraria, Editora e Gráfica Ltda.
Rua Santo Antonio, 1010 Jardim México 13253-400 Itatiba/SP Brasil
Tel.: (11) 4524.6996 Site: www.casadopsicologo.com.br

All Books Casa do Psicólogo®
Rua Simão Álvares, 1020 Vila Madalena 05417-020 São Paulo/SP Brasil
Tel.: (11) 3034.3600 E-mail: casadopsicologo@casadopsicologo.com.br

Sumário

APRESENTAÇÃO 7
Maria Thereza C. Coelho de Souza e Vera S. R. Bussab

INTRODUÇÃO
O espírito do afeto no corpo da racionalidade psicológica .. 13
Jaan Valsiner

Unidade I – Razão e emoção: integração ou separação 25

CAPÍTULO I
Desenvolvimento e prematuridade: a perspectiva do neonatologista 27
Maria Margarida Pereira Rodrigues

CAPÍTULO II
Adesão a cooperativas como projeto de vida coletiva: a construção da confiança e da solidariedade 39
Paulo de Salles Oliveira

CAPÍTULO III
Relações entre afetividade e inteligência: causalidade ou complementariedade? Considerações a partir da teoria de Jean Piaget 53
Maria Thereza Costa Coelho de Souza

CAPÍTULO IV
"Coração" e Razão: jogo de esconde-esconde ou parceria? 73
Maria Margarida Pereira Rodrigues, Maria Thereza Costa Coelho de Souza e Paulo de Salles Oliveira

Unidade II – Razão e emoção: desenvolvimento e intersubjetividade 85

CAPÍTULO V
O riso como (in)diferença eu-outro: lições de Bergson 87
Lívia M. Simão

CAPÍTULO VI
As idéias de Vygotsky sobre a relação razão-afetividade no curso do desenvolvimento 103
José Moysés Alves

CAPÍTULO VII
O comportamento lúdico: razão e emoção 129
Vera Silvia Raad Bussab

CAPÍTULO VIII
Agir e brincar: desafios à dicotomia afeto/razão 153
Alves, Simão e Bussab

Unidade III – Razão e emoção: os laços entre educação, brincadeira e afetividade 171

CAPÍTULO IX
Ontogênese e práticas educativas na Educação Infantil 173
Maria Isabel Pedrosa e Maria Cecília A. de Aguiar

CAPÍTULO X
Brincar e ambiente educativo: implicações educacionais ... 193
Alysson M. Carvalho e Maria Michelle F. Alves

CAPÍTULO XI
O professor inesquecível: a afetividade nas práticas pedagógicas 213
Sérgio Antônio da Silva Leite e Daniela Cavani Falcin

CAPÍTULO XII
Educar, sentir e brincar: transitividade em ação 255
Carvalho, Pedrosa e Leite

SOBRE OS AUTORES 263

Apresentação

Inicialmente, gostaríamos de destacar o tamanho da empreitada a que nos prestamos, qual seja, a de explicitar os riscos da dicotomia Razão/emoção. É empreendimento enorme já que nós, pesquisadores em Psicologia e em Educação, somos herdeiros de uma tradição filosófica dualista relativa às relações mente/corpo; que se reflete na abordagem dos pares clássicos em Psicologia: natureza/cultura; inato/aprendido; afetividade/cognição; razão/emoção.

O problema é que explicações assim polarizadas, como no caso de natureza *versus* cultura, ou apartadas, como no caso de afetividade e cognição, não são suficientes para produzir entendimento dos processos psicológicos em questão. Por que, então essas polarizações não são simplesmente abandonadas? Talvez porque nossas tentativas de integração ainda sejam tímidas e ainda requeiram novas descobertas e o desenvolvimento de novas concepções. A própria persistência das dicotomias, ou os reaparecimentos sucessivos depois de esforços de superação, sugerem que elas podem ter uma razão de ser. Embora sejam muitas vezes tidas como as vilãs da história, como responsáveis pelos maus entendimentos ou pelas incompreensões, talvez devam ser entendidas como sintomas indicativos das limitações explicativas dos nossos conceitos. E não adianta querer sufocar o sintoma sem atacar seus fatores subjacentes.

Pode-se, ao contrário, pensar que as dicotomias têm enorme utilidade já que nos protegem do esforço de articulação sem determinação unilateral. Elas trazem desafios à reflexão teórica e à pesquisa empírica e, muitas vezes, são necessárias para o início do processo de reflexão. Sendo assim, não podem ser descartadas ou mortas prematuramente, mas necessitam ser reconhecidas para poderem ser enfrentadas e, quem sabe, superadas. Muitas vezes, as dicotomias aparecem transfiguradas e são pseudo-superadas, já que a verdadeira superação exige mudança de patamar, momentos de embate, e não ajuntamentos ou tentativas de conciliações (às vezes do inconciliável) de diferentes teorias, ou, o que é pior, um ecletismo exagerado.

A dicotomia presente na abordagem das relações entre razão e emoção é o tema central desse livro, composto a muitas mãos, a partir de diferentes especialidades acadêmicas e com origem em vários campos do conhecimento psicológico e educacional. Assim, esse livro reflete um processo em andamento entre pesquisadores de diferentes temáticas, com diferentes abordagens teóricas, bem como diferentes métodos de investigação. Entretanto, todos os pesquisadores envolvidos pretendem refletir sobre as armadilhas do pensamento dicotômico sobre razão e emoção, reconhecendo suas vantagens, mas, ao mesmo tempo, insuficiência para o entendimento do indivíduo em sua complexidade.

Como parte desse trabalho conjunto de discussão, construímos esta obra, a qual é composta por textos individuais sobre o tema razão/ emoção e por textos de trios (esperançosamente chamados de textos de síntese), de pesquisadores agrupados em torno de discussões a partir de diferentes campos de conhecimento. Os textos dos trios revelam um desafio a mais, o de escrever a seis mãos, buscando a abertura do processo reflexivo, em direção à descentração de idéias e à construção de novos modos de pensar as imbricadas relações entre afetividade e cognição.

Algumas temáticas perpassam vários textos, como, por exemplo, o brincar, o lúdico, o riso. Outros focalizam mais os riscos das transposições excessivas de um campo de conhecimento a outro e as armadilhas das explicações dicotômicas. Uns partem dos conhecimentos em Educação, outros da produção em Psicologia (Social e do Desenvolvimento). Para o desenvolvimento do tema, os textos foram agrupados em Unidades, refletindo o trabalho empreendido, de reflexão conjunta e cooperação. Cada unidade é composta por quatro textos, três individuais e um de um trio de pesquisadores.

A primeira Unidade, representada pelos professores Rodrigues, Salles Oliveira e De Souza, focaliza essencialmente os riscos das explicações dicotômicas para a temática das relações entre razão e emoção, buscando ilustrar estes perigos à luz de três perspectivas teórico-empíricas. O texto conjunto, "Coração e Razão: jogo de esconde-esconde ou parceria?", busca vencer o desafio de articular as reflexões sobre as relações entre afetividade e razão, a partir de perspectivas muito diversas da Psicologia Social e da Psicologia do Desenvolvimento, e também com inserções diferenciadas de análise. Para se ter uma idéia, foram focalizadas desde questões envolvidas na adesão a cooperativas solidárias como projeto de vida alternativo, passando pelas questões relevantes nas concepções e práticas de neonatologistas no atendimento aos recém-nascidos prematuros, até as implicadas nas relações entre afetividade e inteligência no desenvolvimento, segundo a ótica piagetiana, conforme investigada em pesquisas sobre a interpretação de contos de fadas. Tal diversidade conferiu ainda mais poder às relações estabelecidas e às demonstrações da integração entre razão e afetividade. Ao analisar o desenvolvimento e a prematuridade sob a perspectiva do neonatologista, Rodrigues ilustrou uma ligação especial entre razão e emoção, permitindo acesso ao modo pelo qual as questões do âmbito da saúde do bebê são tratadas pelos médicos. Oliveira analisa a adesão a cooperativas solidárias, revelando-a como um projeto de vida coletiva, que é basicamente fundamentado na construção da confiança e da solidariedade. Mais do que representar um projeto econômico alternativo, aderir à cooperativa significa assumir e construir formas diferenciadas de sociabilidade e cultura, nas quais razão e sentimentos estão absolutamente integrados. De Souza apresenta as concepções de Piaget sobre afetividade, desfazendo o equívoco freqüente de que este autor não a considerou importante para o desenvolvimento mental e para a construção do conhecimento e discute as relações entre afetividade e inteligência, demonstrando que ambas evoluem conjuntamente e são imprescindíveis em todas as condutas. O conjunto de pesquisas realizadas pela autora sobre representações de histórias de fadas mostra de um modo contundente as ligações entre afetividade e racionalidade no desenvolvimento.

A segunda unidade apresenta as contribuições dos professores Simão, Alves e Bussab, centralizando-se na importância do conceito de ação como possibilidade nova de compreensão e eventual superação da dicotomia afeto-razão. Os três professores apontam a brincadeira e o riso (especialmente Simão) como manifestações que revelam as imbricadas relações entre racionalidade e afetividade nas relações eu-outro e no desenvolvimento ontogenético e epigenético (especialmente Bussab). O tema é abordado sob diferentes facetas. As relações entre intersubjetividade e processos afetivo-cognitivos do self, ressaltando a dimensão da intersubjetividade, com ênfase na indissolubilidade da díade eu-outro para a constituição e desenvolvimento do *self*, são abordados por Simão. A autora indica como o distanciamento afetivo-emocional poderia possibilitar a experiência da intersubjetividade pelo eu e pelo outro, com desdobramentos para o desenvolvimento dos *selves*. Toma como ponto de partida um estudo filosófico de Henri Bergson, intitulado *O Riso*, focalizando as relações entre o cômico e o (inter) subjetivo. Alves destaca em seu texto o esforço de aplicação de uma perspectiva desenvolvimentista e sistêmica (a de Vygotsky) ao desenvolvimento dos afetos, historiando na obra desse autor os momentos em que analisa a afetividade em suas relações com o processo sócio-histórico de desenvolvimento. Já Bussab, a partir de uma perspectiva etológica, analisa a brincadeira humana, sua natureza e importância do vínculo afetivo e a brincadeira, indicando os diferentes graus de interferência entre racionalidade e emoção, bem como as relações entre brincadeira e desenvolvimento saudável, em especial a brincadeira do faz-de-conta, com seus aspectos culturais ligados ao compartilhamento e ao estabelecimento de vínculos.

Finalmente, a terceira unidade é composta pelos textos produzidos pelos Professores Pedrosa & Aguiar, Carvalho & Alves e Silva Leite& Falcin e busca abordar a temática das relações entre razão e emoção a partir do campo de conhecimento da Psicologia Educacional, optando por focalizar situações de sala de aula, de relacionamento professor/cuidador-aluno/criança e as práticas educativas em especial em Educação Infantil.

Os autores demonstram que a literatura da Psicologia do Desenvolvimento reflete a dicotomia entre afeto-razão, o que se generaliza para as práticas pedagógicas, em especial aquelas voltadas para as crianças. Pedrosa e Aguiar ressaltam a importância de abordagens sobre o desenvolvimento que possam oferecer aos professores subsídios integrados para nortear suas práticas e cita a teoria walloniana como uma das possíveis contribuições nesse sentido. Enfatizam que as práticas educativas deveriam se ajustar ao nível ontogenético das crianças e não somente aos conhecimentos teóricos do professor. A este respeito, discutem os diversos elementos de um planejamento didático para o ensino da escrita numérica, visando a articular experiências e conhecimentos de modelos teóricos. Leite e Falcin também recorrem à teoria walloniana e à vygotskiana para fundamentar sua pesquisa sobre a importância da afetividade nas relações entre professor-aluno e aluno e objetos de conhecimento. Ressaltam que a natureza da relação do professor com seus alunos e com seus objetos de conhecimento não é somente cognitiva, mas também afetiva e isto se relaciona com as condições de ensino e aprendizagem. Na pesquisa apresentada sobre decisões pedagógicas assumidas pelo professor, investigaram diferentes aspectos que são apontados pelos alunos como interferindo na aquisição e construção de conhecimento, desde organização da sala, material adotado, domínio do conteúdo até relação afetiva entre professor e objeto de conhecimento, indicando também os resultados desses elementos sobre as relações dos alunos com o conhecimento. Carvalho e Alves partem da literatura sobre brincadeiras infantis para destacar a necessidade de apoio em teorias de desenvolvimento que integrem as dimensões afetivas, cognitivas e sociais e que sirvam de referência para professores, sobretudo os de Educação Infantil, para construírem suas práticas educativas. Assim, analisam as relações existentes entre o ambiente da instituição educativa e o comportamento de brincar de seus educandos, para subsidiar projetos pedagógicos, nos quais o brincar seja incorporado como elemento importante para o processo de aprendizagem e para o desenvolvimento humano. É apontada a ambigüidade com que a brincadeira tem sido tratada nos planejamentos pedagógicos, apesar do reconhecimento teórico cada vez maior da sua importância para o desenvolvimento. Foram apresentados resultados de pesquisas de observação de brincadeiras de crianças de 3 a 6 anos, em diferentes tipos de estabelecimentos de ensino, que indicaram um predomínio do brincar de faz-de-conta em todas as idades e gêneros, com destaque para o brincar de realidade. A associação dos dados de observação direta com os de entrevista aos educadores salientou a necessidade de se considerar a brincadeira como uma atividade espontânea associada que deveria ser acolhida de maneira a possibilitar o pleno desenvolvimento infantil, e não ser somente priorizada como recurso didático, em atividades orientadas, para fins de aprendizagem.

Realizada a empreitada a que nos propusemos, esperamos, pois, com esta obra, colaborar com o processo reflexivo de pesquisadores em Psicologia e em Educação, os quais pretendem (como nós) em suas práticas, dar continuidade às indagações epistemológicas tão necessárias para a produção de conhecimento científico.

Maria Thereza C. Coelho de Souza
Vera S. R. Bussab
Maio de 2006

INTRODUÇÃO
O espírito do afeto no corpo da racionalidade psicológica[1]

Jaan Valsiner

Este livro é um acontecimento importante na psicologia do desenvolvimento pelo seu propósito de transcender a disputa entre afeto e racionalidade, através do trabalho coletivo de uma rede de pesquisadores do Brasil todo. É um exemplo da superação construtiva dos perigos do pós-modernismo, que tornaram as ciências sociais do nosso tempo sociopoliticamente ativas e epistemologicamente vazias. Este último aspecto se deveu à crença, presente no pensamento pós-moderno, quanto à impossibilidade teórica de se obter generalidade de conhecimento com base no "conhecimento contextualmente situado". A idéia de que a maior parte dos nossos fenômenos psicológicos é completamente específica ao contexto fica óbvia se olharmos para a variabilidade da conduta intra-individual. Entretanto, do reconhecimento dessa variabilidade intra-individual (ou da sua contra-parte interindividual), não se segue que o que é único em sua especificidade *não* se tornaria possível através de um sistema gerativo universal de alguma espécie[2]. Pelo contrário, a busca por tais sistemas explicativos gerais pode ter que tomar uma nova direção[3].

---

1. Traduzido por Lívia Mathias Simão.
2. O mesmo problema esteve presente no pensamento alquimista antes daquela disciplina se tornar a ciência da química. Foi somente através do desenvolvimento de um sistema simbólico generalizado nessa última que a especificidade contextual das reações químicas pode ser reconciliada com princípios gerais (Brush, 1996; Vickers, 1984).
3. Como tem acontecido em outras ciências – na genética, a superação da "teoria das sementes", de Darwin a Galton, pela proposição da codificação de pareamento genético dos caracteres fenotípicos por Mendel (Bateson, 2002); também na imunologia, pela proposição do reconhecimento *self*- não *self* através da criação de anticorpos (Burnet, 1959).

Sem dúvida, a moda do pós-modernismo deu origem a uma maior apreciação dos contextos situados nos quais o conhecimento funciona. Também legitimou metodologias qualitativas em contraposição a uma psicologia baseada rigidamente na quantificação – ou seja, *quantificcional*[4]. Entretanto, ela também levou a disciplina a um estado hiper-produtivo de estagnação intelectual. Os psicólogos publicam – e tentam publicar[5] – realmente muitos textos sobre pesquisa empírica. Os psicólogos são pessoas ocupadas e também altamente interativas – o que de vez em quando significa prescritivas. Muito dos escritos contemporâneos em Psicologia têm sido gastos na inútil luta contra os "dualismos" ou o "positivismo" – o que é, aliás, outro efeito colateral da rigidez revolucionária do pós-modernismo. Com os "dualismos", a possibilidade de olhar para dualidades de vários tipos – a do *self* dialógico (Gonçalves e Salgado, 2001) ou dos processos de alteridade (Simão e Valsiner, 2006) – torna-se impossível de ser conceitualizada. Em vez de dual*ismos*, precisamos considerar as duali*dades* – unidades sistêmicas do organismo ativo na relação com o mundo (veja-se também Alves, Bussab e Simão, neste volume).

---

4. Inventei o termo *quantificcional* para enfatizar a construção de ilusões de generalidade do conhecimento através do mero ato de quantificação nas tradições de pesquisa psicológica. A Psicologia tem usado um sistema numérico particular – o de números reais (veja-se Rudolph, 2006) como se ele garantisse a objetividade de tipo científico, enquanto ignora as "vendas" conceituais que aquela quantificação introduz (Branco e Valsiner, 1997; Valsiner, 2000).

5. Em muitos periódicos em Psicologia a taxa usual de rejeição de artigos submetidos varia de 80 a 90 por cento – o que significa que somente uma pequena proporção dos textos produzidos entra de fato para o domínio público de conhecimento. As práticas institucionais de avaliação, difundidas pelo mundo – que "medem" a produtividade acadêmica em termos de artigos publicados em periódicos está por trás daquele esforço hiperativo do "publique ou pereça". Na realidade, publicar muito pode garantir, desde a perspectiva do público, a perda de novas idéias valiosas em uma única publicação (a menos que ela se torne "popular" por passar a ser citada; veja-se também "democracia da literatura", Valsiner, 2000). Dada a natureza socialmente híbrida da maioria das redes de citação nas ciências sociais, a confiabilidade de contar o número de publicações e/ou dos seus índices de citação torna tal avaliação vulnerável aos artefatos da conformidade local. É óbvio que esse estado de coisas praticamente dá suporte à falta de orientação na direção da generalidade do conhecimento, enquanto a ideologia pós-moderna provê o suporte axiomático para aquela falta de interesse na generalização.

Introdução

Superando a preferência pós-moderna por oposições sociais

É particularmente essa influência de instâncias filosóficas pósmodernas, com sua negação da possibilidade da emergência de generalidade do conhecimento, que fez a psicologia permanecer amplamente em um estado de estagnação. A crítica uníssona contra a construção de conhecimento geral e promoção de estudos qualitativo-contextuais de situações particulares – uma nova forma de empirismo cego – torna nossa ciência hiperativamente cega. Em vez de esforços para generalização, encontramos uma miríade de disputas ativas de vários sistemas de pensamento quase-gerais – vê-se o "nativismo" lutando com o "construcionismo", "vigotskianos" com "piagetianos", etc. Essas disputas são jogos de posicionamento social – e não podem ser confundidas com a criação de novas compreensões na disciplina. Não importa quantas vezes se reivindique que "Vigotski estava certo sobre X e Piaget estava errado" (ou vice-versa), seria preciso gerar *novo* conhecimento que transcendesse *ambas* as compreensões desses dois pensadores seminais. Em contraste, uma única investigação cuidadosa que tomasse seriamente as idéias gerais de ambos, Piaget e Vigotski (ou de outros – as de Boesch, Bruner, Wallon, Levinas, etc), como apoio direcionador para gerar novas idéias, faria avançar a disciplina.

É na função de investigação coletiva deste livro que essa criação de novas idéias tem lugar. Os textos publicados aqui deixam de lado as usuais "guerras entre grupinhos" da psicologia, trabalhando na direção de uma síntese criativa. Observa-se que os autores estão envolvidos com o jogo criativo de idéias, em vez de estarem labutando como trabalhadores de fábrica nas linhas de montagem que produzem mais dados. Este livro abre para os leitores o charmoso *playground* das idéias. O tópico geral – reunificação de afeto e cognição na teorização psicológica – necessita desse *playground*.

A sobrevivência dos aficionados – que talvez sejam os "mais elegantes"

O trabalho publicado neste livro é animador na sua tentativa de ir em direção à reconstrução da unidade de duas facetas principais da vida humana – pensar e sentir. Os esquemas analíticos usuais da Psicologia os têm separado, sem maneira de reuni-los. Entretanto, a vida cotidiana – a que acontece em praias, lares, escolas, cinemas, restaurantes, motéis e zoológicos – mostra que os dois lados são intrincadamente conectados. Os seres humanos criam novos rituais, fetiches, utopias, credos políticos e religiosos, e maneiras pessoais de serem eles mesmos. Eles são perseverantemente carregados de sentido nas suas maneiras de viver, ligando seus passados e futuros imaginados e desejados com seus presentes.

Além do mais, essa conexão teve que estar lá na história evolutiva da espécie humana. O manejo afetivo das situações de vida imediatas é a base para a sobrevivência (ou não-sobrevivência) do indivíduo e, em última instância, da espécie. Entretanto, primeiro o indivíduo precisa sobreviver, através da miríade dos sempre indeterminados encontros com os aspectos ainda não conhecidos do meio. Comer ou não uma fruta nova? Adentrar essa sedutora boca de caverna – ou não? Comer a carne dessa carcaça quase podre encontrada no caminho – ou não? – todos esses são diversos tipos de decisão (fazer ou não fazer) que guiam diretamente o curso de vida individual.

A sobrevivência das espécies é um processo coletivo de muitos indivíduos daquela dada espécie – e é o lado afetivo dos indivíduos na tomada de decisão que garante a possibilidade da sobrevivência das espécies[6]. Assim, é a primazia do afeto – em vez da cognição – que

---

6. O argumento vai aqui no seguinte sentido: se todos os indivíduos da espécie X operassem através da "maquinaria cognitiva", calculando "custos e benefícios" de fazer Y, de forma homogênea (padronizada), e agissem de acordo com isso, a espécie pereceria caso o cálculo estivesse errado (por exemplo, a nova fruta encontrada seria venenosa e mataria todos os indivíduos que a provassem). Se houver variação interindividual, devida a alguns indivíduos evitarem a ação, e outros não – e a ação for danosa – aqueles que evitaram a ação sobreviverão e aprenderão através da observação

dirige os processos reais de evolução, pelo menos nos níveis mais altos. Contrariamente à crença racionalista dos psicólogos, de que o pensamento guia o afeto, estaremos melhor em nossos esforços de generalização pós-pós-modernos buscando maneiras pelas quais processos afetivos guiam suas contrapartidas cognitivas.

Faz-de-conta: onde pensamento e sentimento são uma dualidade

Neste livro podemos encontrar na emergência do faz-de-conta uma arena central na qual os lados racional e afetivo da mente humana operam em um sistema que abre novas possibilidades de desenvolvimento. Ele é parte do brincar – atividade lúdica – que permeia todos os aspectos da vida humana (por exemplo, Oliveira, neste livro) e está por isso no centro da organização da adaptação não só dos humanos, mas também de outras espécies (Bussab, idem).

O faz-de-conta não se limita à infância – ele acompanha o desenvolvimento humano por todo o curso da vida. Nossos sentir e pensar sobre os outros – observando-os, dando carinho a eles, assumindo seus papéis sociais, etc. – fazem todos parte do fenômeno do faz-de-conta. Uma mãe pode fingir que *essa* criança "é dela" – e tratar a criança de acordo com isso. Como resultado dessa sugestão social, a criança pode desenvolver a aceitação internalizada do papel de filho ou filha e a mãe, através do agir como uma mãe com base no sentir-se mãe, se torna uma mãe funcional mesmo que não haja laços de sangue entre elas. De forma semelhante, um neonatologista – ou uma mãe – olhariam um bebê prematuro, tanto como um objeto de intervenção médica para preservar a vida do bebê, como enquanto um ser humano (Rodrigues, neste volume). Através do faz-de-conta, a cada e todo

---

sobre a impossibilidade de calcular "custos e benefícios" em um mundo onde os perigos são mascarados por seduções, algumas das quais são armadilhas premeditadas por outros. Dado o mundo propositivo, sempre emergirão novas seduções no ambiente do organismo ativo, e cada vez mais armadilhas são criadas.

estágio do curso da vida humana, a pessoa se joga para diante da maneira prévia de ser, sentir ou pensar e explora novas possibilidades para posterior desenvolvimento (Oliveira e Valsiner, 1997).

Explorando o campo de potencialidades

Enquanto lia os textos deste livro, ocorreu-me que o faz-de-conta é uma jornada para as possibilidades futuras que a pessoa explora em dado momento (veja a Figura 1). Esse modelo toma emprestimo de um olhar prévio ao processo de construção de significado (Josephs, Valsiner e Surgan, 1999), estendendo a construção de novas formas de conduta no quase-circunscrito campo "não-A" para o futuro imediato. A construção da novidade é um processo de emergência de formas reais — *Aktualgenese* ou microgênese[7]. Entretanto, mesmo no processo microgenético ainda existe perda na abundância das novas formas construídas. O faz-de-conta, tal como observado, representa certo desdobramento dos resultados daquele processo.

O faz-de-conta é uma extensão no futuro agindo como se um particular futuro estado de coisas já estivesse presente (mas, claro, ele não está); o faz-de-conta é um veículo que promove sua real emergência no novo presente. Assim, o faz-de-conta nos oferece fenômenos que estão *simultaneamente não-presentes* (o não-A da emergência potencial de possibilidades futuras) *e presentes* (tal como a nova forma B que emerge do campo não-A através do faz-de-conta). Essa simultaneidade de presença (daquilo que ainda não é) e não-presença (daquilo mesmo) é a característica definidora do momento presente – o infinitamente pequeno momento de tempo entre o futuro mais próximo (no fazer-se presente) e o passado (também no desfazer-se presente, na medida em que vai se tornando o passado mais próximo).

---

7. Para uma visão geral sobre microgênese, veja Valsiner e Van der Veer, 2000, capítulo 7.

Introdução

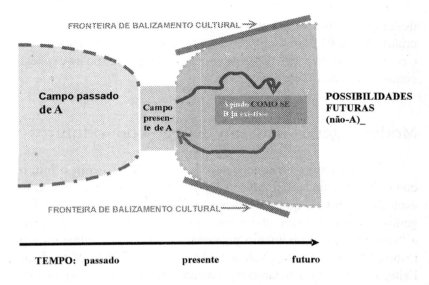

Figura 1. Como o faz-de-conta opera

O faz-de-conta envolve todos os aspectos do ser culturalmente guiado – mas não predeterminado. Nos sistemas de balizamento estabelecidos pelo agir, sentir e pensar (Valsiner, 1997, 2005b) há uma série de possibilidades para negociação das trajetórias de desenvolvimento para o futuro. Cada campo humano do aqui-e-agora de novas possibilidades (a parte do "não-A" na Figura 1) é pré-estruturado por um conjunto de representações sociais que – tanto extrinsecamente como através de formas internalizadas de "motivação intrínseca" (Bussab, neste livro) – guia a pessoa em direção a alguma (em vez de a outra) direção do faz-de-conta. Especificidades do papel do gênero na brincadeira infantil (Bussab, neste livro) assim como a eloqüência das improvisações infantis do *tekatwe* entre os meninos Parakanã (Alves, Bussab e Simão, neste livro) mostram quão poderoso é o funcionamento das representações sociais na brincadeira infantil. Um observador da brincadeira infantil nunca cessa de se surpreender com sua criatividade tanto em quais são os modelos adultos desempenhados como em de que forma eles se modificam criativamente na brincadeira. Entretanto, essa fascinação não é senão o ponto de partida para a busca de um modelo geral que possa explicar como essa criatividade é possível.

Modelos gerais para um diálogo com o futuro

É o processo dessas negociações – um diálogo com o futuro que o faz ser aquele real futuro *com o qual o indivíduo do presente está dialogando* – que precisa ser entendido através de modelos gerais formais de desenvolvimento. Esforços precedentes, tais como a "zona de desenvolvimento proximal" de Vigotski, falharam em resolver o problema (veja Valsiner e Van der Veer, 1993 – cf. também Leite, neste livro), como também falharam seus numerosos seguidores.

O problema conceitual aqui é fundamentalmente teórico e requer solução no nível abstrato. A principal dificuldade com o conceito de "zona de desenvolvimento proximal" é a compressão dos níveis micro, meso e microgenético dos processos de desenvolvimento[8]. Enquanto o faz-de-conta for um processo demonstrável no nível microgenético, que pode ser transferido para o nível macrogenético (a encenação de papéis sociais pelas pessoas – por exemplo, uma pessoa que tenta, como um ato improvisado no aqui-e-agora, ser um médico, acaba sendo um), então o nível macrogenético (ontogenético) poderá envolver períodos de crises (veja Alves, nesta publicação) que neguem os eventos nos outros níveis. O desenvolvimento humano é socialmente guiado nos dois níveis mais baixos – micro e mesogenético – mas a seleção do que é retido para a ontogênese é decidida no nível mais alto (macrogenético). Esse último opera em uma escala de tempo que é muito mais ampla que aquela da imediaticidade da tríade PASSADO è | PRESENTE| è FUTURO e permanece largamente desconhecida pela ciência do desenvolvimento contemporânea.

---

8. A respeito dessa distinção, veja Saada-Robert (1994).

De onde as soluções podem vir? Nova matemática no horizonte

O que é necessário para uma solução razoável é uma nova forma de matemática que seria construída sobre a noção de irreversibilidade do tempo de Henri Bergson (1896) e sobre os fundamentos da "lógica genética" de James Mark Baldwin (Baldwin, 1906, 1908, 1911, 1915). A dominância das filosofias estatísticas na psicologia não permite o desenvolvimento de tais modelos. Um retorno à topologia (Rudolph, 2006b, 2006c) ou à lógica co-genética (Herbst, 1995; Joyce e Kennison, 2006) pode ser apropriado. Está claro que a ligação entre fenômenos, dados, métodos e teorias precisa ser restabelecida (Branco & Valsiner, 1997; Valsiner, 2006). A nova direção da ciência ideográfica (Molenaar, 2004; Molenaar & Valsiner, 2005) é a direção de ponta na construção de sentido sobre os fenômenos dinâmicos complexos.

Referências

Baldwin, J. M. (1906).Thought and things: A study of the development and meaning of thought, or genetic logic. Vol. 1. *Functional logic, or genetic theory of knowledge.* London: Swan Sonnenschein & Co.

Baldwin, J. M. (1908). Thought and things: A study of the development and meaning of thought, or genetic logic. Vol. 2. *Experimental logic, or genetic theory of thought.* London: Swan Sonnenschein & Co.

Baldwin, J. M. (1911).Thought and things: A study of the development and meaning of thought, or genetic logic. Vol 3. *Interest and art being real logic.* London: Swan Sonnenschein & Co.

Baldwin, J. M. (1915). *Genetic theory of reality.* New York: G. P. Putnam's sons.

Bateson, P. G. (2002). William Bateson: a biologist ahead of his time. *Journal of Genetics, 81*, 2, 49-58.

Bergson, H. (1896). *Matière et mémoire.* Paris: Felix Alcan 1896

Branco, A. U., & Valsiner, J. (1997). Changing methodologies: A co-constructivist study of goal orientations in social interactions. *Psychology and Developing Societies, 9,* 1, 35-64.

Brush, S. G. (1996). The reception of Mendeleev's Periodic Law in America and Britain. *Isis, 87,* 595-628.

Burnet, F. M. (1959). *Clonal selection theory of acquired immunity.* Cambridge: Cambridge University Press.

Gonçalves, M. M, & Salgado, J. (2001). Mapping the multiplicity of the self. *Culture & Psychology, 7,* 3, 367-377.

Herbst, D. P. (1995). What happens when we make a distinction: An elementary introduction to co-genetic logic. In T. Kindermann & J. Valsiner (Eds.), *Development of person-context relations* (pp. 67-79). Hillsdale, N.J.: Erlbaum.

Josephs, I. E., Valsiner, J., & Surgan, S. E. (1999). The process of meaning construction. In J. Brandtstätdter and R. M. Lerner (Eds.), *Action & self development* (pp. 257-282). Thousand Oaks, Ca.: Sage.

Joyce, D. & Kennison, J. (2006). Mathematical concepts for analyzing ambiguous situations. *Estudios de Psicologia, 27,* 1, 85-100.

Molenaar, P.C.M. (2004). A manifesto on Psychology as idiographic science: Bringing the person back into scientific psychology, this time forever. *Measurement, 2(4),* 201-218.

Molenaar, P. C. M., & Valsiner, J. (2005). How generalization works through the single case: A simple idiographic process analysis of an individual psychotherapy case. *International Journal of Idiographic Science, 1,* 1-13. [www.valsiner.com]

Oliveira, Z. M. R., & Valsiner, J. (1997). Play and imagination: the psychological construction of novelty. In A. Fogel, M. C. D. P. Lyra, & J. Valsiner (Eds.), *Dynamics and indeterminism in developmental and social processes* (pp. 119-133). Mahwah, N.J.: Lawrence Erlbaum Associates.

Rudolph, L. (2006a). Spaces of ambivalence: qualitative mathematics in the modeling of complex fluid phenomena. *Estudios de Psicologia, 27,* 1, 67-83.

Rudolph, L. (2006b). The fullness of time. *Culture & Psychology, 12,* 2, 169-204.

Rudolph, L. (2006c). Mathematics, models, and metaphors. *Culture & Psychology, 12,* 2, 245-259.

Saada-Robert, M. (1994). Microgenesis and situated cognitive representations. In N. Mercer & C. Coll (Eds.), *Explorations in sociocultural studies. Vol. 3. Teaching, learning, and interaction* (pp. 55-64). Madrid: Fundación Infancia y Aprendizaje.

Simão, L. M., and Valsiner, J. (2006) *Otherness in Question – Labyrinths of the self.* Greenwich: Information Age Publishers

Valsiner, J. (1997). *Culture and the development of children's action.* 2nd ed. New York: Wiley.

Valsiner, J. (2000). Entre a "Democracia da Literatura" e a paixão pela compreensão: Entendendo a dinâmica do desenvolvimento. *Psicologia: Reflexão e critica, 13*, 2, 319-325.

Valsiner, J. (2005a). Transformations and flexible forms: where qualitative psychology begins. *Qualitative Research in Psychology, 4*, 4, 39-57.

Valsiner, J. (2005b). Affektive Entwicklung im kulturellen Kontext. In J. B. Asendorpf (Ed.), *Enzyklopädie der Psychologie.* Vol. 3. *Soziale, emotionale und Persönlichkeitsentwicklung* (pp. 677-728). Göttingen: Hogrefe.

Valsiner, J. (2006). Developmental epistemology and implications for Methodology. In R. Lerner (Ed), *Handbook of Child Psychology*. 6th ed. New York: Wiley.

Valsiner, J., & Van der Veer, R. (1993). The encoding of distance: The concept of the zone of proximal development and its interpretations. In R. R. Cocking & K. A. Renninger (Eds.), *The development and meaning of psychological distance* (pp. 35-62). Hillsdale, N.J.: Lawrence Erlbaum Associates.

Valsiner, J., & Van der Veer, R. (2000). *The social mind.* New York: Cambridge University Press

Vickers, B. (1984). Analogy versus identity: the rejection of occult symbolism, 1580-1680. In B. Vickers (Ed.), *Occult and scientific mentalities in the Renaissance* (pp.95-163). Cambridge: Cambridge University Press.

Unidade I
Razão e emoção: integração ou separação

CAPÍTULO I
Desenvolvimento e prematuridade: a perspectiva do neonatologista[1]

Maria Margarida Pereira Rodrigues[2]
Universidade Federal do Espírito Santo

Introdução

No texto são analisadas as concepções de desenvolvimento e prematuridade e as práticas adotadas por pediatras neonatologistas que trabalhavam, em 2001, em Unidades de Terapia Intensiva Neonatal (UTIN) da Região Metropolitana de Vitória/ES. O material utilizado na análise consiste nas entrevistas de pediatras e no texto da dissertação de mestrado de Martins (2002). A autora entrevistou 5 pediatras neonatologistas, que trabalhavam há mais de 4 anos em Unidades de Terapia Intensiva Neonatal (UTIN), com o objetivo de investigar a(s) concepção(ões) de prematuro, os indicadores e os métodos de avaliação de desenvolvimento utilizados por esses profissionais.

A dissertação de mestrado de S. W. Martins foi escolhida porque aborda o desenvolvimento inicial de bebês prematuros[3] (ou pré-termo) da perspectiva de médicos neonatologistas. Ademais, as transcrições das cinco entrevistas fazem parte da dissertação de mestrado e contêm informações suficientes para a análise, que nos propomos, dos conceitos que justificam e norteiam as práticas adotadas por esses

---

[1]. Trabalho originalmente apresentado no III Congresso Norte e Nordeste de Psicologia, na mesa-redonda *Razão e afetividade: diálogos em construção a partir da psicologia do desenvolvimento e da psicologia social*, em maio de 2003. A presente versão incorporou elementos advindos das discussões ocorridas no evento.
[2]. Professora do Departamento de Psicologia Social e do Desenvolvimento da UFES E mail: mariampr@terra.com.br
[3]. Bebê com idade gestacional inferior a 36 semanas.

médicos nas UTINs. Ao tratar das fases iniciais de desenvolvimento, o texto aborda conceitos básicos da Psicologia do Desenvolvimento e, sendo neonatologistas os entrevistados e a autora da dissertação neonatologistas, nos permitirá o acesso ao modo como as questões do âmbito da saúde do bebê são tratadas por aqueles que têm formação médica (os entrevistados) e pela pesquisadora, que tem também formação pós-graduada em Psicologia.

Utilizar como material básico de análise as entrevistas realizadas por uma entrevistadora neonatologista que, portanto, compartilha com os entrevistados as concepções e os modos de ação profissional, merece algumas ponderações. O fato de a entrevistadora ser médica criou condições para que os entrevistados falassem além do esperado, admitindo a flexibilização dos critérios para concessão de alta aos bebês, pela inclusão de informações e impressões subjetivas. Essa situação de entrevista mostrou-se vantajosa porque possibilitou captar informações que, possivelmente, não o seriam por um entrevistador com outro perfil profissional. De outro lado, a entrevistadora também era comprometida com o pensamento médico e esse comprometimento repercutiu nas informações obtidas. Algumas respostas dos entrevistados, que demandariam esclarecimentos e aprofundamento, eram consideradas satisfatórias pela entrevistadora, que passava à próxima pergunta. Nessa perspectiva, a adesão da entrevistadora às concepções dos entrevistados é desvantajosa na medida em que suas convicções atuaram como filtro que, em nossa perspectiva, empobreceu e, de certo modo, modificou o material obtido.

Schwartz (1999) recomenda cautela na análise de informações obtidas através de entrevistas e outras técnicas que utilizam perguntas. Esse autor demonstra e discute o viés que a formulação e o contexto das perguntas pode produzir nas respostas. Cotejando vantagens e desvantagens do material produzido por Martins (2002), optamos por sua utilização para a análise que nos propomos, uma vez que o próprio texto da dissertação nos dá acesso às concepções/convicções da autora/entrevistadora e pode servir, portanto, para balizar nossa análise de conteúdo das entrevistas.

Caracterização de prematuridade/bebê prematuro

A autora[4] sintetiza as concepções dos pediatras de prematuridade/ prematuro como segue:

Para os entrevistados, o prematuro é um organismo imaturo, indefeso, susceptível a qualquer agressão e sem condição de adaptação ao ambiente. É um ser que necessita da assistência especializada para se tornar uma criança "normal". O *status* social do prematuro é de um indivíduo sem direitos, que é afastado da mãe e colocado no ambiente da UTIN para sobreviver (Martins, 2002, p. 94).

Os entrevistados conceituaram o recém-nascido prematuro pela negação, qualificando-o pelo que lhe falta e pelo que ainda não é – indefeso, imaturo, sem condições de adaptação. A assistência especializada é condição necessária para vir a *ser*. Da condição de não *ser* do prematuro decorre a negação de direitos.

Na verdade, os entrevistados não apresentaram um conceito de prematuro/prematuridade. Em suas falas simplesmente repetiram o significado usualmente atribuído à palavra prematuro, tal como explicitado por E3: "(...) *o prematuro, eu sempre uso essa expressão quando eu vou falar com os pais, é uma fruta verde que você tem que ajudar a amadurecer" (E3, p. 65[5])*.

Da redução do bebê prematuro à condição de organismo indefeso, sem condições de sobreviver decorre a identificação da prematuridade com doença: *"A prematuridade é entendida como uma doença (...)" (Martins, 2002, p. 94)*.

Em sua fala, E1 descreve criticamente suas ações e concepções e responsabiliza a cultura médica pela despersonalização do sujeito internado e sua identificação através da patologia que apresenta.

---
4. As citações de texto da dissertação são referidas como Martins (2002).

5. As citações de trechos das entrevistas são identificadas com a página porque, nessa dissertação, as transcrições das entrevistas fazem parte do texto.

Você tem o cuidado de pensar que seja realmente um paciente diferenciado, que é um ser único, individualizado dentro daquele universo de crianças internadas. Eu acho, que muitas vezes, até eu mesma, apesar de pensar dessa forma, muitas vezes no momento da... da ação que você vai lidar com o bebê, às vezes, você esquece disso, de que ele seja um indivíduo, ele é um cidadão, na verdade. (...) eu acho que primeiro é...é... um pouco da cultura médica. (...) eu acho que nós não aprendemos é... é... nós não aprendemos... não aprendemos a lidar com o paciente enquanto indivíduo. (...) Nós esquecemos a todo momento, você esquece, muitas vezes, de pensar no bebê como João ou Maria. Tanto é que já começa na... é o recém–nascido de 'Fulana' de tal ou ... hoje mesmo você passando o plantão pra mim: '... se lembra daquele menino...'. Eu disse: 'Não, fala da patologia, senão eu não lembro dele. (E1, p. 50).

O entendimento da prematuridade como doença[6], que incapacita para a adaptação ao ambiente, e da necessidade de assistência especializada para se tornar uma criança normal, implica a adoção de procedimentos que têm como objetivo a cura – tomada como o momento em que a criança se torna "normal" –, a dispensa da UTIN e inserção num ambiente (familiar) ao qual já tem condições de se adaptar.

Quando apresenta as características dos entrevistados, a autora sinaliza que nenhum deles trabalha em ambulatório de *follow-up*[7]. E, durante as entrevistas, quando o tema não aparecia espontaneamente, foram apresentadas perguntas sobre o acompanhamento dos bebês após a dispensa da UTIN. Apenas um dos entrevistados relatou que recebe informações sobre o desenvolvimento dos bebês que estiveram na UTIN. No entanto, a iniciativa de fornecer informações é dos profissionais que fazem o *follow-up*. Os entrevistados deixaram muito claro que consideravam seu trabalho concluído a partir do momento que concedem alta ao bebê.

---

6. A prematuridade é uma das doenças infantis da Classificação Internacional de Doenças (CID-10).
7. "Ambulatório de acompanhamento do crescimento e desenvolvimento de recém-nascido de risco" (Martins, 2002, p. 45, nota de rodapé).

A autora discute a postura dos entrevistados, mostrando que eles sabem que a criança pode ter seqüelas, principalmente neurológicas, que afetarão o desenvolvimento. Porém, para os neonatologistas, os responsáveis pelo diagnóstico e tratamento desses problemas são os neurologistas, pediatras e outros profissionais (Martins, 2002).

Mesmo considerando pertinente a crítica aos neonatologistas, deve-se considerar que essa postura decorre do conceito de prematuridade desses profissionais: a doença (prematuridade) está curada, o médico considera seu trabalho finalizado e concede alta ao bebê (ex-prematuro). Quaisquer problemas de saúde futuros, ainda que produzidos pelo nascimento pré-termo ou pelos procedimentos adotados na UTIN, não são responsabilidade do neonatologista porque o bebê sai da UTIN curado.

UTIN: Tratamento e Desenvolvimento do prematuro

Se a cura da doença, da prematuridade, é o trabalho dos neonatologistas, que critérios utilizam para decidir que a criança pode receber alta? Segundo a autora, *"...o desenvolvimento do prematuro internado na UTIN é concebido a partir de características de crescimento"* (Martins, 2002, p. 87) e os parâmetros clínicos utilizados para avaliar o crescimento são o peso e o perímetro cefálico; outros parâmetros clínicos, também de natureza orgânica, eventualmente usados são: tônus muscular, reflexos e movimentação. Martins (2002) conclui que para os entrevistados,

(...) a avaliação do desenvolvimento – mental, emocional, comportamental – deve ser feita após a alta hospitalar no ambulatório de follow-up. *Durante a internação na UTIN, a preocupação dos médicos ainda está centrada na manutenção da vida do prematuro pela estabilização das funções orgânicas, contrariando a tendência*

atual das pesquisas que demonstram a importância da qualidade de vida dos prematuros sobreviventes" (p. 95).

Os entrevistados atribuem significados ao termo desenvolvimento. Um dos entrevistados diferencia crescimento de desenvolvimento, atribuindo ao médico neonatologista a responsabilidade pela avaliação e promoção do crescimento da criança, e a outros profissionais – médicos e fisioterapeuta – a responsabilidade pela avaliação e promoção do desenvolvimento. Para esse entrevistado, o desenvolvimento só começa depois que os órgãos do bebê atingem o tamanho normal. A crença de que crescimento e desenvolvimento no bebê prematuro acontecem em seqüência justifica, para esse entrevistado, a postergação da avaliação do desenvolvimento. Dois entrevistados consideram que o desenvolvimento do prematuro durante a internação deve ser avaliado e acompanhado pelo neuropediatra e pelo fisioterapeuta, revelando que estão se referindo ao desenvolvimento orgânico (neurológico e motor). Há ainda os que entendem desenvolvimento como sinônimo de desenvolvimento psicológico, que só poderia ser acompanhado no *follow-up*.

Apesar dos diferentes significados atribuídos à palavra desenvolvimento – crescimento, desenvolvimento psicológico, alterações no desenvolvimento orgânico – todos os entrevistados concordam em ponto: a avaliação e acompanhamento do desenvolvimento do bebê, durante e no período pós UTIN, é tarefa dos demais profissionais da área da saúde.

A negação do desenvolvimento psicológico dos prematuros é, provavelmente, determinada por compreensão equivocada das possibilidades de comportamento e competências do recém-nascido. Consequentemente, os comportamentos de orientação, olhar, movimentos corporais, e expressões do prematuro seriam desconsiderados quando o médico descreve os parâmetros essenciais da avaliação objetiva e técnica para concessão de alta. De outro lado, esses mesmos comportamentos são considerados para o prognóstico e a concessão de alta.

Apesar de todos afirmarem que os parâmetros essenciais são o peso e o perímetro cefálico, um dos entrevistados declarou que se o bebê estiver "espertinho e mamando direito" (sic), concede alta antes de atingir o peso normal; outro entrevistado se refere à interação do prematuro com o ambiente da UTIN – movimentos de orientação de cabeça, abrir os olhos quando tocado, etc – como bom indicador de melhora. Um terceiro entrevistado, tecendo considerações sobre a sua experiência profissional, relatou que tem aprendido a pegar os bebês do jeito que eles gostam. "Eles" refere-se inequivocamente aos bebês. Esses são exemplos de que os médicos consideram indicadores de desenvolvimento, estão atentos ao comportamento e interagem com os bebês, a despeito de afirmarem o contrário. A ancoragem científica e a competência técnica também podem estar servindo como proteção para os próprios médicos, evitando problemas quando, por exemplo, o bebê não sobrevive. No entanto, o fato de a entrevistadora ser também neonatologista pode ter criado condições para que os médicos explicitassem o uso da intuição e do conhecimento tácito na avaliação do prematuro. A própria autora testemunhou manifestações de bebês prematuros, tão inesperadas que foram difíceis de admitir como fatos.

Trabalhando com o prematuro tive a oportunidade de observar surpreendentes comportamentos. Ao observar a sucção da sonda orogástrica, retirada do tubo traqueal, o olhar indagador, o sorriso do prematuro, eu ficava surpresa e pensava que não poderia ser uma tentativa de comunicação. Eram atos reflexos sem intenção e sem emoção (Martins, 2002, p. 98).

A autora, pediatra de UTIN, aproximou-se da Psicologia do Desenvolvimento movida pela busca de instrumentos e procedimentos auxiliares no diagnóstico e prognóstico de bebês prematuros. O contato com a Psicologia do Desenvolvimento e, especialmente, o estudo do desenvolvimento e dos métodos de avaliação do desenvolvimento do recém-nascido e

O conhecimento da avaliação realizada pela Escala de Avaliação Comportamental Neonatal desenvolvida por Brazelton me mostrou que a preocupação com o comportamento do recém-nascido já existe há alguns anos e se baseia na mudança da visão médica da relação neonato versus ambiente. Sem a mudança de concepção do neonato, fica difícil o entendimento da necessidade de utilização da escala de Brazelton (Martins, 2002, p. 99).

Concluir que a utilização, pela Neonatologia, de um instrumento de avaliação psicológica – no caso, a Escala de Brazelton – exige mudanças no modo de conceituar o neonato pode parecer trivial. No entanto, considerando a inserção profissional (formação) da autora, tal conclusão foi, provavelmente, produzida pelo contato com a Psicologia, área na qual os métodos de avaliação são concebidos a partir do conhecimento produzido, o que não ocorre com a maior parte das especialidades da Medicina, que são eminentemente técnicas.

Os estudos de Piaget me fizeram refletir que esses comportamentos [sorriso, olhar] *têm finalidade de interação e adaptação comigo e com o ambiente. a observação do comportamento do prematuro com um outro olhar aos poucos foi modificando a minha prática diária. Não podia mais ver o bebê pré-termo como um organismo passivo ao estímulo do ambiente. Compreendia que, após a estabilização das funções vitais, o prematuro era capaz de organizar o seu meio interno para se adaptar ao barulho, à luminosidade, ao estresse do ambiente da UTIN* (Martins, 2002, p. 98).

A autora revela mudança de concepção do neonato é condição necessária mas insuficiente se não for acompanhada de mudança de concepção da UTIN que os médicos têm e, possivelmente, compartilham com os demais profissionais que ali trabalham.

UTIN: ambiente de desenvolvimento

Do ponto de vista dos entrevistados, o ambiente da UTIN é inadequado em razão do ruído, luz intensa e, além disso, envolve o uso de procedimentos que, apesar de necessários, são dolorosos. Somente os aspectos físicos do ambiente são destacados pelos entrevistados quando se referem ao ambiente em que o prematuro vive. Nessa perspectiva, consideram os profissionais que trabalham na UTIN mais uma fonte de ruído e perturbação. O modo como se referem ao ambiente externo (geralmente o ambiente da família) e a contraposição com o ambiente da UTIN indicam que apenas os ambientes externos têm outros elementos, além dos não aversivos e de natureza física.

Quando um dos médicos critica o ruído e o manuseio do prematuro, sugere que *"A gente tem que deixar a criança num ambiente o mais neutro possível, mais silencioso possível, mais tranqüilo" (E5, p. 80)*. Esse ideal de ambiente de UTIN, compartilhado pelos demais entrevistados, parece a representação do ambiente uterino que existe no imaginário social: ambiente calmo, com nutrição garantida e temperatura controlada.

A UTIN não é apenas um ambiente barulhento e estressante. É um ambiente complexo, de convivência social diária de adultos e bebês, de trabalho e responsabilidade, e de relações, vínculos e afetos. A UTIN é a moradia dos bebês prematuros, que aí permanecem durante *todo o tempo* de internação, sendo cuidados e alimentados por pessoas que vão se tornando familiares, assim como se tornam familiares sons, odores e luzes. Partindo do quadro conceitual exposto e discutido por Lordelo (2002), verifica-se que a UTIN atende os critérios necessários para ser conceituada como um contexto de desenvolvimento. Portanto, a UTIN pode ser considerada o primeiro contexto de desenvolvimento do bebê pré-termo[8].

---

8. A UTIN é também um dos contextos de desenvolvimento dos adultos que lá trabalham, que têm outros contextos de desenvolvimento enquanto o bebê pré-termo só tem esse.

Mudanças que tornam a UTIN mais silenciosa e acolhedora já foram implementadas em estudos realizados (vide, por exemplo, MEYERHOF,1997), com resultados benéficos para o desenvolvimento, incluindo os parâmetros orgânicos como o peso e a abreviação do tempo de internação. No entanto, nesses estudos, a intervenção não visou só os aspectos físicos do ambiente da UTIN, visou os profissionais que permanecem mais tempo em contato com os bebês, orientando-os quanto ao modo de lidar e interagir com os bebês.

Os conceitos de ambiente e de neonato apresentados pelos entrevistados tornam inviável a adoção de práticas que potencializariam os efeitos da UTIN – considerada agora como contexto de desenvolvimento – para o desenvolvimento do neonato. A autora, apesar de ter se distanciado de seus colegas aproximando-se de uma perspectiva interacionista, ainda mostra fragilidade teórica. A dificuldade em compreender a interação sujeito-ambiente como uma interação expressa-se no protocolo de entrevista utilizado, que tem diversas perguntas sobre as características do recém-nascido prematuro, mas nenhuma pergunta específica sobre o ambiente e muito menos sobre assuntos que podem dar indícios sobre essa interação. Convém esclarecer que o protocolo foi elaborado e utilizado, no mínimo, um ano e meio antes da finalização do texto da dissertação. O estudo e reflexão teórica juntamente com a análise de discurso das entrevistas pode ser responsável pela agregação de novos conceitos e concepções ao texto quando comparado com os protocolos.

Apesar desses lapsos, as concepções da autora sobre as possibilidades de desenvolvimento do prematuro e práticas médicas nas UTIN foram tocadas pela Psicologia:

Refletir a respeito do desenvolvimento mental que se inicia ao nascimento e que está relacionado diretamente com fatores biológicos e ambientais proporciona a oportunidade de modificação da prática médica neonatal. [...] O entendimento de que o prematuro, após a estabilização do quadro clínico, apresenta capacidade de interação com o ambiente e que essa interação, e conseqüente mudança no comportamento, é essencial para o desenvolvimento cognitivo posterior poderá estimular uma reflexão sobre a prática diária do cuidado intensivo neonatal" (Martins, 2002, p. 96-97).

No entanto, o senso crítico manifestado na avaliação da prática neonatal não apareceu na análise de relatos dos entrevistados que desvelam os sentimentos de poder que o prematuro desperta. A autora traduz esses sentimentos como: *"O sucesso no tratamento do prematuro representa a concretização da competência profissional do neonatologista"* (Martins, 2002, p. 94).

Considerações finais

As falas dos médicos são marcadas pela ambivalência entre o conhecimento médico e o conhecimento constituído a partir da experiência cotidiana com o bebê pré-termo. Essa ambivalência é revelada nas falas dos médicos, quando afirmam a primazia e o uso de critérios técnicos e, ao mesmo tempo, admitem a adoção de outros critérios baseados no conhecimento tácito e na intuição.

Os neonatologistas também revelam os sentimentos despertados pelos bebês prematuros. São sentimentos de piedade e pesar pelo sofrimento do bebê, produzido tanto por sua condição física quanto pelos procedimentos adotados no tratamento. As expressões utilizadas pelos médicos, tais como: "tadinho", "precisa de carinho", servem para esclarecer que o sofrimento do bebê é inevitável. O bebê é percebido como um desvalido que requer o uso de procedimentos e conhecimento técnico para sobreviver e essa condição gera piedade no médico.

Essa cisão afetividade-racionalidade pode ser uma estratégia de autoproteção do médico em caso de morte do bebê. Não buscar informações sobre o desenvolvimento da criança após a alta da UTIN também pode estar servindo como autoproteção tanto profissional quanto pessoal. Isto porque se o bebê recebeu alta é porque estava curado e qualquer informação sobre seqüelas, que comprometem o desenvolvimento posterior da criança, questionaria esse saber e poder do médico, além dos possíveis impactos afetivos.

Referências

LORDELO, E.R. (2002) Contexto de desenvolvimento humano: quadro conceitual. In E.R. Lordelo, A.M.A. Carvalho e S.H. Koller (Orgs.), *Infância brasileira e contextos de desenvolvimento*. São Paulo/Salvador: Casa do Psicólogo/ Editora da UFBA, p.5-18.

MARTINS, S. W. (2002) *Uma possível visão dos profissionais de UTIN sobre o desenvolvimento humano do recém-nascido prematuro internado*. Dissertação de Mestrado. Vitória: UFES.

MEYERHOF, P. G. (1997) *Qualidade de vida: estudo de uma intervenção em Unidade de Terapia Neonatal de Recém-Nascido Pré-Termo*. Tese de Doutorado. São Paulo: Universidade de São Paulo.

SCHWARTZ, N. (1999) Self-Reports: How the questions shape the answers. *American Psychologist*, 54(2): 93-105.

CAPÍTULO II
Adesão a cooperativas como projeto de vida coletiva: a construção da confiança e da solidariedade

Paulo de Salles Oliveira
Departamento de Psicologia Social e do Trabalho do Instituto de Psicologia da USP

Aos cooperantes da Integra[1]

As cooperativas economicamente solidárias

Do ponto de vista da economia solidária, aderir a uma cooperativa não representa apenas juntar-se a um projeto econômico alternativo. Significa, além disso, assumir e construir formas diferenciadas de sociabilidade e cultura, nas quais razão e sentimento deixam de ser dualidades opostas para coroarem simultaneamente o cotidiano vivido pelos cooperantes. Assim, sentir-se engajado numa atividade produtiva, coletiva e rentável é tão importante quanto experimentar a sensação de confiança, seja a nossa em relação aos pares seja deles em relação a nós. Reconhecer a força desta construção reciprocamente referida é um dos pontos centrais para sucesso da iniciativa e bem-estar de seus sócios. Na economia solidária, cooperativas buscam a sempre difícil, mas necessária, conjunção entre necessidades de produzir e aspirações individuais e coletivas de seus sócios. O que implica identificar claramente que cada um destes, além de agente produtivo, é principalmente um ser humano com sonhos e necessidades, que vão muito além da órbita econômica.

---
1. INTEGRA – Cooperativa de Trabalho Interdisciplinar; site: integracoop.com.br ; e-mail: integra@integracoop.com.br

Quando se fala em cooperativas, algumas imagens podem vir à mente. É sabido que existem muitas unidades produtivas com esse nome no Brasil, mas boa parte delas está fundada em estratificação hierárquica rígida e em relações de assalariamento. Assemelham-se a uma empresa qualquer, com uma singular diferença: a supressão dos direitos trabalhistas. São chamadas, por isso mesmo, de *cooperfraudes* ou *coopergatos*. Podem até gerar negócios vultosos, mas passam ao largo dos preceitos genuinamente cooperativos. Não são certamente organizações deste naipe que fazem parte da economia solidária, ou seja, um

> (...) *modo de produção e distribuição alternativo ao capitalismo* – ensina Paul Singer – *criado e recriado periodicamente pelos que se encontram (ou temem ficar) marginalizados no mercado de trabalho. A economia casa o princípio da unidade entre posse e uso dos meios de produção e distribuição (da produção simples de mercadorias) com o princípio da socialização destes meios.*[2]

Por isso, este autor reafirma que a economia solidária nasce na sociedade capitalista, mas se põe contrariamente a ela como um implante socialista. No universo da economia solidária, as organizações mais conhecidas são as cooperativas populares, constituídas por gente que a sociedade rejeitou, pessoas necessitadas de uma atividade geradora de trabalho e renda, que pudesse lhes restituir a condição cidadã e a capacidade de sentirem-se ativas. Querem, antes de tudo, sobreviver e conferir sentido digno para a existência. Quem gostaria de se ver, de repente, deixado para trás? É mais que meritório, portanto, este esforço dos excluídos socialmente para exercer algum tipo de trabalho coletivo, condizente com suas possibilidades, e assim obter rendimento capaz de prover seu sustento e de sua família.

---

2. SINGER, Paul. Economia solidária: um modo de produção e distribuição. In:_____ & SOUZA, André Ricardo de (Orgs.) **A** *economia solidária no Brasil. A autogestão como resposta ao desemprego.* São Paulo: Contexto, 2000, p.13.

Nem todas as cooperativas, todavia, têm necessariamente origem popular. Podem nascer nos setores da classe média como um modo peculiar e coerente de colocar em prática as convicções de seus sócios. É gente que se recusa a assumir a condição de empregado e de patrão, nos moldes consagrados pelas empresas capitalistas. Manifestam desejo consciente de atuar em grupo e cooperativamente, procurando criar um espaço em que as idéias possam ser expostas sem receio de serem subtraídas ou boicotadas, em que as pessoas se olhem desarmadamente entre si, predispostas mais a colaborar que a dominar, criar obstáculos ou a se ocultar na sombra do esforço de seus colegas. É o caso aqui focalizado.

As cooperativas – populares ou não – que se inscrevem na economia solidária pautam-se pelos princípios estipulados originalmente, em 1844, pela Sociedade dos Pioneiros Eqüitativos de Rochdale, na Grã-Bretanha. São eles:

1) Gestão democrática, ou seja, cada sócio tem direito a um voto, independentemente do capital investido.

2) Portas abertas, isto é, livre ingresso na Sociedade de quem assim o quiser, desde que participe com uma cota mínima, igual para todos.

3) Divisão dos excedentes mediante uma taxa fixa de juros, de modo a que este excedente *nunca seja* totalmente apropriado pelos investidores. Formar-se-ia, assim, uma reserva financeira para auxiliar a operacionalidade da cooperativa.

4) Distribuição do excedente entre os sócios conforme o valor de suas compras, visando a estimular e premiar os que mais se utilizam dos serviços da sociedade, de vez que esta, para sobreviver, necessita tanto do capital quanto da demanda dos participantes.

5) Vendas somente à vista para evitar falência da cooperativa em momentos de crise.

6) Venda apenas de produtos puros e de boa qualidade.³
7) Necessidade de educação dos sócios nos princípios do cooperativismo. Aqui se percebe a importância atribuída à formação e ao desenvolvimento continuado de uma *cultura solidária*, de modo a consolidá-la na vida cotidiana.
8) Abertura política e religiosa, mantendo a Sociedade distante das disputas e preferências de seus sócios. Devia, ao contrário, manter-se aberta de modo a que ninguém fosse excluído por suas convicções.

De posse destes referenciais, procuram se organizar e participar de um empreendimento autogestionário, assumindo e dividindo responsabilidades de forma democrática. Almejam, enfim, ousar e conhecer o insólito dentro do universo social em que nos situamos –, que é competitivo e individualizado ao extremo. Querem encontrar formas alternativas de se sustentarem, mas também de celebrar a convivência em grupo e professar a mútua dependência em relação aos pares; experimentar o calor de ajudar e ser ajudado, não tendo vergonha de confessar sua interdependência, no presente e no futuro. Conforme explica Sennett:

> A ligação social nasce, de forma mais elementar, do senso de mútua dependência. (...) A vergonha da dependência tem uma conseqüência

---

3. Esta forma de procedimento marcava o contraponto das cooperativas em relação aos produtos que o mercado destinava aos trabalhadores. Engels descreve uma cena corriqueira no bairro londrino de Saint Gilles, no século XIX: *"O mercado está instalado nas ruas: cestos de legumes e de frutas, todos naturalmente de má qualidade e dificilmente comestíveis ainda reduzem a passagem, e deles emana, bem como dos açougues, um cheiro repugnante"*. ENGELS, Friedrich. *A situação da classe trabalhadora na Inglaterra.* Trad. de R. C. Artigas e R. Forti. São Paulo, Global, 1985, p. 39. Por outro lado, é preciso reconhecer que o quinto e o sexto princípios erigidos pela Sociedade dos Pioneiros, uma vez combinados, se de fato caminhavam no sentido de resguardar a sobrevivência das unidades cooperativas e de garantir que elas somente produzissem artigos dignos de se destinarem ao consumo de pessoas, acabaram contraditoriamente excluindo a possibilidade de acesso e consumo dos mais pobres a tais produtos, diante de sua condição de escassez e miserabilidade. Ver: SINGER, Paul. *Uma utopia militante.* Repensando o socialismo. Petrópolis, Vozes, 1998, p. 101.

prática. Corrói a confiança e o compromisso mútuos e a ausência desses laços ameaça o funcionamento de qualquer empreendimento coletivo[4].

Uma mediação importante é feita por John Bowlby, ao sublinhar que não há incongruência entre mútua dependência e auto-suficiência dos indivíduos:

> A pessoa realmente auto-suficiente não se revela de modo algum tão independente quanto supõem os estereótipos culturais (...) A pessoa auto-suficiente saudável é capaz de depender de outras quando a situação exige e saber em quem confiar[5].

Cooperativas, para se formarem, requerem pluralidade de adesões, ultrapassando assim o âmbito individual de decisão. Desde seu nascedouro, colocam o desafio de criar uma organização de trabalho que só se realiza com o concurso de um conjunto de pessoas, ou seja, que somente é possível mediante ações e acordos coletivos. Mais que isso: cooperativas só conseguem atuar como tal quando seus componentes logram traduzir na prática uma vida desenhada em comum, uma proposta de interações o mais equilibrada e justa possível, de modo a que não venham a reiterar, em seu interior, formas análogas de privilégio, exceção ou rejeição como as existentes na sociedade. Para cumprirem efetivamente seus objetivos, não podem acomodar dentro de si práticas discricionárias socialmente, pois se enfraquecem e sofrem distorções comprometedoras, uma vez que seu nascimento se justifica exatamente como recusa de situações de discriminação social.

Cooperativa como projeto de vida e participação política

A Integra é constituída por ex-estudantes universitários, recém-formados, e outros ainda em graduação, com idades entre 24 e 35 anos,

---
4. SENNETT, Richard. *A corrosão do caráter. Conseqüências pessoais do trabalho no novo capitalismo.* Trad. de M. Santarrita, Rio de Janeiro, Record, 1999, p. 166 e169.
5. Apud SENNETT, Richard. *Ob. Cit.*, p. 167.

provenientes das áreas de engenharia, arquitetura, sociologia e administração, da Universidade de São Paulo. São na quase totalidade filhos da classe média e muitos trazem experiência anterior de atuação organizada no movimento estudantil e no Escritório Piloto, da Escola Politécnica daquela universidade. Fundada em 1999, sua sede fica em casa alugada na zona oeste da capital paulista e é composta, majoritariamente, por homens. Desenvolve as seguintes atividades: projetos e construções, viabilização de projetos habitacionais, transformação de edificações comerciais ou industriais em residenciais, cooperação com o poder público na formação de empreendimentos solidários e assessoria a movimentos sociais. Um número variável em torno de 25 pessoas forma o.contingente de sócios, mas se agregarmos os estagiários e contratados o índice mais que duplica.

Em razão da proximidade com os movimentos socais organizados, nasceu a preocupação de sempre realizarem um trabalho social com os participantes, esclarecendo qual a documentação necessária, discutindo aspectos da futura moradia, ajudando no entendimento e na consolidação das propostas, assim como nos trâmites burocráticos até que tudo se concretize. Ocorre simultaneamente ao longo e difícil processo de realização da obra: definição do prédio, estudos de viabilidade, projeto integral redefinindo transformação de uso para moradia, aprovação de financiamento, acompanhamento da execução, obtenção dos alvarás etc. Nunca se apresentam como 'vanguarda iluminista'; sabem que a dinâmica das pessoas que compõem o movimento é diversa da deles e, como tal, precisa a todo custo ser ouvida e respeitada, como adiante se verá.

Criam assim não só projetos originais, mas formas de relacionamento singulares, na difícil tarefa de conciliar interesses do movimento social, do poder público, das construtoras, dos agentes financiadores, além, é claro, de suas próprias necessidades: manter, preservar e expandir a cooperativa. Vejamos dois exemplos já realizados.

O prédio de banco que virou moradia no bairro do Brás

Não muito distante do largo onde está a Paróquia São João Batista, no Brás, em São Paulo, acha-se um prédio que abrigou uma grande agência bancária. Havia ali, além do pavimento térreo, sobreloja e três andares. Depois de desativado, o antigo banco foi ocupado por membros vinculados a uma das associações de sem-teto, a quem a cooperativa presta assessoria. No dia em que ali estive pela primeira vez, alguns dos cooperantes iriam apresentar uma unidade-modelo, elaborada especialmente para dar às pessoas do movimento a dimensão real do espaço em que, mais tarde, iriam residir. A montagem não foi nada fácil, posso assegurar, mas houve empenho e engenhosidade da parte deles, tornando o resultado final muito atraente. As *paredes* foram feitas de lona plástica, presas na junção de lâminas metálicas, que forravam o teto. Riscos no chão delimitavam o movimento de abertura de *portas* e *janelas*, enquanto alguns móveis (emprestados entre os que ali viviam) decoravam o espaço. Membros da cooperativa ficavam na *unidade* e recepcionavam os futuros moradores, divididos em grupos de dez. Após uma exposição geral a todos ali presentes, começaram as visitas em subgrupos. Várias pessoas, jovens, idosos e adultos estavam presentes. Um jovem casal deixa escapar olhares esperançosos, famílias inteiras ouvem ansiosas...

Ao se aproximarem do apartamento montado, a admiração é geral. Percebendo que uma porta roubaria parte do espaço ali inexistente, uma senhora comenta:

- *"A gente põe uma porta sanfonada no banheiro."*
- *"Aqui (mostrando a parede superior da pia de cozinha), a gente põe um armário"* – sugere outra.
- *"Eu vou comprar um sofá-cama; ponho aí* (apontando para a sala)*... pro meu filho dormir ou para alguém... (Imagine só) você morar numa casa e não trazer ninguém? Num fim de semana?"*
- *"Pra quatro pessoas dá!"* – uma outra assegura.

- *"'Tá muito bom! Taca armário de parede!"* – sorri a amiga, feliz.

A participação da população na discussão do projeto mostra o quanto romperam com a autoridade da competência técnica, um saber ao qual os iletrados ou os não-especializados nada teriam, porque desqualificados, a opinar. Revela em boa medida também o quanto os cooperantes enxergam os futuros moradores como parceiros (e não como clientes) nesta jornada. Indica, finalmente, que as pessoas do povo – fortalecidas por sua adesão a grupos organizados – não se colocam de forma submissa, não se percebem como beneficiários e sim como partícipes ativos da mudança.

Uma das líderes do movimento me convida para mostrar como as pessoas ali vivem. Fomos, então, a um andar todo dividido em cubículos com tapumes, formando as moradias familiares. A iluminação, feita à base de extensões ("gambiarras") está longe de ser das melhores e o espaço de cada família – em torno de 9 metros quadrados – abriga camas, armários, fogão, geladeira e uma quantidade imensa de objetos amontoados. É um cenário cinzento, embora o momento para eles não fosse de tristeza. Procuro esconder meu espanto e meus sentimentos. Tudo fica mais fácil quando uma menina se aproxima gentil e sorridente. Pergunta à minha anfitriã se ela também poderia conhecer a *unidade*.

- *"Claro que sim! É só descer e falar com os moços* (da cooperativa). *Cuidado na escada!"*

O tempo passou e fui novamente visitar o prédio, agora pronto para receber seus novos moradores, com aprovação dos últimos alvarás. No dia festivo que marcou a entrega do edifício, as pessoas puderam fazer a escolha das unidades conforme o grau de assiduidade e envolvimento nas ações coletivas do movimento[6]. Pude constatar a alegria de muitas famílias e verificar que as habitações são de fato

---

6. Escolhe primeiro quem mais pontos tiver, considerando a participação ativa no movimento. Assim, a presença na assembléia vale um ponto; num ato social, também um ponto; numa ocupação, dez pontos.

acolhedoras, dignas de abrigar seres humanos. Lembro-me especialmente de uma senhora idosa, que se dirigiu a um dos membros da cooperativa para manifestar contentamento e emoção:

- *"Que beleza, meu Deus! Agora vou poder ter tudo direitinho. Vou ter um banheiro só para mim! Só de pensar que não vou mais ter que lavar o banheiro para poder tomar banho..."*

O antigo escritório da ferrovia

Não muito longe das estações Luz e Júlio Prestes, das antigas ferrovias Paulista e Sorocabana, está um prédio vistoso ocupado por ex-moradores de rua. Quando o conheci, seu estado era deplorável, não obstante guardasse ainda áreas quase intactas, como a escada toda em granilite e o andar imponente, outrora provavelmente da diretoria, em que lambris e armários de madeira nobre sobreviveram ao tempo, ao desgaste e ao abandono.

Na entrada, não havia ninguém, o que me pareceu estranho. Via de regra, sempre há alguém tomando conta da porta de acesso. Timidamente, adentro no saguão, passo pela portaria e noto os elevadores, já desativados há algum tempo. Encontro finalmente alguém: um menino, solerte e atencioso, que logo intui quem eu poderia ser e me conta que as pessoas estão medindo num dos andares:

- *"É só pegar a escada ali, no fundo do corredor".*

Nem bem inicio a subida e um forte odor de azedume, suor e comida se misturam no ar. A escada estava preservada, mas não as paredes, escurecidas pela ação do fogo ou do tempo. Compunham uma atmosfera sombria, com fios à mostra, formando sinistra conjunção com o mau-cheiro.

A subida prossegue e chego, inesperadamente, a um pavimento em que o odor é agradável e suave. Logo aparece a razão. Uma moça bem jovem passa pano na escadaria, embebido em mistura de água e sabão. O cartaz feito à mão assinala que "a limpeza do segundo andar será feitas às terças-feiras, inclusive os banheiros". Era, entretanto, uma quinta-feira. Acima, em andares ocupados, fios múltiplos se espalham entre incontáveis "gambiarras". Há varais improvisados, luminárias arrancadas, paredes sujas, luzes que não se acendem. Num desses espaços, fizeram uma espécie de sala comum, toda ladeada de tapumes que demarcam os nichos privativos. Nessa área, fogões, geladeiras, sofás, mesas, cadeiras armários e estantes, todos bem gastos por anos e anos de uso, dividem espaço com enormes sacos plásticos fechados e vasos de comigo-ninguém-pode e espadas-de-são-jorge. Sobre a mesa, uma grande bacia acolhe pratos, potes e talheres já lavados.

Volto a subir pelas escadas. Deparo-me com um homem carregando uma estrutura de barraca para montar, que me cumprimenta e segue descendo. Depois aparece um outro, portando duas garrafas plásticas de refrigerantes. Usa camiseta sem mangas, bermudas e sandálias de tira. Sequer me dirige o olhar e passa sem nada dizer. Detenho-me finalmente já para observar o trabalho de medição, desenvolvido pelos membros da cooperativa. Não demora muito e o mesmo homem está de volta, abraçado a uma pilha de panelas superpostas. Outra moça sobe logo depois usando camiseta, *short* e sandália; cumprimenta-nos, seguida de um rapaz, que repete o gesto e brinca com a equipe. Inúmeras formas de medições são feitas, demandando esforço de se agachar, levantar, subir em algo que sirva como escada, sempre repetidas vezes. Tudo é feito criteriosamente, sem qualquer desânimo ou reclamação. Ao contrário, o clima é de descontração:

- *"Você já mediu aqui* (referindo-se ao corrimão auxiliar*)"?*
- *"Não."*
- *"Ah! Pode medir, então!"* – pede sorrindo.

Chegamos a outro pavimento. Agora, o cheiro fétido vem dos banheiros, nos quais – depois iria perceber – não existia água. Um incêndio enegreceu as paredes, que estavam também sujas e descascadas. Mais que sombrio, o cenário era tétrico, acentuado pela existência de três pássaros, deixados ali engaiolados. Péssimo era o estado das gaiolas. Algum alpiste até que havia, mas o suposto recipiente de água, além de muito malcheiroso, retinha um líquido cinza-escuro, esquecido há já algum tempo. Não havia como deixar de fazer alguma coisa. Primeiro, retirar e jogar fora o conteúdo; depois lavar e encher o vasilhame. No banheiro, água não havia. Somente poderia ser obtida nos andares de baixo. E retornar cuidadosamente para que o líquido não se derramasse.

Houve necessidade de que as medições se efetivassem também no interior das áreas privativas, ou seja, naqueles cubículos divididos por tapumes, trancados com corrente e cadeado. Num deles, o morador simulou indisposição para com a equipe.

- *"Entrar aqui dentro? Não vou deixar, não!"*

A princípio, ficamos todos sem saber ao certo se era recusa ou brincadeira. Logo a seguir, ele sai, deixa a porta aberta e, sorrindo, permite a entrada. Nem chega a ali permanecer. Simplesmente se retira e vai embora.

Dentro do compartimento, dois cavaletes sustentavam uma prancha fina de madeira formando uma mesa. Um saco jogado ao chão continha provavelmente algumas roupas. Ali se espalhavam um par de sapatos, colchão, colchonete com travesseiro... todos imundos. Havia lixo amontoado num dos cantos. Uma toalha e uma camisa, ambas usadas e dobradas, ficaram no contorno do beiral da janela. O vasilhame grande de plástico, que originalmente era embalagem de detergente, guardava um tanto de água. De um fio preso ao teto, descia um soquete, sem lâmpada. Eis tudo, em meio à poeira acumulada.

Ao descer a escada, duas meninas de mãos dadas me encontram e cumprimentam:

- *"Bom dia!"* – dizem risonhas.

- *"Bom dia!"* – respondi, também sorrindo.
- *"Veio arrumar aqui?"* – continuam elas, curiosas, com olhos brilhantes.
- *"Eu vim junto com quem vem arrumar."* – disse-lhes, animado com aquele cordial encontro.

Neste momento, o acaso trouxe surpresa conjugada à alegria. Interessante lembrar que as crianças revelam-se desembaraçadas e, ao mesmo tempo, educadas. Redefinem, com seu jeito extrovertido de ser, aquele ambiente desolador. Mesmo sem o saber, instigam-nos a renovar esperanças e a não esquecer do sorriso nos lábios, sobretudo nos momentos mais inesperados.

Juventude, maturidade e afetividade

Chamou-me a atenção o dinamismo e a capacidade de reflexão do grupo de cooperantes. A habilidade de discutir os assuntos, ouvir dúvidas e discordâncias e chegar a uma conclusão razoável a todos é, entre eles, um ponto forte.

Pessoalmente, desconheço outro grupo tão afeito às discussões e, ao mesmo tempo, tão capaz de saber conduzi-las sem atropelar ou tampouco se deixar atolar em divagações sem fim, estendendo demasiadamente os encontros. São jovens que alcançaram um raro grau de maturidade e habilidade em dosar a importância daquilo que cada qual tem para dizer com a necessidade de bem usar o tempo, de modo a fazer render os momentos em que estão juntos. As reuniões são, geralmente, muito proveitosas. Nelas, estão bem balanceados tanto o elevado grau de respeito à livre opinião quanto o respeito ao outro. Isso se realiza, o que é mais interessante, sem que se tolham esta ou aquela iniciativa, o que explica a ocorrência múltipla de intervenções, muitas das quais engraçadas, a atestar como os aspectos lúdicos ocupam lugar central na maneira pela qual aquelas pessoas elegeram um modo peculiar de trabalho e de vida. Este aspecto risonho e brincalhão mostra a presença lúdica *no interior do exercício do trabalho*, conferindo à atividade um clima especialmente caloroso, revelador da atmosfera solidária, que reina em torno destas pessoas. Na prática, relativizam ao máximo os lemas segundo os quais "brincadeira tem hora" ou "que é preciso parar de brincadeiras e começar a trabalhar".

Não raro, conforme mostram as situações, riem-se de si próprios, ao conjugar humor e autocrítica. Não se pense que não há rupturas, discordâncias, desavenças. Mas, com elas, existe o esforço para conjugar direitos iguais e respeito às diferenças. É um exercício que encontra amparo na força da afetividade: trabalham entre amigos, entre gente que se respeita. Se hoje estão unidos, tal se deve em boa parte ao ideário democrático e autogestionário que abraçam. Mas, outros motivos tão ou mais fortes precisam ser apontados, como a amizade e a confiança, ambos banhados na afetividade. Certa feita, em reunião de formação, discutiam um texto de Paul Singer[7] e, no debate, eles próprios formularam a indagação sobre qual tipo de relação sustenta a cooperativa. A amizade foi o aspecto mais lembrado, ao lado da confiança em trabalhar ao lado de determinadas pessoas. Depois é que veio a lembrança dos valores que nutrem em comum.

Na Psicologia Social, um autor como Argyle[8], cujos fundamentos teórico-metotológicos não divisam a cultura e a economia solidárias (na concepção aqui defendida), defende que as aproximações das pessoas em interações sociais não podem ser reduzidas à relação entre custo e benefício; seria simplificar e estreitar muito a interpretação da trama social. Empenha-se, então, a desenvolver uma reflexão alternativa a essa sociabilidade contabilizada e inicia lembrando as regiões fronteiriças entre Psicologia e Biologia, retomando uma enormidade de exemplos no mundo animal, situações em que uns tomam conta dos outros. Não raro, até assumem riscos para ajudá-los, como na proteção em situações de luta ou na partilha

---

7. SINGER, Paul. *Uma utopia militante. Repensando o socialismo.* Petrópolis: Vozes, 1998.
8. ARGYLE, Michael. *Cooperation, basis of sociability.* London: Routledge, 1991.

do alimento obtido entre filhotes que não são seus. Para ele, limitar as interações sociais à relação custo-benefício seria abraçar o reducionismo e não se dar conta da longa tradição psicossocial de interesse comunitário, dos estreitos laços emocionais voltados para o bem-estar dos outros, sem que esteja presente algum cálculo de custo ou recompensa. Procura assinalar a força do sentimento de comunhão e da predisposição em estar junto aos outros, distinguindo ajuda de cooperação. Ajudar, ensina ele, tanto pode ser um ato abnegado de favorecer a necessidade dos outros quanto pode, além disso, comportar um ar de superioridade de quem exerce a ação, ainda que isso seja mantido oculto. A cooperação vai além porque implica partilha mútua de benefícios: ajudo e sou ajudado. Desse modo, ela não pode surgir de um ato unilateral, pois necessita reciprocidade.

Nesses termos, fica difícil não divisar na ação de cooperar a presença fundante da afeição, mutuamente partilhada. Sem essa identidade recíproca de sentimentos, de co-laboração, o exercício de cooperação praticamente se inviabilizaria. Interessante registrar que, nesta perspectiva, rompe-se a suposta dualidade entre razão e emoção, pois ambas se põem simultaneamente para que tanto a cooperação como a cultura solidária possam se efetivar. Na cooperativa aqui estudada, esse exercício é diuturnamente realizado, sempre em nítido contraponto às relações predominantes na sociedade em que vivemos.

Por isso, pode-se dizer que seus sócios oferecem possibilidades emancipadoras, na medida em que propõem, na prática, um exercício cotidiano de inserção profissional fundado na escolha consciente e no compromisso social. Este último fica nítido na opção de prestarem assessoria e ajudarem a viabilizar projetos de movimentos sociais populares. Desse modo, interna e externamente criam laços de sociabilidade capazes de ao mesmo tempo promover a economia solidária e alicerçar as bases de uma cultura solidariamente edificada.

CAPÍTULO III
Relações entre afetividade e inteligência: causalidade ou complementariedade? Considerações a partir da teoria de Jean Piaget[1]

Maria Thereza Costa Coelho de Souza[2]
Instituto de Psicologia da USP

Introdução

As relações entre afetividade e racionalidade são muito freqüentemente discutidas na Psicologia, sendo apresentadas como mútuas e interdependentes. No entanto, quando olhamos as pesquisas sobre estas relações, observamos que o tratamento a elas dispensado é dicotômico: ora enfatizando a racionalidade como determinante exclusivo do comportamento, ora apontando o papel causal da afetividade e das emoções no desenvolvimento psicológico. Será engano dos pesquisadores investigarem desta maneira, se sabem que ambas, afetividade e racionalidade não podem, sozinhas, explicar o comportamento humano? Será este engano causado por suas escolhas epistemológicas? As várias perspectivas psicológicas apontam, sem exceção, o papel da afetividade e da racionalidade, variando, entretanto, no peso que conferem a uma e à outra. Será a via dualista a única maneira de investigar estas relações?

---

1. Trabalho originalmente apresentado no III Congresso Norte e Nordeste de Psicologia, na mesa-redonda *Razão e afetividade:diálogos em construção a partir da psicologia do desenvolvimento e da psicologia social*, em maio de 2003. A presente versão incorporou elementos advindos das discussões ocorridas no evento e estudos posteriores da autora.
2 Professora de Psicologia do Desenvolvimento do IPUSP. e-mail: desouza@usp.br

Este texto pretende apresentar as concepções de Piaget sobre este assunto, em primeiro lugar para desfazer o equívoco freqüente de que este autor não considerou a afetividade importante para o desenvolvimento mental das crianças e para a construção do conhecimento. Em segundo lugar, pretendemos discutir os estatutos da inteligência e da afetividade e o tipo de relações entre elas, segundo Piaget, demonstrando que evoluem conjuntamente, sendo ambas imprescindíveis em todas as condutas. Finalmente, serão apresentadas pesquisas realizadas pela autora sobre representações de histórias de fadas, com o intuito de ilustrar o modo como afetividade e racionalidade têm sido investigados empiricamente, à luz da teoria piagetiana.

Afetividade e construção do conhecimento

Ainda que abordem pouco a afetividade, as concepções piagetianas revelam a preocupação do autor em inserir o elemento afetivo na explicação do funcionamento psicológico dos indivíduos que constroem conhecimento sobre o mundo e sobre si mesmos. Isto significa dizer que, além de ter tomado o modelo matemático para explicar o desenvolvimento da inteligência, Piaget buscou entender também o ritmo do funcionamento das estruturas lógicas da inteligência, o qual é, ao seu ver, dado pelo aspecto afetivo. Afetividade é, assim, energia, impulso, motivação das condutas, é o que dirige o sujeito para um (e não para outro) objeto; é o que faz com que o sujeito escolha e valorize uma (e não outra) ação. Para Piaget, a conduta humana, qualquer que seja ela, possui dois elementos fundamentais: um estrutural (dado pela inteligência), que fornece os meios (cada vez mais complexos) que permitem solucionar os problemas que o mundo apresenta; e também o elemento energético (dado pela afetividade), que impulsiona o sujeito em direção a uma solução, a um objeto, valorizando mais, ou menos, suas ações, físicas e mentais, inserindo-as numa hierarquia valorativa.

O propósito de Piaget ao falar das relações entre afetividade e inteligência é romper com a dicotomia entre razão e afetividade, entre pensamento e emoção. Para ele, afetividade e inteligência são faces de uma mesma moeda, a conduta humana, e têm naturezas diferentes. Nesse sentido, afirma que não existe conduta unicamente afetiva nem exclusivamente cognitiva. Ainda que imprescindíveis para que as condutas ocorram, afetividade e inteligência são, contudo, de naturezas diferentes. Em seus textos demonstra como recorreu a diferentes autores e abordagens para configurar suas concepções sobre as relações dialéticas entre afetividade e inteligência, no desenvolvimento. Considerando o que chama de 'teorias sobre as condutas' (de autores como Janet, Claparède, Lewin e Freud), recorre à sua teoria da inteligência como ponto de apoio para demonstrar a evolução da afetividade, falando de evoluções correspondentes para afetividade e a inteligência. Foi criticado por vários autores justamente nesse ponto: o de conceber uma afetividade que seria racionalizada ou submetida à inteligência.

Pretendemos neste capítulo, à luz dos textos piagetianos e de outros autores, discutir a questão das relações entre afetividade e inteligência. Será uma causa da outra? Ou uma complementa a outra? De que maneira? Não poderia a afetividade estruturar as condutas? As emoções são capazes de romper com a lógica racional?

Inicialmente é preciso acompanhar o percurso de Piaget no tema da afetividade[3], o qual se iniciou ainda jovem, em 1919, quando escreveu sobre a psicanálise e a psicologia da criança[4], demonstrando conhecimento sobre a teoria de Freud e tratando do modelo freudiano de inconsciente, análise dos sonhos e sexualidade infantil. Nesta ocasião, suas reflexões focalizaram a aplicação da psicanálise à Pedagogia e às relações familiares.

---

3. Para detalhes a este respeito, ver De Souza (2003)- O desenvolvimento afetivo segundo Piaget, em *Afetividade na escola:alternativas teóricas e práticas*, Arantes, AV. (org), Ed. Summus: São Paulo
4. Piaget,J. (1920). *La psychanalyse et ses relations avec la psychologie de l'enfant*. Conferência na Sociedade Alfred Binet.

Em seguida, em 1922[5], continuou buscando aproximar-se das idéias freudianas quanto ao pensamento simbólico, contrapondo-as às suas concepções de capacidade simbólica. É nítida a referência de Piaget ao que permite à criança simbolizar, mais do que aos símbolos propriamente ditos. Esta discussão será importante para pautar a diferenciação que Piaget fará entre 'forma' e 'conteúdo', a qual será tratada posteriormente.

Ainda sobre a formação do símbolo na criança, Piaget escreveu, 20 anos depois, o livro de mesmo título[6], no qual esclarece sobre sua compreensão da capacidade representacional da criança, diferenciando-a daquela oferecida pela psicanálise. Trata da gênese do simbolismo, a qual, para ele, está na lógica das ações sensório-motoras do período anterior (período sensório-motor), e também da passagem das categorias práticas às categorias representativas do mundo. Entre outras novidades trazidas nessa obra, está a de refletir sobre os aspectos afetivos dos objetos de conhecimento especiais na vida da criança: as pessoas. Surge então o termo 'esquemas afetivos' e a diferenciação entre condutas ligadas às pessoas e condutas ligadas aos objetos. Inaugura-se então, na obra piagetiana a referência explícita à afetividade como elemento crucial do desenvolvimento psicológico.

Entretanto, o marco principal na obra de Piaget quanto ao tema 'afetividade' é o curso proferido na Sorbonne, em 1953/54 sobre as relações entre a inteligência e a afetividade no desenvolvimento da criança[7], no qual apresenta um quadro de correspondências, estágio por estágio, entre as construções cognitivas e as afetivas. Nesse quadro, nota-se a insistência do autor em demonstrar as correspondências e a contemporaneidade entre desenvolvimento afetivo e desenvolvimento cognitivo, em lugar de se pensar em relações

---
5. Piaget, J.(1923). *La pensée symbolique et la pensée de l'enfant* (VII Congresso Internacional de Psicanálise).
6. Piaget, J. (1945). *La formation du symbole chez l'enfant*. P.U.F. Paris
7. Piaget, J. (1953-54). Les relations entre l'intelligence et l' affectivité dans le développement de l'enfant. *Bulettin de Psychologie, Cours de Sorbonne, 1953*, n. 3-4 et n. 6-7 et 1954, n. 9 et 12.

de causa e efeito, além de sua ênfase em focalizar nas relações entre essas dimensões da conduta a gênese da Moral na criança.

Em 1966[8] e depois em 1972[9], discute as correspondências entre desenvolvimento afetivo e cognitivo à luz de noções clássicas da psicanálise, como por exemplo, a noção de 'recalque', encontrando semelhanças entre o inconsciente afetivo descrito inicialmente por Freud e o inconsciente cognitivo descrito por sua teoria da tomada de consciência.

A partir dos textos de Piaget, é possível concluir que as relações pensadas entre afetividade e inteligência não são de causa e efeito e sim de complementaridade, no sentido de que ambas são necessárias para o funcionamento psicológico, sendo que cada uma tem sua função nesse funcionamento. A afetividade é responsável pelo ritmo e a inteligência pela estruturação; a primeira é conteúdo e a segunda é forma.

As relações entre forma e conteúdo no desenvolvimento

Na teoria piagetiana, destacam-se, entre outros, três conceitos fundamentais: *assimilação*, *acomodação* e *estrutura*. Assimilação e acomodação são processos que se referem à incorporação do mundo e dos objetos às estruturas do sujeito conhecedor (assimilação) e também às transformações que ocorrem nas estruturas para que o sujeito possa incorporar o mundo (acomodação). Do equilíbrio estável entre assimilação e acomodação advém a adaptação. Estrutura, por sua vez, é definida como a forma de organização da atividade física ou mental do sujeito, podendo ser essencialmente motora no início da vida, até essencialmente abstrata, a partir da adolescência. É importante ressaltar que a perspectiva de Piaget pode ser denominada

---
8. Piaget, J. e Inhelder, B.(1966). *La psychologie de l' enfant* P.U.F. Paris.
9. Piaget, J. (1972). L'inconscient affectif et l'inconscient cognitif, em *Problèmes de psychologie génétique*, Paris, Denoel/Gontier.

de uma teoria das estruturas da inteligência, e, nesse sentido, é uma teoria sobre as formas de organização da atividade. Em sua obra, este autor interessou-se pelas regularidades observadas na atividade dos sujeitos, nas semelhanças e aspectos gerais, os quais seriam expressos independentemente dos conteúdos das atividades propriamente ditos. Assim, ao observar um bebê agarrando objetos, Piaget vai focalizar suas análises no 'saber agarrar' e não nos objetos agarrados e no seu significado particular para a criança. Ao abordar as expressões do simbolismo infantil, centrará sua atenção mais na capacidade para simbolizar do que nos símbolos em si mesmos. Parece óbvio pensar que o acesso à capacidade simbólica só pode ocorrer por meio dos símbolos, os quais, para Piaget são o conteúdo da atividade simbólica e sua matéria-prima.

Temos elementos para distinguir então entre 'forma' e 'conteúdo' na perspectiva piagetiana. As 'formas' são as estruturas que organizam a atividade do sujeito, inferidas a partir da observação dos 'conteúdos' particulares aos quais elas se aplicam. Não é possível acessar diretamente as 'formas' da inteligência; a via de acesso se dá por meio justamente dos 'conteúdos'.

Em relação ao tema das relações entre afetividade e inteligência, podemos dizer que, para Piaget, a afetividade é responsável pelos conteúdos da conduta (prazeres e desprazeres; sentimentos de fracasso e sucesso), enquanto a inteligência organiza estruturalmente a mesma conduta (num sistema mais restrito ou mais amplo, com menor ou maior número de relações). Partindo dessa idéia, o autor chega à idéia já exposta da 'afetividade' como energética da ação e da inteligência como aspecto estrutural.

Em síntese, podemos dizer que, sendo uma teoria das 'formas' e não dos 'conteúdos', Piaget opta por analisar as condições necessárias (estruturais) do desenvolvimento, reconhecendo que essas condições necessárias devem ser complementadas pelas condições suficientes (afetividade, interação social, por exemplo). Anseia por uma psicologia geral que pudesse abarcar, ao mesmo tempo, afetividade e inteligência e critica teorias psicológicas que trabalham com estes aspectos de maneira dicotômica, colocando-os em relações de causa e efeito. Suas concepções harmonizam-se com sua epistemologia, a qual busca a gênese da construção do conhecimento no SUJEITO (geral) do conhecimento, distinguindo-se da Psicologia, a qual enfoca o INDIVÍDUO (particular) e seu funcionamento.

As pesquisas piagetianas sobre emoções e pensamento

Considerando a complexidade do tema 'afetividade', assim como as concepções de Piaget a respeito, e também a quase ausência de estudos empíricos desse autor sobre o assunto, diversos pesquisadores buscam desenvolver investigações, em várias direções, sobre as relações entre emoções e pensamento; entre afetividade e razão.

É ponto comum nas pesquisas a idéia de que não se pode estabelecer separação entre esses aspectos quando se pretende estudar o indivíduo enquanto entidade psicológica. No entanto, como veremos, não fazer esta distinção não é tarefa simples em termos empíricos. A literatura relativa às pesquisas 'piagetianas' comprova que, muitas vezes, seus autores cederam à tentação de estabelecer relações de causa e efeito entre emoção e pensamento.

Tomaremos como base para esta exposição obra[10] que reúne trabalhos de pesquisadores filiados à Jean Piaget Society, radicada nos Estados Unidos, que congrega estudiosos de inspiração piagetiana, os quais dirigem laboratórios e centros de pesquisa sobre o desenvolvimento humano.

Bearison e Zimiles (1986) apontam um desinteresse da psicologia até a metade do século passado em tomar como objeto de estudo as maneiras como os afetos influenciam a cognição. Os esforços empreendidos pela Escola de Genebra são considerados exceções,

---

10. Bearison, D. J. e Zimiles, H. (1986). *Thought and emotion: developmental perspectives*. Lawrence Erlbaum Associates Publishers: London.

no sentido dos pesquisadores piagetianos terem contribuído sobremaneira para o campo da psicologia cognitiva, além de retomarem as concepções de Piaget sobre as relações entre afetividade e inteligência no desenvolvimento. Os autores mencionam ainda estudos realizados na perspectiva psicanalítica como representantes de investigações que objetivaram a análise dos elementos afetivos do desenvolvimento e sua influência sobre o funcionamento cognitivo.

É importante ressaltar que ainda que a revisão de Bearison e Zimiles tenha focalizado sobretudo as décadas de 1970 e 1980, temos ainda hoje pesquisas cujo objetivo é demonstrar o efeito de estados emocionais sobre o pensamento; ou a 'estruturação' afetiva do indivíduo; ou ainda, a anterioridade da afetividade em relação ao pensamento, no desenvolvimento psicológico. Essa permanência do tema indica principalmente a sua relevância para a compreensão psicológica e também sua complexidade.

Um importante 'ramo' de investigação 'piagetiana' sobre emoção e pensamento é o que se refere à moralidade infantil. A pergunta é: os afetos influenciam os juízos de valores? Como? Como se constituem os valores morais na criança? Piaget respondeu estas questões em 1932[11], mas seus achados permitem estabelecer novas linhas de investigação, notadamente quanto aos sentimentos. Se Piaget falou em sentimento de obediência na heteronomia e em sentimento de justiça na autonomia moral[12] os pesquisadores atuais estudam sentimentos de vergonha, compaixão, solidariedade, dentre outros, e sua gênese na criança. Todos comungam da idéia piagetiana de que a na moral temos uma confluência entre o juízo racional e os sentimentos, além da interferência das interações sociais.

Ainda quanto às pesquisas piagetianas, vale relembrar os estudos de Izard (1986)[13] sobre a pesquisa em psicologia do

---

11. Piaget,J.(1932). *Le jugement moral chez l'enfant*. P.U.F. Paris
12. para esclarecimentos sobre estes conceitos, ver a obra citada acima.
13. Izard,C.E.(1986). Approaches to developmental reserach on emotion-cognition relationships, In *Thought and emotion: developmental perspectives*. Lawrence Erlbaum Associates Publishers: London.

desenvolvimento sobre as relações entre emoção e cognição. A autora apresenta revisão da literatura e agrupa os trabalhos em cinco tipos, conforme a ênfase: 1) desenvolvimento emocional como função do desenvolvimento cognitivo; 2) experiência emocional como função dos processos de atribuição; 3) emoções como organizadoras e motivadoras dos processos adaptativos; 4) teoria piagetiana das emoções: cognitiva ou dinâmica; e 5) estruturas afetivo-cognitivas e desenvolvimento da personalidade. Para cada grupo de trabalhos, Izard comenta a questão das relações de causa e efeito ou complementaridade entre afetividade e razão aí presentes.

Vale mencionar ainda a teoria co-construtiva das relações entre emoção e cognição de Wosniak (1986)[14], a qual pretende contemplar simultaneamente aspectos ligados às ações dos indivíduos, à experiência, ao discurso simbólico, ao ambiente (fisco/social e interno/externo), além do conhecimento (lógico-matemático; físico e psicológico). Como se pode perceber, trata-se de teoria ambiciosa que pretende superar as ênfases das abordagens construtivistas clássicas, enfatizando, ao mesmo tempo, sujeito e objeto, processos físicos e sociais, afetos e pensamento. Ainda que seja proposta interessante de um ponto de vista teórico, esta teoria, no entanto apresenta dificuldades para aplicação empírica, justamente por abarcar vários aspectos ao mesmo tempo.

Como ilustram as pesquisas mencionadas até então, atualmente os estudiosos buscam integrar em suas investigações os aspectos afetivos e cognitivos para pesquisá-los conjuntamente, o que permite encontrar explicações também mais integradas sobre o funcionamento psicológico.

---

14. Wosniak,R.H. (1986). Notes toward a co-constructive theory of the emotion-cognition relationship, in *Thought and emotion: developmental perspectives*. London: Lawrence Erlbaum Associates Publishers.

As pesquisas sobre representações de histórias: forma e conteúdo; afetividade e inteligência

As pesquisas desenvolvidas pela autora inserem-se na linha de pesquisa sobre Desenvolvimento Humano e, especificamente, sobre as relações entre afetividade e cognição, tendo como principal objetivo construir indicadores empíricos sobre os aspectos afetivos, a partir das concepções piagetianas a esse respeito. Seus estudos iniciais focalizaram mais os aspectos cognitivos presentes em representações de contos de fadas e, mais recentemente, passaram a enfocar também os aspectos afetivos, ligados a valorizações, interesses e escolhas que crianças de várias idades fazem, a respeito dos contos de fadas, para representá-los e interpretá-los. Nesse sentido, pode-se dizer que, nas primeiras pesquisas, a ênfase foi sobre as 'formas' de estruturação das histórias, diretamente relacionadas às estruturações do pensamento das crianças, e, mais recentemente, buscam-se integrar as 'formas' de estruturação com os 'conteúdos' dos elementos escolhidos para 'montar' as representações.

Piaget, em *La représentation du monde chez l'enfant* (1926)[15], apresenta a conceituação de realidade e também o método de investigação que utilizará em seus estudos, a entrevista clínica-crítica. Nessa obra, demonstra seu interesse pela investigação das explicações construídas pelas crianças ao longo da vida, para os fenômenos externos e internos. Desenvolve o método clínico-crítico, inspirado no método da entrevista psíquica criado pela psiquiatria e também no método da observação pura desenvolvido pelos naturalistas. Seu método clínico define temas a serem investigados e o segredo de sua prática é saber construir hipóteses de trabalho que possam ser testadas diretamente na interação com as crianças, sob a forma de perguntas desencadeadoras, as quais permitem conhecer o tipo de pensamento em jogo. O autor indica nessa obra a importância, para o pesquisador,

---

15. Piaget, J. (1926). *La représentation du monde chez l' enfant*. Neuchatel: Neuchatel et Niestlé.

de ter experiência ampla no método para não sugerir respostas a seus sujeitos e também para saber diferenciar as crenças desencadeadas pelo interrogatório das crenças anteriores trazidas à tona pela situação de pesquisa (espontâneas).

Com base no método clínico de Piaget e também no interesse em pesquisar as relações entre afetividade e inteligência, foram realizadas cinco pesquisas, as quais consideraram os aspectos afetivos e cognitivos de crianças, de diferentes idades, envolvidos na apreensão e interpretação de alguns contos de fadas. Na primeira investigação, que resultou na tese de doutoramento da autora (De Souza, 1990)[16], foram estudados os aspectos afetivos e cognitivos de crianças expressos nos modos de recontar uma história de fadas: a do *Chapeuzinho Vermelho*. Foram denominados aspectos cognitivos, aqueles referentes à capacidade das crianças de reconstruírem a história lida, abstraindo seus elementos principais e interpretando seu conteúdo e sua mensagem. Foram considerados aspectos afetivos aqueles relativos à ressonância do mundo interno da criança sobre o conto de fadas. A suposição foi a de que tanto os aspectos cognitivos quanto os afetivos influenciariam o modo de reconstituição da história. Nesse primeiro trabalho, com 30 crianças de nove a onze anos, foram observados três modos básicos de reconstituição: nível I – reconstituição "fantasiosa"; nível II – reconstituição "concreta" e nível III – reconstituição "interpretativa". No nível I, o tipo de reconstituição foi caracterizado pela distorção do texto originalmente lido, com a inclusão (por justaposição e sincretismo) de elementos exteriores, em sua maioria, subjetivos e relativos a outros contextos. A reconstituição de nível II, por sua vez, apresentou fundamentalmente características tais como o apego excessivo à realidade do texto lido e a necessidade de incluir todos os mínimos detalhes do enredo para recompor "verdadeiramente" a história. Finalmente, a reconstituição denominada de nível III caracterizou-se por uma interpretação que contemplou os elementos "reais" da história, juntamente com os elementos presentes

---

16. De Souza, M.T.C.C (1990). *Versões de um conto de fadas em crianças de nove a onze anos:aspectos afetivos e cognitivos.* Tese de Doutorado: IPUSP.

nas suas entrelinhas e incluiu intenções dos personagens e relativização de contextos (real e possível). Um dos resultados mais interessantes deste primeiro trabalho foi a correspondência observada entre os três modos de reconstituição da história e três dos quatro períodos de desenvolvimento da inteligência, segundo Piaget: o pensamento préoperatório, o operatório-concreto e o operatório-formal. Foi realizada também uma análise da relação entre os aspectos afetivos e cognitivos das crianças. Esta análise configurou-se em termos de três estudos de caso, nos quais se buscou discutir as correspondências constatadas entre as características do pensamento e da afetividade, à luz de técnicas projetivas de investigação e de provas operatórias piagetianas. O conto de fadas demonstrou ser um instrumento eficaz para a investigação dos aspectos cognitivos e afetivos das crianças.

A segunda pesquisa (De Souza, 1992/1995), deu continuidade à primeira, em duas direções. Em primeiro lugar, buscou ampliar o estudo dos modos de reconstituição de histórias de fadas, para mais duas faixas etárias (sete e oito anos), e em segundo lugar, teve como objetivo verificar se os modos de reconstituição observados no primeiro estudo permaneceriam os mesmos, também para outros três contos de fadas dos Irmãos Grimm (*O Lobo e os Sete Cabritinhos, Rapunzel* e *As Três Penas*). Neste caso, o interesse em utilizar contos de fadas para a pesquisa psicológica esteve ainda dirigindo a investigação, a qual, contudo, optou por privilegiar os aspectos cognitivos das crianças, tais como expressos nas recontagens das histórias e em provas operatórias piagetianas. Os resultados apontaram que os três modos de reconstituição das histórias se mantiveram, mas, com níveis de transição entre eles, o que forneceu maior riqueza de detalhes sobre os elementos envolvidos nas diferentes interpretações. Além disso, na amostra estudada (N=30), constatou-se correspondência entre os aspectos característicos dos diferentes modos de reconstituição da história e os aspectos de desenvolvimento do pensamento expressos nas provas operatórias, o que complementou dados do primeiro estudo.

A terceira investigação, realizada no período de 1997-1999, pretendeu comparar dois tipos de representação (gráfica e oral), de dois contos de fadas: *As Três Penas* e *As Moedas-Estrelas*. O objetivo foi o de investigar como crianças de sete a dez anos representavam os dois contos de fadas por meio de um desenho e oralmente, após tê-los ouvido. Tratava-se de estudo que buscava correspondências entre as representações gráficas e orais e que supunha que a primeira (por intermédio de imagens) seria mais precoce que a segunda (verbal) no desenvolvimento da criança. A hipótese de pesquisa não foi confirmada e verificou-se que a utilização de representações gráficas foi problemática para as crianças, sobretudo as mais jovens da amostra (de sete anos de idade), uma vez que tiveram dificuldade em sintetizar a história lida numa imagem global. Já as crianças mais velhas resolveram esse impasse representando a história sob a forma de uma história em quadrinhos, o que não ocorreu às crianças mais jovens. Refletindo sobre a instrução dada *("desenhe a história que você ouviu")*, a partir da interlocução com outros pesquisadores, no Brasil e na Suíça, concluiu-se que era mesmo de difícil elaboração por parte de todas as crianças, em especial aquelas com menor capacidade de coordenação cognitiva. A reconstituição oral, tida inicialmente como mais difícil, no entanto, não trouxe problemas para as crianças, mesmo para as mais jovens. Acreditamos que isto se deveu ao fato de que, para a recontagem oral, a experimentadora vai fazendo perguntas à medida que a criança vai recontando a história, o que lhe oferece diretrizes para a recontagem, o que não ocorre com a instrução dada para a reconstituição gráfica. Os dados demonstraram, mais uma vez, que as representações de histórias de fadas fornecem elementos importantes do desenvolvimento do pensamento e do julgamento de crianças de várias idades.

Tendo em vista as considerações efetuadas a partir das pesquisas anteriormente apresentadas, decidiu-se ampliar as investigações sobre as representações de histórias em quatro aspectos: a) em primeiro lugar, quanto a reformulações nos protocolos de entrevista para que pudessem captar também elementos do desenvolvimento afetivo das crianças; b) em segundo lugar, no que se refere ao aprofundamento das investigações sobre alguns contos de fadas para que se pudesse verificar até que ponto poderiam ser utilizados como instrumentos de pesquisa psicológica; c) em terceiro lugar, no que diz respeito à ampliação no número de crianças, o que permitiria análises quantitativas mais refinadas; e d) quanto à elaboração de indicadores e categorias de análise sobre a afetividade das crianças.

Assim, em 2000-2001, uma quarta investigação foi realizada com a inclusão de alunos de graduação em Psicologia, os quais colaboraram na realização de reformulações nos protocolos de entrevista, se aprofundaram no estudo da teoria piagetiana e realizaram a coleta de dados relativa a 80 crianças de primeira a quarta séries do Ensino Fundamental. Os pesquisadores[17] ajustaram os protocolos de entrevista, elaboraram categorias de análise a partir dos dados brutos, bem como analisaram e interpretaram os resultados com base nos estudos de Piaget. Indicadores da afetividade surgiram nas entrevistas, diretamente ligados aos interesses das crianças por um ou outro personagem e preferência por um ou outro aspecto da história. A investigação permitiu um estudo minucioso dos argumentos elaborados pelas crianças para justificar suas respostas, assim como suas escolhas.

A quinta pesquisa (2001-2002) inseriu-se em projeto global de cooperação CAPES/COFECUB, entre o Instituto de Psicologia da USP, com sede no Laboratório de Estudos sobre o Desenvolvimento e a Aprendizagem (LEDA) e a Universidade de Rennes 2, sediada no Laboratoire d' Éducation et Psychologie du Développement. O projeto global apresentou subprojetos, um deles intitulado "Representações de histórias: aspectos afetivos e cognitivos", sob a coordenação desta pesquisadora, do lado brasileiro, e da professora Gaid LeManer-Idrissi, do lado francês. A coleta de dados da amostra brasileira (N=34), de quatro a seis anos de idade, foi realizada em 2001 e a da amostra francesa, em 2002. O objetivo do estudo foi investigar as representações de um conto de fadas (*O Senhor Raposo e a Senhora Gata*), em duas culturas diferentes, e suas possíveis

---

17. Alunos de Graduação do IPUSP: Marcelo L. Wild e Veiga, com Bolsa de Iniciação Científica da FAPESP, Noemi Oga, com Bolsa PIBIC e Natália Nogushi, como colaboradora voluntária na realização do Estudo-Piloto.

relações com o desenvolvimento da noção de gênero, especialidade da pesquisadora francesa. A pesquisa focalizou a interferência do gênero e da cultura nas justificativas para as argumentações das crianças. Os objetivos dessa investigação foram: a) estudar os modos como crianças brasileiras e francesas representavam uma história de fadas; b) estudar julgamentos e preferências das crianças em relação aos elementos do conto, tendo como base a teoria psicogenética de Piaget;c) pesquisar a inclusão de elementos ligados ao gênero nos julgamentos sobre o conto; e d) pesquisar as relações entre os tipos de representação, a idade e o gênero.

As hipóteses do trabalho foram: 1) as reconstituições e os julgamentos sobre o conto incluem o gênero de maneira diferente, para as crianças francesas e brasileiras; e 2) os julgamentos e as preferências estão relacionados ao desenvolvimento psicológico.

Participaram do estudo 74 crianças (34 brasileiras e 40 francesas), de quatro a seis anos, que se voluntariaram para participar da pesquisa, freqüentavam creche ou escola e foram entrevistadas em sala razoavelmente livre de interferências exteriores.

Os procedimentos para coleta e análise seguiram os das pesquisas anteriores, que foram discutidos com a pesquisadora francesa em outubro de 2001, na França. A esse respeito, os pontos acordados foram, para a coleta de dados, a leitura do conto pelo experimentador, a recontagem do conto pela criança e anotação das respostas às perguntas durante a reconstituição da história. Para a análise dos resultados, foram realizadas a transcrição das entrevistas completas (recontagem e respostas às perguntas); categorização das respostas segundo algumas das questões do protocolo; organização dos resultados dividindo os sujeitos por sexo, idade e tipo de escolha; construção de tabelas de freqüência para as duas amostras; e levantamento dos elementos para análise e discussão. As categorias de análise foram: a) escolha ligada ao gênero: a criança utiliza seu gênero para justificar suas preferências; b) escolha ligada ao conteúdo: a criança utiliza elementos do enredo da história para justificar suas preferências; c) aspectos interessantes escolhidos (coisas materiais, atributos físicos, habilidades); e d) qualidades admiráveis escolhidas (coisas materiais, atributos físicos ou motores, virtudes) As análises dos dados permitiram destacar alguns elementos para discussão: 1)Foram observadas diferenças na utilização do argumento relativo ao gênero para justificar as escolhas relativas aos personagens. As crianças francesas, de ambos os sexos, utilizam esse tipo de argumento mais freqüentemente que as crianças brasileiras, em que os meninos usam-no mais que as meninas e somente a partir dos cinco anos de idade, o que poderia estar relacionando com as diferenças culturais das práticas educativas com relação aos meninos e às meninas, na França e no Brasil. 2) Aspectos materiais e/ou atributos físicos são escolhidos como mais interessantes com freqüência maior pelas crianças mais jovens, em ambas as amostras, enquanto as crianças maiores escolhem elementos mais abstratos, o que pode estar relacionado aos níveis de desenvolvimento cognitivo, segundo Piaget, que evoluem do concreto ao formal (abstrato). 3) As crianças francesas, mais freqüentemente que as brasileiras, não escolheram aspectos interessantes e qualidades admiráveis dos personagens, o que pode ter ocorrido pela dificuldade de compreensão das perguntas sobre esses assuntos, sobretudo com as crianças mais jovens. 4) As crianças de ambas as amostras conseguiram julgar as ações e atitudes dos personagens, assim como demonstrar suas preferências quanto aos personagens, de maneira geral, o que pode se relacionar à capacidade de adaptação à entrevista sobre o conto de fadas e também denotar seu desenvolvimento psicológico, em termos cognitivos e afetivos. As meninas da amostra brasileira apresentaram tendência a tomar como referência o conteúdo do conto, mais do que elementos ligados ao gênero, para responder questões diretamente ligadas a este aspecto.

A pesquisa realizada em cooperação com a Universidade de Rennes 2 demonstrou que o interesse pelos contos de fadas clássicos parece ser independente da cultura e que a pesquisa psicológica pode ser realizada por meio desse instrumento de investigação.

Em 2004-2005 foi realizada pesquisa sobre os aspectos afetivos e cognitivos presentes nas representações de dois contos de fadas: *O lobo e os sete cabritinhos* e *Senhor Lobo e Senhora Gata*. O estudo-piloto, realizado em 2003, demonstrou que a objetividade das respostas e dos julgamentos cai quando se refere a sentimentos e interesses pessoais, o que levou-nos a estabelecer esse elemento como um dos principais na análise global dos dados. Além disso, em 2005 foi iniciada pesquisa intercultural, em parceria com uma equipe de investigadores suíços, sobre as representações de um mesmo conto de fadas (*O lobo e os sete cabritinhos*), por indivíduos de três faixas etárias (9 anos, adolescentes e adultos), com o objetivo de comparar as estruturações gerais e comuns às duas culturas, assim como as diferenças observadas quanto aos argumentos, julgamentos e valorizações afetivas[18].

Conclusão

Como vimos, tudo indica que falar nas relações entre 'afetividade' e cognição é, ainda hoje, difícil, pela complexidade das imbricações aí presentes, e também pela "tentação", à qual cederam muitos teóricos, de submeter uma à outra, numa relação de causa e efeito. Algumas abordagens em Psicologia esclarecem mais sobre os aspectos cognitivos do desenvolvimento, conferindo-lhes o estatuto de estruturantes do funcionamento psicológico. Outras perspectivas, por sua vez, elegem os aspectos e processos afetivos, elevando-os ao mais alto posto da hierarquia de elementos responsáveis pelo desenvolvimento humano, relegando a cognição um papel secundário.

Não é tarde para relembrar o desejo de Piaget de que um dia se tenha uma psicologia 'Geral', que possa contemplar ambas dimensões conjuntamente e de forma integrada. De um ponto de vista piagetiano, a 'saída' para o impasse é pesquisar empiricamente os indicadores observáveis das valorizações afetivas, dos interesses e das

---

18. O programa de pesquisas da autora foi reunido sob a forma de artigo intitulado "Valorizações afetivas em representações de contos de fadas: um olhar piagetiano", submetido ao *Boletim de Psicologia*, 2005.

estruturações do conhecimento (do mundo e de si mesmo), realizadas pelos indivíduos, ao longo da vida. Hierarquizar os diferentes aspectos elegendo condutas específicas a serem estudadas, elaborando tarefas que demandem julgamentos e escolhas são, a nosso ver, o modo, inspirado em Piaget, de estudar as complexas, atuais, e, ao mesmo tempo, antigas relações entre afetividade e inteligência, entre emoções e pensamento, no desenvolvimento psicológico.

Referências bibliográficas

Bearison,D.J. e Zimiles, H. (1986). *Thought and emotion: developmental perspectives*. London: Lawrence Erlbaum Associates Publishers.

De Souza, M.T.C.C (1990). *Versões de um conto de fadas em crianças de nove a onze anos:aspectos afetivos e cognitivos*. Tese de Doutorado:IPUSP

De Souza, MTCC (2003)- O desenvolvimento afetivo segundo Piaget, em *Afetividade na escola:alternativas teóricas e práticas*, Arantes, AV. (org). São Paulo: Ed. Summus

De Souza, MTCC (2005). "Valorizações afetivas em representações de contos de fadas: um olhar piagetiano", submetido ao *Boletim de Psicologia*, 2005

Izard, C.E.(1986). *Approaches to developmental reserach on emotion-cognition relationships, In Thought and emotion: developmental perspectives*. London: Lawrence Erlbaum Associates Publishers.

Piaget, J. (1920). *La psychanalyse et ses relations avec la psychologie de l'enfant*. Conferência na Sociedade Alfred Binet.

Piaget, J.(1923). *La pensée symbolique et la pensée de l'enfant* (VII Congresso Internacional de Psicanálise).

Piaget, J. (1926). *La représentation du monde chez l' enfant*. Neuchatel et Niestlé: Neuchatel.

Piaget, J.(1932). *Le jugement moral chez l'enfant*. P.U.F. Paris.

Piaget, J.(1945). *La formation du symbole chez l'enfant*. P.U.F. Paris.

Piaget, J.(1953-54). Les relations entre l'intelligence et l' affectivité dans le développement de l'enfant. *Bulettin de Psychologie*, Cours de Sorbonne, 1953, n. 3-4 et n. 6-7 e 1954, n. 9 et 12.

Piaget, J. e Inhelder, B. (1966). *La psychologie de l' enfant* P.U.F. Paris.

Piaget, J. (1972). L'inconscient affectif et l'inconscient cognitif, em *Problèmes de psychologie génétique*, Paris, Denoel/Gontier.

Wosniak, R. H. (1986). Notes toward a co-constructive theory of the emotion-cognition relationship, in *Thought and emotion: developmental perspectives*, Lawrence Erlbaum Associates Publishers: London.

CAPÍTULO IV
"Coração" e Razão: jogo de esconde-esconde ou parceria?

Maria Margarida Pereira Rodrigues (UFES)
Maria Thereza Costa Coelho de Souza (USP)
Paulo de Salles Oliveira (USP)

Este texto sintetiza o desafio a que os autores se propuseram, qual seja, o de articular as reflexões sobre as relações entre afetividade e razão, a partir das perspectivas da Psicologia Social e da Psicologia do Desenvolvimento. A máxima "o coração tem razões que a própria razão desconhece" serve bem nesse caso como ponto de partida das considerações pretendidas. Os três autores abordam a problemática afetividade/razão, cada um tomando como base perspectivas teóricas diferentes e também pesquisas diferenciadas.

Assim, para enfrentar o desafio proposto, cada um buscou refletir e responder a três perguntas formuladas pelos outros dois autores sobre seus textos de partida, que também estão apresentados neste livro, o que permitiu a construção (em conjunto) do presente texto. A tarefa de escrever 'a seis mãos' foi estimulante e ilustrativa das dificuldades da relação de parceria, que queremos apresentar aqui, revelando as características principais da dialética que dirige a construção produtiva de idéias. Não temos dúvidas sobre o aproveitamento desta experiência.

É importante mencionar que as perguntas, ainda que formuladas independentemente pelos três autores, foram confluentes. Pode-se dizer que a pergunta central foi: até que ponto afetividade e racionalidade se tocam e como se relacionam? E ainda: como pesquisar as relações entre afetividade e razão sem cair no jogo de esconde-esconde entre causa e efeito, antiga armadilha ainda presente em pesquisas de Psicologia?

O texto de Rodrigues[1], sobre a questão da prematuridade à luz da perspectiva do profissional neonatologista, trabalha os modos como este 'resolve' o problema das relações entre afetividade e razão: enfatiza os procedimentos técnicos necessários para o 'bem-estar' dos bebês prematuros nas UTINs[2], evitando alusões explícitas a aspectos relacionados a suas emoções. A esse respeito e a partir do texto de Rodrigues, Oliveira sinaliza para a questão, perguntando e propondo que as investigações subseqüentes busquem apontar para essa ambigüidade do discurso e das práticas dos médicos, ora olimpicamente afirmando competência técnica e razão científica, ora se valendo dos sentimentos e da emoção[3]. O mesmo aspecto é apontado por De Souza, que pergunta se é possível detectar diferenças na aplicação dos procedimentos técnicos, em razão das emoções dos médicos neonatologistas, ou se o máximo 'permitido' seria a constatação de que o bebê na UTIN é um *"tadinho"* (sic). E vai mais longe, indicando que a análise sistemática dos discursos dos médicos da especialidade poderá mostrar outras reações emocionais, contemporâneas à racionalidade, que não estão à vista, mas implícitas.

Rodrigues comenta os elementos apresentados, dizendo que os neonatologistas revelam sentimentos de pesar pelo sofrimento que as condições de saúde e os procedimentos médicos provocam nos bebês pré-termo. Esse é o único sentimento que aparece nos discursos; mesmo quando um dos entrevistados diz *"Eu adoro prematuro."* (sic), a justificativa que apresenta é que o bebê prematuro sendo *"fininho"* (sic) é fácil de examinar e, além disso, é *"só o médico e o nenê; não precisa de mais ninguém"* (sic). Nesse caso, o médico

---

1. Rodrigues,M.M.P. *Desenvolvimento e prematuridade: a pespectiva do neonatologista*, 2003
2. A sigla UTIN se refere à Unidade de Terapia Intensiva neonatal
3. Uma interpretação interessante desta ambigüidade está no filme *Um golpe do destino* (*The doctor*), EUA 1991, direção de Randa Haines, estrelado por William Hurt. O protagonista central é médico que defende a intervenção técnica e o distanciamento como requisitos básicos e centrais do seu *métier*. No entanto, ao adoecer, se choca ao sentir-se tratado com estes mesmos atributos, agora na qualidade de paciente. Percebe pela dor a importância de não divorciar o saber técnico de um tratamento caloroso das pessoas enfermas, fragilizadas pelo estado de saúde em que se encontram.

gosta do prematuro porque ele é um 'bom' paciente: corpo fácil de examinar e sob seu controle exclusivo. Para esta autora, os médicos estão empenhados em promover a estabilização das funções vitais e o crescimento do bebê e consideram seu trabalho encerrado quando o bebê recebe alta da UTIN. O *folow-up* é responsabilidade de outros profissionais e, embora alguns lamentem o fato de não acompanharem os bebês no período pós UTIN, não se detecta nenhuma mobilização pessoal para mudar esse modo de proceder. Disso fica uma forte impressão de que os neonatologistas não querem ser informados sobre deficiências físicas e mentais decorrentes da prematuridade. Saber que essas crianças têm seqüelas vai contra a crença de que a prematuridade é uma doença que foi curada na UTIN. Admitir a idéia de que não houve cura pode constituir ameaça ao conhecimento e poder técnico/profissional do médico. Essa reflexão vai ao encontro de comentário efetuado por De Souza sobre a cisão entre afetividade e racionalidade poder estar a serviço da proteção do médico contra o sofrimento (mesmo que não reconhecido) causado pela perda dos bebês prematuros e, conseqüentemente, pela incompetência em fazê-los 'vingar'. A este respeito, considera que a pesquisa das representações de si como médicos, manifestadas por esses profissionais, em comparação com médicos de outras especialidades, seria útil para investigar as representações que são centrais na formação da identidade de médicos, as quais, neste caso, possivelmente estão ainda mais relacionadas a ter o controle técnico da situação.

 O tema das relações entre afetividade e razão é discutido no texto inicialmente proposto por De Souza[4], à luz da epistemologia de Piaget. Para essa perspectiva, a afetividade está sempre presente nas condutas humanas e tem função importantíssima: regular e impulsionar as condutas, dirigindo-as para determinadas metas ou objetivos, cabendo à racionalidade estruturar as ações em direção aos objetivos perseguidos. Deve-se ressaltar, na abordagem piagetiana

---

4. De Souza, M.T.C.C. *Relações entre afetividade e inteligência: causalidade ou complementaridade? Considerações a partir da teoria de Jean Piaget.*

do assunto, a idéia de que tanto a afetividade quanto a racionalidade vão se organizando cada vez mais ao longo do desenvolvimento psicológico, o que à certa altura, levará à gênese da moral na criança. Piaget é ambíguo ao falar das relações entre afetividade e razão, ora afirmando que seus desenvolvimentos são paralelos, ora optando pela palavra "contemporâneos". É justamente esse o ponto questionado por Rodrigues: se a inteligência dá a forma e a afetividade o conteúdo das ações, elas não se afetam mutuamente? Para Piaget, ocorre interferência sim, mas a afetividade não causa novas estruturas mentais (novas formas) e a inteligência não cria novos objetivos (não provoca a energética). A mútua interferência se dá quando se observa qualquer ação que leve à construção do conhecimento; não é possível explicar esta construção somente com as estruturações cognitivas, nem tampouco apenas com as determinações afetivas. O questionamento proposto leva à reflexão sobre a perspectiva piagetiana de modo geral, a qual, não sendo uma teoria psicológica, mas uma abordagem epistemológica, não se interessa pelas peculiaridades dos indivíduos, mas pelas regularidades de seu funcionamento e suas construções, o que pode gerar a idéia (incorreta) de que desconsidera os aspectos afetivos presentes no desenvolvimento psicológico. Assim, reconhece que a construção do conhecimento se dá por aspectos racionais e também afetivos, que são de naturezas diferentes, bem como desempenham papéis distintos, sendo ambos fundamentais para o desenvolvimento dos indivíduos.

Na interlocução com Oliveira, este último revela a preocupação em explicitar as relações pensadas por Piaget entre afetividade e razão, para que não se subordine uma à outra, nem do ponto de vista teórico nem empírico. Em suas considerações, o referido professor se remete às pesquisas da autora sobre representações de contos de fadas numa perspectiva piagetiana, indagando sobre como pesquisar empiricamente as relações pretendidas sem cair na cilada de atrelar o funcionamento de uma ao da outra. Ou seja, o perigo é o de atribuir causalidade. Essa questão aparece nitidamente nas críticas feitas a Piaget sobre esse ponto. Dizem seus críticos que o autor submete a afetividade à inteligência quando vislumbra a possibilidade de que a primeira evolua e se organize contemporaneamente à outra, e, por isso, falaria de uma afetividade "racionalizada". Em uma palavra, para Piaget, a afetividade também se desenvolve rumo a uma lógica dos sentimentos, a qual não coincide com a lógica da inteligência, mas reflete um modo evolutivo correspondente. Isto significa, como explica De Souza, pensar a afetividade sob a forma de regulações e organizações cada vez mais complexas e não em termos de impulsos que não podem ser controlados.

Especificamente com relação às pesquisas que utilizam contos de fadas para investigar as relações entre afetividade e inteligência numa perspectiva piagetiana (De Souza, 1992-2003), Oliveira e Rodrigues apontam a importância dos fatores culturais serem também considerados, o que não está na origem dos trabalhos de Piaget. Com base nessa perspectiva, acredita-se que as interpretações das crianças revelam os elementos universais (dados pelas formas de organização da inteligência a respeito das histórias de fadas) e também os elementos culturais, que conferem conteúdos (mais ou menos gerais) para as ações de conhecer dos sujeitos, de maneira integrada, e não contraposta ou dicotômica. Em seu programa de pesquisas, De Souza segue aprofundando a direção aqui destacada (que não foi explorada por Piaget), com a inclusão de estudos interculturais sobre o assunto.

Ainda no âmbito de uma visão psicogenética da construção do conhecimento, mas com diferente ênfase, a teoria de Henri Wallon considera que a afetividade é central e constitui uma etapa inicial do desenvolvimento do sujeito, que prepara a construção cognitiva. Para o autor, a emoção é a base para o desenvolvimento, tanto no que se refere à constituição do sujeito (pessoa) quanto à construção do objeto. A emoção é, ao mesmo tempo, biológica, com raízes no tônus muscular e controlada pelo sistema subcortical e cortical, e social, já que promove a ligação entre indivíduos e as primeiras comunicações da criança pequena com seu entorno.

Para Wallon[5], a descrição da evolução da afetividade passa, então, necessariamente pela evolução biológica e social, sendo que as relações entre inteligência e afetividade são de alternância e não de correspondência (opondo-se neste ponto às concepções de Piaget). Assim, haveria momentos preponderantemente afetivos e outros preponderantemente cognitivos, sendo que o momento inicial da vida tem predominância das emoções ligadas à estabilidade biológica (equilíbrio, por exemplo). É interessante notar, no contexto da discussão ora pretendida, que, para Wallon, a emoção prepara a cognição, ou aparece como fundante, em etapas da vida (no caso do bebê) ou em momentos (no caso do adulto), em que a organização cognitiva está deficiente, ou por incapacidade evolutiva (no caso da criança), ou por excessiva mobilização afetiva (no caso do adulto). O mesmo autor complementa dizendo que, evolutivamente, as emoções originais deverão transmutar-se em atos motores ou mentais e, se isso não ocorrer, a emoção, em seu estado puro, será promotora de desorganização. Quando ocorre desenvolvimento dos 'instrumentos' cognitivos, a tendência é que passe a ocorrer predomínio da cognição e a emoção continue presente, mas num outro plano (complementar) que é ativado em casos de insuficiência cognitiva.

Aprendemos, portanto, com Wallon que o tônus muscular reflete a qualidade da emoção havendo emoções hipertônicas, como a raiva e a ansiedade, e emoções hipotônicas, como o medo e a depressão. Já para Piaget, assim como a inteligência, a afetividade se manifestará na ação e na atividade do sujeito, uma dando os fins (afetividade) e outra oferecendo os meios (inteligência). Isso nos leva a concluir que, para ambos, o jogo entre afetividade e racionalidade é de parceria, excluindo-se, portanto, as relações de causalidade e determinação linear. Em suma, para a construção do conhecimento, seja do sujeito seja do objeto, tanto afetividade ou emoção quanto inteligência ou razão se relacionam de forma complementar, possuindo, assim, estatutos diferentes, conforme a abordagem, mas coincidindo em sua natureza energética.

---

5. Wallon, H. (1941/1968). *L'évolution psychologique de l'enfant*. Armand Colin Éditeur: Paris.

Sobre as relações entre emoções e pensamento, investigações realizadas por pesquisadores pós-piagetianos indicam diferentes ênfases teóricas e o tratamento muitas vezes dicotômico oferecido às relações entre afetividade e razão. Izard.(1986)[6] apresenta diferentes abordagens sobre as relações entre emoção e cognição, com destaque para as teorias cognitivas de Mandler (1982) e Kagan (1984), que consideram ser o desenvolvimento emocional uma função do desenvolvimento cognitivo. Para eles, a cognição causa a emoção. E mais, a emoção seria, em última análise, uma construção cognitiva. Para Mandler (1982), o estudo do desenvolvimento emocional é o estudo de dois processos paralelos – desenvolvimento autônomo-visceral e desenvolvimento avaliativo-cognitivo – cuja interação produz a emoção. Esse autor busca compreender, principalmente, as respostas emocionais automáticas.

Já Kagan (1984) possui perspectiva inspirada em Mandler, mas também em Piaget. Tal como para Mandler, em Kagan é fundamental o processo de avaliação para determinar a qualidade da emoção experienciada. Não concorda com Mandler a respeito da detecção do 'tom' do sentimento não ser tão importante para a reação emocional subseqüente. Aparentemente de acordo com Piaget, Kagan confere à emoção um valor motivacional para o pensamento e a ação. Para ele, os sentimentos de importância são aqueles detectados e que se seguem a avaliações cognitivas. O desenvolvimento de tais sentimentos é explicado pelo desenvolvimento cognitivo, isto é, são as capacidades cognitivas que definem as capacidades emocionais. O mesmo autor descreve várias pesquisas nesta linha teórica, contudo se distanciam muito das pesquisas 'piagetianas', que tomam emoção e razão como contemporâneas. Nota-se, então, que a concordância com Piaget é, de fato, aparente e inexistente.

Izard apresenta ainda em seu texto as concepções de Weiner e Graham (1984), para os quais a emoção é uma resposta a atribuições

---

6. Izard,C.E.(1986). Approaches to Developmental Research on Emotion-Cognition relationships, in *Thought and emotion – developmental perspectives*, Bearison,D.J. e Zimiles,H. (org),Lawrence Erlbaum Associates, Publishers, Hillsdale, New Jersey/ London, 1986.

sobre causalidade. Ou seja, a maneira como os indivíduos sentem sobre um evento social depende da sua interpretação sobre suas causas. O interesse dos autores pelas emoções sociais leva-os a sustentar que os sentimentos são guiados por percepções causais e que as emoções variam de acordo com a mediação cognitiva. Alegria e tristeza, por exemplo, são conseqüência ou função direta de eventos e ações interpretados pelos indivíduos. Por centralizar sua abordagem nos processos perceptivos, Weiner necessita qualificá-los em termos de *locus*, controle e estabilidade e, para cada aspecto, cita estudos empíricos, que ilustram a relevância de seu posicionamento. Novamente, nota-se que a aproximação às idéias de Piaget sobre o assunto se limita a uma aparente confluência de idéias, afastando-se completamente da concepção não-dicotômica do autor suíço.

Dando continuidade à apresentação da emoção como organizadora e motivadora dos processos de adaptação, Izard passa a expor a posição de Piaget sobre as relações entre afetividade e inteligência (já apresentadas por De Souza em seu texto). Entretanto, para Izard, a emoção é sempre apresentada na consciência como um regulador motivacional e social (esse último elemento não aparece no posicionamento piagetiano), que é observado empiricamente nas respostas emocionais. Para Izard, a resolução do impasse metodológico quanto à investigação da emoção está na Psicologia Cognitiva, que traz instrumentos eficazes para a observação das respostas emocionais. Essa questão conduz a uma outra discussão tratada no seu texto; seria a teoria da emoção piagetiana cognitiva ou dinâmica? Para De Souza, a questão é anterior: pode-se dizer que Piaget apresenta uma teoria da emoção, entendida como estruturante do funcionamento psicológico? Ou, para o autor, a afetividade passaria por uma seqüência genética correspondente à seqüência pela qual passa a inteligência? Ficamos com a segunda opção, considerando que a perspectiva piagetiana sobre as relações entre afetividade e razão nos servem de pretexto para refletir sobre os riscos das dicotomias e dos jogos de causa e efeito quando abordamos o desenvolvimento psicológico.

O texto inicialmente proposto por Oliveira[7] leva-nos a conhecer o funcionamento mais íntimo do projeto de cooperativa na economia solidária, revelando-nos detalhes dos relacionamentos entre os membros participantes e ilustrando os meandros da adesão a esse tipo de projeto. É um convite à reflexão sobre as relações entre afetividade e racionalidade, já que fica claro que a adesão não ocorre apenas racionalmente, e nem tampouco somente do ponto de vista afetivo, mas supõe integração e equilíbrio entre elementos afetivos e cognitivos, de modo a que a cooperação e a solidariedade daí resultantes alimente a constituição de uma cultura solidária. Perguntado por De Souza sobre este aspecto da cooperação, isto é, até que ponto esta é racional e até que ponto é afetiva, o autor responde a partir das idéias de Argyle (1991)[8], para quem não é possível pensar na ação de cooperar sem a *"presença fundante da afeição, mutuamente partilhada"* (Oliveira, P. de S., 2004, p. 7). Essa idéia é ilustrada pelos exemplos apresentados, segundo os quais a colaboração ocorre, mas de forma organizada, afetiva e, simultaneamente, racional, com limites bem claros. Nesse caso, haveria uma "força específica que uniria as pessoas em torno da cooperativa, que seria o sentimento de comunhão e a predisposição de estar junto aos outros". É interessante destacar a distinção entre ajuda e cooperação. Além da disposição de favorecer os outros, traço marcante da primeira, esta última inclui reciprocidade (ajudo e sou ajudado), postura imprescindível para a adesão ao projeto ganhe a concreção esperada.

Ao salientar a importância do sentimento de solidariedade e da forma de organização racionalmente escolhida, sintetizados no projeto de cooperativa na economia solidária, o autor trata o tema das relações entre afetividade e razão, indicando a necessidade de superação da perspectiva dualista. Suas conclusões se harmonizam com as mencionadas anteriormente por Rodrigues e De Souza quanto às relações entre afetividade e racionalidade. Em outras palavras, se

---

7. Oliveira.P.de S. *Adesão cooperativa como projeto de vida solidária*, 2004.
8. Argyle, M. *Cooperation, basis of sociability*. London: Routledge, 1991.

ingressar numa cooperativa genuinamente democrática representa um traço de recusa consciente da sociabilidade engendrada na sociedade capitalista, é preciso dizer também que a adesão se reafirma e se torna tão mais consolidada na medida em que se estreitam, ao mesmo tempo, relações de amizade no cotidiano de trabalho deste empreendimento. Cria-se uma atmosfera em que o fazer produtivo não se aparta da brincadeira, dos momentos lúdicos; ao contrário, ambos compõem o dia-a-dia das atividades cooperativas, conferindo-lhe singularidade.

Considerando as reflexões empreendidas pelos autores, pode-se notar que as mesmas convergiram na mesma direção: em favor da superação da dicotomia entre razão e afetividade, entre pensamento e emoção. Todos procuraram um outro olhar, tendo em vista sobrepujar as armadilhas dualistas. Com essa nova visada, adveio a necessidade de reconceituar. Rodrigues indaga: o que é, afinal, ser prematuro? Como se estabelece a relação médico-paciente? Como poderia se desenvolver uma outra sensibilidade capaz de reconhecer sinais afetivos de interação entre o bebê, dito prematuro, e o médico? De Souza coloca interrogações em torno da hierarquização que atribui primazia à razão em detrimento da emoção. Não poderia haver, propõe ela, uma constituição simultânea de ambas, inviabilizando assim a atribuição de causalidade de uma sobre outra? Oliveira recolhe depoimentos em que os cooperantes reconhecem, antes de outro motivo qualquer, a amizade – e, portanto, a afeição – para explicar o que os faz tão unidos na proposta cooperativa. Entenda-se bem: não é que não estejam sintonizados com o ideário e as práticas da economia e da cultura solidárias e, particularmente, com a contraposição que ensejam às práticas capitalistas, mas o fator confiança, atributo primordial da amizade, é alicerce básico destas formas alternativas de interagir.

Desse modo, parece-nos fundamental sugerir aos pesquisadores que se esforcem para construir indicadores empíricos em suas investigações, no sentido de observar os aspectos afetivos e racionais de maneira integrada. A tarefa é enorme, pois a tradição científica nos impõe a busca de relações de causa e efeito, que nos convida de modo tentador à causalidade. A construção de diálogos entre diferentes perspectivas teóricas, como as que se encontraram nesse texto, parece-nos o melhor caminho para estabelecer parcerias e interromper os ciclos do esconde-esconde e também do vale-tudo entre afetividade e racionalidade. Investigações consistentes levarão, em definitivo, a pesquisa psicológica a novos rumos teórico-metodológicos e, certamente, a resultados que contribuirão para diversas áreas de conhecimento.

Referências bibliográficas

ARGYLE, M. *Cooperation, basis of sociability*. London: Routledge, 1991.

ISARD, C. E. Approaches to Developmental Research on Emotion-Cognition. In: BEARISON, D.J. & ZIMILES, H. (Orgs.) *Thought and emotion-developmental perspectives*. New Jersey / London: LawrenceErlbaum Associates Publishers, 1986.

OLIVEIRA, P de S. *Adesão cooperativa como projeto de vida solidária*. Texto digitado, 2004.

RODRIGUES, M.M.P. *Desenvolvimento e prematuridade: a perspectiva do neonatologista*. Texto digitado, 2003.

SOUZA, M.T.C.C. de. *Relações entre afetividade e inteligência: causalidade ou complementaridade? Considerações a partir da teoria de Jean Piaget*. Texto digitado, 2004.

WALLON, H. *L'évolution psychologique de l'enfant*. Paris: Armand Colin Éditeur 1941/1968

Unidade II
Razão e emoção: desenvolvimento e intersubjetividade

CAPÍTULO V
O riso como (in)diferença eu-outro: lições de Bergson[1]

Lívia Mathias Simão[2]
Universidade de São Paulo

Afastando-nos das convergências (in)diferenciadoras

Contemporaneamente, a intersubjetividade parece ser uma das dimensões mais contempladas nas abordagens psicológicas das relações eu-outro. Focaliza-se aí, intensivamente, sua gênese e suas implicações para o desenvolvimento do *self*, seja o "*self* do eu", isto é, o si mesmo de si, seja o si mesmo do outro – ou "*self* do outro". Há, subjacente a este enfoque, forte ênfase na indissociabilidade da díade eu-outro, graças a processos afetivo-racionais, pré-reflexivos e reflexivos, que sustentam tais relações, sem o que eu e outro ficariam impossibilitados de virem a se constituir e se desenvolver como *selves*[3].

Desde essa óptica, pareceu-nos pertinente buscar ampliar a discussão sobre as relações entre intersubjetividade e processos afetivo-cognitivos no desenvolvimento do *self*.

O construtivismo, em suas diversas vertentes contemporâneas, está dentre os campos de pesquisa psicológica que mais densamente têm focalizado aquelas relações. Das tradições de George Mead, William James e Mikhail Bakhtin, dentre outros, vêm emergindo, por

---
[1]. Versões preliminares deste texto foram apresentadas no X Simpósio de Pesquisa e Intercâmbio Científico da ANPEPP, Vitória, ES, 2004 e no IV Congresso Norte-Nordeste de Psicologia, Salvador, BA, 2005.
[2]. Bolsista de Produtividade em Pesquisa do CNPq.
[3]. A esse respeito, veja-se, por exemplo, Coelho Jr. e Figueiredo (2003).

exemplo, proposições de Hubert Hermans e Jaan Valsiner sobre os processos afetivo-cognitivos de contínua (re)construção de si mesmo no diálogo com os outros, incluindo-se aí o diálogo polifônico dos vários *selves* de si mesmo.

Nesse enfoque ou modelo teórico, a dinâmica da relação eu-eu está assentada não na unicidade do eu, mas na sua polifonia – donde vários eus – levando à postulação de relações do sujeito consigo mesmo segundo o modelo de relação dialógica eu-outro. Esta relação eu-outro é, concomitantemente, centrífuga e centrípeta, convergente e divergente. Nessa direção, e opondo-se ao individualismo e ao racionalismo que caracterizam a unicidade do ego cartesiano, Hermans e colaboradores (1992) enfatizam que:

> O *self* dialógico, em contraste com o *self* individualista, está baseado na pressuposição de que há muitas posições do eu que podem ser ocupadas pela mesma pessoa. O eu em uma posição pode concordar, discordar, contradizer, questionar e mesmo ridicularizar o eu em outra posição (p. 29).

Entretanto, em que pese a força que esse modelo dialógico vem ganhando, tanto por seu valor heurístico para a pesquisa na área do desenvolvimento da subjetividade humana, quanto por sua plausibilidade e relevância ética para as práticas profissionais voltadas para a (re)construção do *self*, percebe-se ainda, em ambas as esferas de atividade, a primazia conferida às convergências nas relações eu-outro, em detrimento da tensão permanente entre convergências e divergências, característica definidora das relações dialógicas.

Idéias reguladoras como as de harmonia e empatia, que canalizam a atenção dos pesquisadores e profissionais para a relevância da convergência nas relações eu-outro são, sem dúvida, fundamentais para a compreensão do papel da intersubjetividade no desenvolvimento do *self*. Entretanto, também o são algumas noções que, à primeira vista, parecem mesmo incompatíveis com a dimensão psicológica "intersubjetividade". Uma delas é a de distanciamento afetivo-emocional do outro.

O objetivo deste texto é justamente indicar, ainda que preliminarmente, como o distanciamento afetivo-emocional faz parte e possibilita a experiência da intersubjetividade pelo eu e pelo outro, com desdobramentos relevantes para o desenvolvimento dos respectivos *selves*. Para tanto, irei me valer da análise de parte de um estudo do filósofo francês Henri Bergson, intitulado *Le Rire* (*O Riso*), datado de 1940 (Bergson, 1940/2002). Antes, porém, cabem algumas considerações sobre idéias fundamentais no pensamento bergsoniano para, em seguida, nos voltarmos à contribuição crítica que *O Riso* pode trazer para a compreensão das relações entre afeto e razão no desenvolvimento do *self*.

Aproximando-nos de Bergson

Bergson viveu entre 1859 e 1941. No início de sua carreira foi professor de filosofia em vários liceus franceses, tendo posteriormente lecionado na *École Normale Supérieure de Paris* e no *Collège de France*, instituições dentre as mais conceituadas academicamente na Europa.

O estudo de Bergson intitulado *O Riso*, embora mencionado em muitas Histórias da Filosofia, como por exemplo na de Julián Marías (Marías, 2004) não é usualmente considerado uma obra de impacto sobre o pensamento filosófico da virada do século XIX para o XX como o são *Ensaio sobre os Dados Imediatos da Consciência*, que foi sua tese de doutoramento, *Matéria e Memória, Duração e Simultaneidade, A Evolução Criadora* ou ainda *O Pensamento em Movimento*. Entretanto, todas essas obras – incluindo-se *O Riso* – são atravessadas por duas maneiras bergsonianas de pensar a *relação sujeito-mundo* e *eu-outro*, que nos interessam particularmente aqui: por um lado, a *oposição e diferença entre elementos de uma relação* como sendo constitutivas da própria relação; por outro lado, a constante *mutabilidade, volatilidade, irrepetibilidade e imprevisibilidade* deste tipo de relação, que se identifica com o processo mesmo da vida, demandando do sujeito (re)criar constantemente os elementos em relação (o si mesmo, o mundo e a própria relação entre eles) (cf. Marías, 2004).

Esses aspectos do pensamento de Bergson situam-se como reação às doutrinas "elementaristas" e "objetivistas" predominantes à época, nas quais as experiências humanas subjetivas, aquelas que a pessoa percebe como interiores a si mesma, eram consideradas da mesma natureza que as ocorrências do mundo natural, percebido pela pessoa como exterior a si mesma. Daí decorriam, então, a adesão e defesa do estudo da subjetividade humana à moda das ciências naturais, a que Bergson se opunha (cf. Marías, 2004; Bréhier, 1931/1988).

Como pedra fundamental do pensamento discordante de Bergson àquele respeito está o fato de que, para ele, os motivos das ações humanas não podem ser abordados como acontecimentos discretos, isolados, como se fossem vários vetores de diferentes forças que, aplicados a um mesmo ponto, produziriam o ato. Para Bergson, o erro crucial nesse tipo de abordagem é o de se lidar com a temporalidade da mesma forma que se lida com o espaço, acarretando uma transposição imprópria, por tratar o tempo – cuja natureza é a de simultaneidade e duração – como se trata o espaço, cuja natureza é a de sucessão.

Considerando o caráter das relações em geral – e, em especial, das relações afetivo-racionais na construção intersubjetiva do *self* – a perspectiva bergsoniana aponta primeiramente para o fato de que a relação entre afeto e razão será uma configuração em que aqueles elementos (afeto e razão) guardarão entre si diferenças que são constitutivas da própria relação. Ou seja, a própria diferença entre os elementos é um aspecto constitutivo da relação. Nessa medida, ser diferente é estar em relação. Além disso, dado o caráter eminentemente temporal das relações, a perspectiva bergsoniana aponta para o fato de que as relações intersubjetivas se dão na dimensão do irrepetível e do imprevisível, demandando do sujeito uma constante (re)criação de suas relações com o mundo. Nesse processo, as relações entre afeto e razão, ao mesmo tempo em que fundamentais, são também constantemente (re)criadas no fluxo da relação eu-mundo.

Esse giro filosófico instaurado por Bergson tem, evidentemente, implicações ético-científicas relevantes, como, por exemplo, aquelas que incidem na questão do livre-arbítrio na ação humana. De forma mais ampla, altera completamente o modelo de compreensão do desenvolvimento humano como processo no curso da vida, ao dar visibilidade aos aspectos de duração e irrepetibilidade, tornando-os acontecimentos primazes da vida humana.

Para Bergson, é possível ao ser humano apreender esse caráter da vida desde que lance mão da inteligência e da intuição que, para ele, são *ambas* faculdades intelectuais, indissociáveis e complementares, propiciadoras de modos de conhecimento diversos[4] (cf. Bergson, 1938/2003).

Esses modos diversos de conhecimento se esclarecem nas palavras do próprio Bergson (1938/2003):

> "Intuição significa então, de partida, consciência, mas consciência imediata, visão que mal se distingue do objeto visto, conhecimento que é contato e mesmo coincidência" (p.27). (...) pensar intuitivamente é pensar em duração (...) A inteligência se ocupa ordinariamente das coisas, entendendo-se por isso o estável, fazendo da mudança um acidente que se lhe sobre-acrescenta. Para a intuição, o essencial é a mudança: a coisa, tal como entendida pela inteligência, é um golpe dado no centro do devir e eleito pelo nosso espírito em substituição ao conjunto. O pensamento representa ordinariamente a novidade como um novo arranjo de elementos pré-existentes; para ele, nada se perde, nada se cria. A intuição, vinculada a uma duração que é crescimento, percebe aí uma continuidade ininterrupta de novidade imprevisível; ela vê, ela sabe que o espírito tira dele mesmo mais do que ele tem, que a espiritualidade consiste nisso mesmo, e que a realidade, impregnada do espírito, é criação" (pp. 30-31).

No construtivismo, Valsiner (1994, 1998) apontou para essas idéias fundamentais do pensamento bergsoniano, tomando-as inclusive

---
[4]. Para uma introdução a respeito da natureza das relações entre instinto, intuição e inteligência em Bergson, veja-se Bréhier (1931/1988, pp. 566-568)

em uma de suas propostas teóricas centrais acerca do desenvolvimento humano: o indicador precípuo do processo de desenvolvimento é a emergência de novas formas de relação sujeito-mundo que preparam o sujeito para os novos desafios de futuras demandas (cf. Valsiner, 1998, p. 179). Coerentemente, o desenvolvimento das relações intersubjetivas se dará com base no desafio daquilo que virá, que é imprevisível, que não se repete portanto. A ação intersubjetiva, reflexiva ou pré-reflexiva, desenvolve-se orientada para o futuro que, não repetindo o passado, será então imprevisível. Por isso, a ação desenvolver-se-á orientada pelo "como se" e no contexto experiencial da *irreversibilidade do tempo da vida* (a *durée*, em Bergson)[5].

Há, entretanto, em Bergson, ainda dois aspectos da distinção – e ao mesmo tempo da complementaridade – entre inteligência e intuição, decorrentes do que se acabou de expor, que têm sido pouco explorados nos construtivismos e merecem ser considerados em nossa discussão.

O primeiro aspecto é o de que Bergson entende a inteligência como a atenção que o espírito presta à matéria, enquanto que a intuição é a atenção que o espírito presta a si mesmo (Bergson, 1938/2003). Esta distinção remete à questão do afastamento/proximidade de si mesmo e do outro, à questão das possibilidades de conhecimento de si mesmo e do outro pelas faculdades da inteligência e da intuição, como exploraremos adiante.

O segundo aspecto a destacar é o de que, para Bergson, a compreensão intuitiva carrega em si um poder de negação, de interdição, que ele destaca para a intuição filosófica, em contraposição à inteligência científica:

"Perante idéias coerentemente aceites, teses que pareciam evidentes, afirmações que tinham passado até então por científicas, ela sussurra

---

[5]. Conforme apontou Valsiner (1998), essas idéias já haviam influenciado teorias do porte da psico-filosofia de Janet, da sociogenética de Baldwin e da teoria do *self* de Mead, todas elas influenciando também as idéias do próprio Valsiner. Cabe indicar ainda a reconhecida influência do pensamento de Bergson sobre Bakhtin, especialmente com relação à temporalidade, conforme apontam, por exemplo, Holquist (1990, p. 31) e Sobral (2005, p. 126). Bréhier (1931/1988), por sua vez, também remete à influência do pensamento de Bergson na filosofia da ação e no pragmatismo.

ao ouvido do filósofo: *Impossível.* (...) Força singular esse poder intuitivo de negação!" (Bergson, 1938/2003, p. 120).

Esse aspecto remete ao poder que a intuição tem, em Bergson, para gerar fatos novos.

Ao tomar para discussão parte do estudo sobre *O Riso*, pretendo me valer justamente dos aspectos acima destacados – que a leitura de Bergson me permitiu apreender – para delinear formas de relação intersubjetivas na construção do *self* que se assentam no distanciamento afetivo-emocional, ao invés de exclusivamente na convergência, proximidade e empatia entre eu e outro, como tem sido já bastante abordado. Cabe notar ainda que, com essa proposta, não defendo a substituição de uma dimensão da intersubjetividade (a da proximidade afetivo-cognitiva) por outra (a do distanciamento), mas sim o exame mais detido de sua complementaridade dialógica.

Aproximando-nos de *O Riso*, de Bergson

Em *O Riso*, Bergson apresenta três observações que considera fundamentais para que se entenda um tipo específico de relação eu-outro, aquela pautada pela comicidade. Segundo o próprio Bergson, tais observações levam-nos a focalizar e compreender menos o cômico em si mesmo e mais o lugar onde se deve buscá-lo. Sua preocupação é, como vemos, genética em suas bases. Esse lugar onde se deve buscar o cômico, a que Bergson se refere, é metafórico: trata-se, na verdade, de uma maneira de relação eu-outro que ele busca elucidar.

Seguindo o próprio texto pelos lugares que Bergson indicou como relevantes para compreendermos a relação eu-outro pautada pela comicidade, onde poderemos chegar com respeito à discussão sobre as relações afeto-cognição no desenvolvimento do *self*?

"Eis o primeiro ponto que se nos chama a atenção. Não há o cômico fora daquilo que é propriamente *humano*" (Bergson, 1940/2002, p. 2).

Com essa observação, Bergson nos faz atentar para o fato de que, para um ser humano, somente outro ser humano poderá ser risível. Ele nos lembra que só riremos de um animal ou de um objeto se encontrarmos nele, direta ou indiretamente, atitudes e expressões humanas. Bergson se surpreende de que um fato tão importante e simples tenha escapado à atenção dos filósofos: muitos deles definiram o ser humano como um animal que sabe rir, mas não o definiram como um animal que faz rir. Essa observação de Bergson toca à dimensão da intencionalidade nas relações intersubjetivas. O mais importante aqui não é a intencionalidade do sujeito que ri (esta já bastante focalizada na literatura psicológica), mas *a intencionalidade que o sujeito que ri dá como existente no outro de quem ri*.

O exemplo clássico dado por Bergson é o do homem que vem andando na rua, escorrega, cai, e os que o vêem riem dele. Está suposta aqui uma intencionalidade que é contrariada por algo involuntário ao sujeito. Conforme Bergson nos faz notar, as pessoas não ririam se supusessem que aquele homem estava vindo com intenção de se sentar no chão. O riso foi provocado pela percepção que as pessoas tiveram da involuntariedade, da mudança brusca de atitude do homem, de sua rigidez, de sua falta de flexibilidade diante das circunstâncias (cf. Bergson, 1940/2002, pp. 7-11).

Os desenhos animados, as histórias em quadrinhos e suas variantes midiáticas também são bons exemplos da intuição de intencionalidade e involuntariedade envolvida no riso. Rimos do Tom e do Jerry, da Mônica e do Cebolinha, porque, por um lado, *intuímos intencionalidade* neles, fazendo-os coincidir conosco, aproximando-os de nós. Mas, concomitantemente, rimos porque, por outro lado, conseguimos olhá-los como outros (afastando-nos deles) e percebemos que lhes acontece algo que foge às suas supostas intenções. De fato, parece que a ruptura com relação ao esperado, que se traduz no acontecimento inquietante (Simão, 2003, 2004), também está presente na gênese do riso. Há uma evidente tensão entre aproximação e afastamento na relação sujeito-outro, assim como na relação entre esperado, previsível (o que está situado para o sujeito na dimensão do possível) e inesperado, imprevisível (o que está situado para o sujeito na dimensão do impossível). Em suma, entre inteligência e intuição, nos termos de Bergson, embora ele próprio não o discuta dessa maneira.

O segundo aspecto destacado por Bergson pode nos levar ainda mais adiante em nossa discussão sobre as relações entre distanciamento afetivo-racional e (re) construção contínua do *self*:

> Assinalemos agora, como um sintoma não menos digno de observação, a insensibilidade que comumente acompanha o rir. Parece que o cômico não pode produzir sua sacudida a não ser que caia numa superfície de alma bem calma, bem una. A indiferença é seu meio natural. O riso não tem maior inimigo que a emoção (...) O cômico exige, então, enfim, para produzir todo seu efeito, alguma coisa como uma anestesia momentânea do coração. Ele se endereça à inteligência pura (Bergson, 1940/2002, pp. 3-4).

E, ainda:

> O cômico, dizemos nós, se endereça à inteligência pura; o riso é incompatível com a emoção. (...) Não mexer comigo, eis a única condição necessária, embora não seja certamente suficiente (Bergson, 1940/2002, p. 106)

Bergson esclarece que até podemos rir de alguém por quem temos afeto ou piedade, mas que para isso será preciso nos afastarmos desses sentimentos por alguns instantes. O riso se liga à razão e ao afastamento do outro, o choro à emoção e à proximidade. Invertendo os sinais, Bergson desafia o senso comum quanto à leveza atribuída aos afetos e o peso atribuído à razão, convidando provocativamente:

> ... tente por um momento se interessar por tudo o que se diz e tudo o que se faz, aja, em imaginação, com todos os que agem, sinta com todos os que sentem (....) como em um passe de mágica verá os objetos mais leves se tornarem pesados, e uma coloração severa

passar por todas as coisas. Distancie-se agora, assista à vida como um expectador indiferente: muitos dramas virarão comédias (Bergson, 1940/2002, p. 4).

Lá onde a pessoa de outrem cessa de nos comover, somente lá pode começar a comédia (Bergson, 1940/2002, p. 102).

Fica evidente aqui a antecipação, por Bergson, com relação ao construtivismo contemporâneo, da importância de se abordar dialogicamente as relações afeto-razão, para que se possam compreender as possibilidades de seleção e descontextualização inerentes à relação eu-outro no desenvolvimento do *self*. Assim, será na possibilidade de rir de si mesmo que o eu se afastará de si como si mesmo para se ver como outro. Analogamente será na possibilidade de rir do outro que ele se afastará do outro como semelhante a si mesmo, para vê-lo como *alter* de si e para ver-se a si como *alter* do outro. Essas possibilidades, nos termos de Bergson, serão possibilidades da inteligência, porque significam atenção do espírito do eu que se volta para a matéria, para o si mesmo ou para o outro da mesma forma que se volta para a coisa.

Entretanto, esse movimento não possibilita ao eu perceber-se a si na sua irrepetibilidade, mutabilidade e renovação. Só o conseguirá através da intuição, que é a atenção que o espírito presta a si mesmo.

Mas a intuição sobre o outro, essa o eu não conseguirá nunca totalmente, porque a intuição completa implica coincidência total pelo contato não mediado com o objeto intuído, conforme indicamos logo de início:

> Intuição significa então, de partida, consciência, mas consciência imediata, visão que mal se distingue do objeto visto, conhecimento que é contato e mesmo coincidência (Bergson, 1940/2002, p. 27).

Por não conseguir intuir completamente o outro, o eu também nunca conseguirá penetrar totalmente no seu caráter de fluxo e de devir; por isso, o outro sempre o surpreenderá, a não ser que ele, sujeito, o aborde sempre pela via da inteligência. Mas então só o perceberá como um rearranjo estático daquilo que já lhe era conhecido. Nessa medida, o riso aproxima o eu de um *si mesmo* e de um *outro* passíveis de serem apreendidos pelas possibilidades dadas pela inteligência, mas o afasta de um si mesmo e de um outro apenas apreensíveis pela intuição.

A terceira observação de Bergson é a de que "[n]osso riso é sempre o riso de um grupo" (Bergson, 1940/2002, pp. 4-5). Com essa observação, ele aponta para a dimensão da pertença ao grupo que o rir demanda, já que nossa possibilidade de rir de algo que é narrado por outrem está vinculada ao fato de pertencermos, por origem ou adesão, à mesma comunidade sociolingüística que esse outro:

> Quantas vezes não enfatizamos (...) que muito dos efeitos cômicos são intraduzíveis de uma língua para a outra, [sendo] relativos em conseqüência aos costumes e às idéias de uma sociedade particular? (...) O riso deve responder a certas exigências da vida em comum. O rir deve ter uma significação social (Bergson, 1940/2002, pp. 4-5).

Bergson finaliza enfatizando que o nascimento do cômico se dá quando

> os homens reunidos em grupo dirigem toda sua atenção sobre um deles, fazendo silenciar sua sensibilidade e exercendo apenas sua inteligência (Bergson, 1940/2002, pp. 5-6).

É interessante notarmos que aqui Bergson reenfatiza a inteligência como condição para o distanciamento necessário ao rir, não tocando entretanto, explicitamente, na intuição em sua qualidade de movimento empático na direção dos outros como condição para o sentimento de pertença ao grupo, também necessário ao rir.

De toda forma, na gênese sociocultural do riso está em jogo sobretudo a relação dialógica entre proximidade com (intuição empática) e distanciamento emocional de (inteligência) diferentes outros.

Há o *outro* com quem eu me uno para rir e há aquele outro *outro* de quem rimos. Caberá então indagarmos, junto com Boesch (1991, 2005), de que *outro* estamos falando em cada momento. Ora estamos nos voltando àquele *outro* que se presta à situação cômica, possibilitando ao eu as experiências de afastamento emocional no desenvolvimento do *self*. Ora estamos nos voltando àquele outro que se junta a nós, possibilitando as experiências de proximidade e compartilhamento emocional no desenvolvimento do *self*. Mais ainda, ora o eu busca relações com *uns outros*, ora com *outros outros*: aquele outro que me faz rir dele, aquele outro com quem rio de outros, aquela outra eu mesma que ri de mim.

Bergson (1940/2002) nos fala da maestria do poeta cômico que nos introduz tão próximo de sua intimidade que acabamos por também manejar alguns dos fios da marionete com que ele brinca; será a nossa vez de brincar e parte do nosso prazer vem daí (cf. p. 12). Ou seja, o poeta cômico propicia a experiência de brincarmos de ser outro, de nos conhecermos de outra forma da que vínhamos fazendo, nos distanciando de nós mesmos, ao nos aproximarmos dele.

Continuando a falar do poeta cômico, Bergson (1940/2002) afirma que um "personagem cômico é geralmente cômico na exata medida em que ele se ignora a si mesmo; o cômico é *inconsciente*, (...) ele se torna invisível a si mesmo" (p. 13). Se tomado agora na sua dimensão primeira de *eu*, o poeta cômico – como de resto os atores em geral – ilustra a situação de um *eu* que pode se tornar outro, para si e para os outros, porque pode se engajar em uma experiência de afastamento de si mesmo, tornando-se invisível a si mesmo e como si mesmo, ao mesmo tempo que se aproximando do personagem com que se oferece como alteridade aos outros. Ou seja, às diferentes possibilidades de engajamento em experiências, dadas pela relação dialógica entre afastamento e aproximação (inteligência e intuição), corresponderão também diversas formas de desenvolvimento do *self* nas relações intersubjetivas.

Já quando contrapõe a situação da figura trágica à da ridícula, Bergson (1940/2002) traz à tona as dimensões da consciência e da dissimulação nas relações intersubjetivas. Ele aponta para o fato de que a figura trágica não muda sua conduta porque sabe como os outros a julgam; ela pode se preservar como tal, mesmo tendo plena consciência dos sentimentos ruins que inspira. Mas a figura ridícula, que se sinta ridícula diante do riso, tentará dissimular, se esforçando não necessariamente para mudar, mas para parecer o que é socialmente valorizado ou pelo menos aceito (cf. p. 13). Dentre os comportamentos risíveis, Bergson (1940/2002) dá maior atenção aos que expressam rigidez, inflexibilidade, imutabilidade do sujeito diante das demandas situacionais da vida, demandas cuja natureza é de *"tensão e elasticidade*, forças complementares entre si que a vida coloca em jogo" (p. 14), como no caso, já referido, do homem que vem caminhando e cai. O interessante aqui é que se invertem os termos: é como se agora não fosse mais o eu quem ri dos outros, como privilegiado até aqui, mas os outros é que riem do eu. Essa inversão permite refletir sobre o riso do outro como ação que canaliza, no eu, (re)construções do *self* (no sentido de Valsiner, 1998), quando o eu traz a público o que os outros consideram impróprio, incômodo ou inquietante. O riso dos outros denuncia o eu, para que ele se adapte, se esconda, se exclua, enfim, se modifique como puder...

Na visão bergsoniana, a sociedade requer que o sujeito viva, mas viva bem, no sentido de viver em conformidade com suas normas e valores. Isso demanda esforço constante de adaptação recíproca das pessoas. Por isso, toda rigidez – de caráter, de espírito e de corpo – será, segundo Bergson, suspeita aos olhos da sociedade, uma vez que sinaliza isolamento, escape do compartilhamento de valores, excentricidade, atentado à conformidade.

Entretanto, a sociedade, em seus representantes individuais, não se vê em situação de intervir contra esse atentado de forma materialmente repressiva, porque ela não está sendo golpeada materialmente. Trata-se de algo que a inquieta como um sintoma, uma ameaça apenas, um gesto a mais por parte daquele sujeito que a ela não parece se adequar. A isso ela responderá então com o riso, uma espécie de *gesto social*. Pelo medo que inspira, o gesto social do riso reprimirá a excentricidade, mirando constantemente em certas atividades que estão arriscadas ao isolamento e adormecimento, flexibilizando, enfim, tudo o que restar de rigidez mecânica na superfície do corpo social (Bergson, 1940/2002, p. 15). No último capítulo de *O Riso*, Bergson explicita essa condição da comicidade, quando diz que a comédia começa com o que podemos chamar de *enrijecimento contra a vida social*, remetendo-nos inequivocamente ao cenário das relações afetivo-racionais:

> É cômico o personagem que segue automaticamente seu caminho, sem se importar em entrar em contato com os outros. O riso está lá para corrigir sua distração e para tirá-lo de seu sonho (Bergson,1940/ 2002, pp. 102-103).

O riso seria então uma espécie de ação do outro em resposta ou como solução para um acontecimento inquietante (Simão, 2003). Ou seja, diante da ruptura simbólica que a ação do sujeito causa aos outros, eles riem. O riso seria uma ação possível e plausível (eficaz ou não) em dado *campo cultural de ação* (Boesch, 1991), na tentativa de uma transição simbólica para uma ação do sujeito que fosse socialmente mais confortável (Zittoun e colaboradores, 2004). Nesse sentido, por um lado, o outro representa ofertas e limites culturais para o desenvolvimento do *self*, em contínua reconstrução. Por outro lado, como discutimos uma vez, "o que o outro poderá fazer 'na' e 'pela' identidade do sujeito dependerá não só das ações efetivamente dirigidas a ele, mas também das possibilidades e limites que o próprio sujeito apresenta na relação com o outro" (Simão, 2002).

Em síntese, pensamos que este exercício de reflexão sobre *O Riso*, à luz de nossas questões sobre a relação afeto-razão, nos permitiu avançar um pouco mais no mundo das relações de (in)diferença eu-outro, em que os movimentos de aproximação e empatia (o *in*) e de distanciamento e estranhamento (a *diferença*) de cada um consigo mesmo e com o outro estão em constante co-presença, gerando tensões re-criadoras do *self*.

Referências

Bergson, H (1938/2003) *La Pensée et le mouvant*. Paris: PUF.

Bergson, H. (1940/2002) *Le Rire*. Paris: Presses Universitaires de France.

Boesch, E. E. (1991) *Symbolic Action Theory and Cultural Psychology*. Berlin: Springer-Verlag.

Boesch, E. E. (2005) The Enigmatic Other. Em: L. M. Simão e J. Valsiner, *Otherness in Question: Labyrinths of the Self*, Greenwich: Information Age Publishers (em preparação).

Bréhier, E. (1931/1988) *Historia de la Filosofia*. Madrid: Tecnos. Tomo II.

Coelho, Jr., N. E. e Figueiredo, L. C. (2003) Patterns of Intersubjectivity in the Construction of Subjectivity: Dimensions of Otherness. *Culture & Psychology*, 9:3, 193-203.

Hermans, H. J. M.; Kempen, H. J. e Loon, R. J. P. van (1992) The Dialogical Self: Beyond individualism and rationalism. *American Psychologist*, 47(1), 23-33.

Holquist, M. (1990). *Dialogism: Bakhtin and his world*. London/New York: Routledge.

Marías, J. (2004) *História da Filosofia*. São Paulo: Martins Fontes.

Marková, I.(1987) On the Interaction of Opposites in Psychological Processes. *Journal for the Theory of Social Behaviour*, 17(3), 279-299.

Marková, I. (1996) Towards an Epsitemology of Social Representations. *Journal for the Theory of Social Behaviour*, 26(2), 177-196.

Simão, L. M. (2002) O Significado da Interação Verbal para os Processos de Construção de Conhecimento: proposta a partir da óptica boeschiana. Em: S. A. S. Leite (Org.) *Cultura, Cognição e Afetividade: A sociedade em movimento*. São Paulo: Casa do Psicólogo, 85 -102.

Simão, L. M. (2003) Beside Rupture, Disquiet; Beyond the Other, Alterity, *Culture & Psychology*, 9(4), 4449-459.

Simão, L. M. (2004) Semiose e Diálogo: para onde aponta o construtivismo semiótico-cultural?. Em: M. T. C. C. de Souza (Org.) *Os Sentidos de Construção: o si mesmo e o mundo*. São Paulo: Casa do Psicólogo, 13-24.

Sobral, A. (2005) Filosofias (e filosofia) em Bakhtin. Em: B. Brait (Org.) *Bakhtin – conceitos-chave*. São Paulo: Contexto, 123-150.

Valsiner, J. (1994) Irreversibility of Time and the Construction of Historical Developmental Psychology. *Mind, Culture and Activity, 1*, 25-42.

Valsiner, J. (1997) Dialogical Models of Psychological Processes: Capturing Dymanics of Development, *Polish Quarterly of Developmental Psychology*, vol. 3, no. 2, 155-160.

Valsiner, J. (1998) *The Guided Mind – A Sociogenetic Approach to Personality*. Cambridge: Harvard University Press.

Valsiner, J. (2002) Forms of Dialogical Relations and Semiotic Autoregulation within the *Self, Theory & Psychology*, 12 (2), 251-265.

Zittoun, T., Duveen, G., Gillespie, A., Invison, G., & Psaltis, C. (2003). The use of symbolic resourses in developmental transitions. *Culture & Psychology, 9*(4), 415–448.

CAPÍTULO VI
As idéias de Vygotsky sobre a relação razão-afetividade no curso do desenvolvimento[1]

José Moysés Alves (Universidade Federal do Pará)

Vygotsky criticou as teorias das emoções de sua época (Vygotski, 1932/1993, 1933/1999; Lane e Camargo, 1995; Van der Veer e Valsiner, 1996; Sawaia, 2000), criticou a abordagem intelectualista na teorização sobre os deficientes (Vygotski, 1934/1997; Carlo, 2000), tratou da relação entre afeto e intelecto em geral (Vygotski, 1934/1993; Oliveira, 1992; González Rey, 1996, 1999, 2000a, 2000b). Além disso, abordou a relação entre razão e afetividade em cada etapa do desenvolvimento. Este tópico parece ter recebido menos atenção e, conseqüentemente, as pesquisas se beneficiaram pouco das contribuições do autor.

Encontramos as idéias de Vygotsky sobre a relação entre razão e afetividade em cada etapa do desenvolvimento em *Problemas de Psicologia Infantil*, um livro que ele não concluiu. Alguns dos capítulos desse livro foram escritos em 1932 e outros em 1933 e encontram-se publicados no Volume IV de suas *Obras Escogidas* (Elkonin, 1996). Mas as idéias de Vygotsky sobre a relação entre razão e afetividade em geral, podem ser encontradas dispersas em outros textos, inclusive naqueles anteriores à entrada de Vygotsky na psicologia.

No presente capítulo, tratamos, resumidamente, do tema das emoções nos primeiros trabalhos de Vygotsky. Abordamos algumas condições teóricas presentes na retomada do tema pelo autor, após 1930, e exploramos, então, suas idéias sobre a relação entre razão e afetividade em cada etapa do desenvolvimento.

---
1. Trabalho apresentado no III Congresso Norte-Nordeste de Psicologia, João Pessoa, maio de 2003.

Antecedentes

O interesse de Vygotsky pelos temas da mediação semiótica e da afetividade está presente desde seus trabalhos sobre arte. Nestes trabalhos, ele considerava que a estrutura do texto gerava o sentimento estético. Argumentava, por exemplo, que a fábula era estruturada sobre uma contradição afetiva que atingia um ponto de culminância ou catástrofe, provocando as emoções pertinentes (Vigotski, 1926/1999). Esse interesse pela recepção da obra de arte motivou seus primeiros experimentos, no Instituto Pedagógico de Gomel, entre 1922 e 1923. Nesses experimentos, comparou a estrutura do texto *Respirar Tranqüilo* com o ritmo da respiração de leitores, pois acreditava que o texto literário era recebido emocionalmente com base no ritmo da respiração que ele proporcionava (Van der Veer e Valsiner, 1996).

A escolha do primeiro tópico de pesquisa por Vygotsky, no Instituto de Kornilov, em Moscou, em 1924, também foi motivada pelo seu interesse nas emoções. Ele decidiu estudar as reações dominantes, pois elas possibilitavam explicar, como, sob direção consciente, uma reação fraca podia se tornar dominante na esfera psicológica (Van der Veer e Valsiner, 1996)

Segundo Leontiev (1991), os problemas encontrados por Vygotsky em Psicologia da Arte e a impossibilidade de resolvê-los apoiando-se na psicologia científica da época, despertaram nele a necessidade de criar uma nova psicologia. Ele percebia defeitos intoleráveis nas correntes objetivas da psicologia da década de 1920: o behaviorismo, a reatologia e a reflexologia. Entre esses problemas destacava o simplismo, o reducionismo fisiológico e a incapacidade de descrever a consciência.

Por todos esses motivos, concordamos com Lane e Camargo (1995) quando afirmam que "...a porta de entrada de Vigotski para a psicologia foi a *emoção*" (p. 115).

Depois de *Psicologia da Arte*, publicado em 1926, o tema das emoções ficou secundarizado nos escritos de Vygotsky, até 1930. Nesse período ele escreveu trabalhos sobre consciência, método, crise da psicologia, educação e defectologia.

A partir de 1928, começou a sintetizar sua teoria histórico-cultural. Uma pesquisa importante para o desenvolvimento dessa teoria foi aquela realizada em colaboração com Luria na Ásia Central, pois seus resultados comprovaram a afirmação de que os processos psicológicos superiores diferiam em pessoas de diferentes culturas e mudavam à medida que a sociedade se transformava.

Um dos tópicos da pesquisa de Luria, realizada entre 1931 e 1932 com camponeses analfabetos e alfabetizados, foi o tema da auto-análise ou autoconsciência. Luria (1990) procurava determinar o quanto sujeitos alfabetizados ou não, "...eram capazes de lidar com sua própria vida interior de forma geral, de isolar características psicológicas particulares neles mesmos, de analisar seu mundo interior e de avaliar suas qualidades intrínsecas" (p. 193). O autor reconheceu que seus dados eram preliminares, mas encontrou diferenças entre os grupos. Os analfabetos se recusavam a fazer a auto-análise ou a faziam com referência a situações materiais. Jovens com educação formal de curta duração, ativistas das fazendas, faziam a análise de características psicológicas.

Algumas condições teóricas na retomada do tema das emoções após 1930

Consideramos que existem três condições importantes e articuladas na retomada da teorização de Vygotsky sobre as emoções: a crítica às teorias das emoções existentes; a concepção da estrutura semântica e sistêmica da consciência; a concepção do desenvolvimento como processo dialético, com ênfase na relação entre personalidade e contexto histórico-cultural.

A crítica às teorias da emoção

Vygotsky tem, pelo menos, dois textos específicos sobre as emoções: *As emoções e seu desenvolvimento na infância* uma de suas *Conferências sobre Psicologia*, de 1932, e *A Teoria das Emoções. Investigação Histórico-Psicológica*, de 1933. Nesses textos, critica as teorias da emoção de sua época.

Segundo Van der Veer e Valsiner (1996), o argumento principal de Vygotsky era de as teorias da emoção serem essencialmente dualistas. Para solucionar esse problema, voltou-se para a filosofia de Espinoza.

A teoria de James-Lange concebia a emoção como o resultado de mudanças fisiológicas, decorrentes de um estímulo excitante ou ameaçador. Apoiado nas evidências experimentais de Cannon, Vygotsky argumentou que as mudanças corporais não diferiam muito de um estado emocional para outro; que os órgãos internos não eram bem supridos de nervos, por isso as mudanças internas seriam muito lentas para serem fontes de sentimentos emocionais e que a indução artificial das mudanças corporais associadas a uma emoção não produzia a experiência da emoção verdadeira (Van der Veer e Valsiner, 1996).

Enquanto a teoria de James-Lange era uma teoria periférica, a de Cannon era uma teoria central sobre as emoções. Para Cannon, o tálamo era o centro coordenador dos impulsos nervosos, tanto os provenientes dos órgãos periféricos, quanto os provenientes do nível cortical do sistema nervoso. Algumas emoções envolveriam coordenação dos centros superiores do sistema nervoso, outras não. Nisso Vygotsky via preservado o dualismo mente-corpo na teoria de Cannon, além de ser basicamente fisiológica e não levar em conta os componentes psicológicos dos processos emocionais (Van der Veer e Valsiner, 1996).

Vygotsky argumentou que Descartes, em *As paixões da alma*, formulou duas teorias: uma aferente (periférica) e uma eferente (central) da emoção. A teoria James-Lange, assim como a teoria aferente de Descartes, concebia a emoção como uma percepção passiva de mudanças corporais. Para as duas concepções as emoções seriam essencialmente imutáveis e, portanto, inatas. Na teoria de James-Lange não havia uma teoria eferente, ou seja, que explicasse a possibilidade de mudanças corporais causadas pela mente, como na teoria de Descartes. Mas James admitiu a possibilidade de emoções puramente intelectuais sem correlatos corporais. Ele preferiu chamá-las de julgamentos ou cognições. Vygotsky não aceitou esta solução por definição e concluiu que também nesse ponto James se aproximava de Descartes, que admitia a possibilidade de emoções produzidas apenas na alma pela própria alma (Van der Veer e Valsiner, 1996). Segundo Van der Veer e Valsiner (1996)

A falta de uma perspectiva de desenvolvimento pode ser explicada, pelo menos parcialmente, pela divisão entre mente (alma) e corpo. É difícil para um dualista imaginar a qualidade das emoções mudando aos poucos, à medida que o conhecimento conceitual e os processo cognitivos da criança se desenvolvem. Os processos corporais jamais podem se desenvolver em emoções superiores, porque emoções superiores pertencem ao domínio da alma. Pela mesma razão, será difícil oferecer uma explicação da vida emocional que conecte as emoções a outros processos psicológicos e à consciência em geral (p. 382).

Portanto, o dualismo está relacionado com a falta de uma perspectiva desenvolvimentista e sistêmica. Segundo Van der Veer e Valsiner (1996), essa crítica pode aplicar-se também às teorias contemporâneas das emoções.

Vygotsky estava buscando uma teoria das emoções monista e desenvolvimentista, que explicasse as emoções inferiores das crianças e as emoções superiores dos adultos. Espinoza concebia corpo e alma como compostos de uma mesma substância e queria estender a abordagem determinista a todas as ações humanas, inclusive à alma. Ele não aceitava uma alma livre, como Descartes. Embora isso fascinasse Vygotsky, ele não chegou a escrever sua análise sobre Espinoza. Uma das razões para isto ter acontecido, segundo Van der Veer e Valsiner (1996), pode ter sido a ausência de perspectiva desenvolvimentista nos escritos do filósofo.

Uma explicação determinista pode ter vários níveis, segundo Jaroshesky (1984, citado por Van der Veer e Valsiner, 1996). O determinismo histórico-social é a forma de explicação típica em Vygotsky. A atividade humana é explicada por referência a influências sociais e culturais e pela reconstituição de seu desenvolvimento histórico na filogenia e na ontogenia. Os níveis anteriores de explicação determinista: o determinismo mecanicista e o determinismo biológico não são descartados, mas são submetidos à análise histórico-social, quando o que está em pauta são processos psicológicos superiores, especificamente humanos.

Van der Veer e Valsiner (1996) consideram que as idéias de Vygotsky estão próximas de idéias sociais-construtivistas modernas sobre as emoções. Nelas aceitam-se duas classes gerais de emoções adultas: as que possuem e as que não possuem análogos naturais em animais e bebês humanos. Ambas as classes de emoção são mediadas pela consciência social e mudavam a sua natureza conforme as capacidades cognitivas dos indivíduos se desenvolvem.

A estrutura semântica e sistêmica da consciência

Vygotsky (1930/1991) chamou de sistemas psicológicos às relações que se estabelecem entre as funções psicológicas, que mudam em cada etapa do desenvolvimento. Ele reconheceu estar equivocado quando pensava que no desenvolvimento mudavam as funções isoladas.

Segundo Vygotsky (1930/1991)

A idéia principal (extraordinariamente simples) consiste em que durante o processo de desenvolvimento do comportamento, especialmente no processo de seu desenvolvimento histórico, o que muda não são tanto as funções, tal como tínhamos considerado anteriormente (era esse nosso erro), nem sua estrutura, nem sua parte de desenvolvimento, mas o que muda e se modifica são precisamente as relações, ou seja, o nexo das funções entre si, de maneira que surgem novos agrupamentos desconhecidos no nível anterior (p. 72).

Esta mudança de concepção sobre o desenvolvimento das funções psicológicas superiores é acompanhada por uma mudança na concepção de mediação semiótica por Vygotsky. Primeiro, ele afirma ter ignorado que o signo tinha um significado. Segundo, afirma que também ignorava que o significado evoluía. Terceiro, afirma que é o signo que modifica as relações interfuncionais. Segundo Vygotsky (1933/1991),

> Nos primeiros trabalhos ignorávamos que o significado é próprio do signo. < "Mas há um tempo para recolher as pedras e outro para espalhá-las."> (Eclesiastes). Partíamos do princípio da constância do significado, e para isso despejávamos este, tirando-o do parêntese. Mas já nas primeiras investigações o problema do significado estava implícito. Se antes nossa tarefa era mostrar o que havia de comum entre o "nó" e a memória lógica, agora consiste em mostrar a diferença entre eles. De nossos trabalhos depreende-se que *o signo modifica as relações interfuncionais* (p. 121).

O significado das palavras passou a ser considerado a unidade de análise da relação entre pensamento e linguagem. O significado da palavra, ao mesmo tempo em que possibilita a comunicação, é uma generalização, portanto, um ato do pensamento. A tese de que o significado das palavras evolui foi demonstrada nos estudos experimentais sobre a formação de conceitos, que Vygotsky e colaboradores vinham desenvolvendo desde 1927 (Van der Veer e Valsiner, 1996). Vygotsky (1934/1993) descreveu três etapas da formação de conceitos: os amontoados sincréticos da criança pequena, o pensamento por complexos dos pré-escolares e o pensamento conceitual dos adolescentes. Em cada uma dessas etapas, o significado assume diferentes configurações. As relações entre os elementos de uma classe designada por uma palavra podem ser subjetivas (na criança pequena); objetivas, mas concretas (no pré-escolar) ou objetivas e abstratas (no escolar). Vygotsky considerava a formação de conceitos a função central no desenvolvimento com a qual se relacionavam as outras funções, inclusive a afetividade.

A ênfase na relação da personalidade com o contexto histórico-cultural

O significado da palavra era a unidade de análise adequada para o estudo da relação entre pensamento e linguagem. Mas Vygotsky sentiu necessidade de outra unidade de análise para dar conta da relação da personalidade com o contexto histórico-cultural. Essa unidade era a situação social de desenvolvimento ou vivência.

Em *A crise dos sete anos*, Vygotsky (1933/1996) argumenta que a criança deve ser concebida como um participante ativo da situação social. Ela é parte dessa situação e não se pode supor que o meio influencia a personalidade e que a personalidade influencia o meio de forma externa. É a relação interna da criança com as pessoas com quem se relaciona que precisa ser estudada. Então, o meio não pode ser tomado em seus índices absolutos, mas no que suas diversas facetas significam para a criança. Um mesmo meio tem significados totalmente distintos para crianças em diferentes etapas do desenvolvimento.

Por um lado, "...todo avanço no desenvolvimento infantil modifica a influência do meio sobre ele" (Vygotsky, 1933/1996; p. 382). Por outro lado, "... o meio determina o desenvolvimento da criança através da vivência de dito meio... as forças do meio adquirem significado orientador graças às vivências da criança" (p. 383).

Em *O problema da idade* (1932/1996a), afirma que não se pode basear a periodização do desenvolvimento em sintomas. Devemos determinar os principais períodos da formação da personalidade com base nas mudanças internas do próprio desenvolvimento. O autor compreende o desenvolvimento como um processo que se caracteriza pela permanente aparição do novo, não existente em estágios anteriores e não apenas pelo desdobramento de um plano preexistente. O critério para a periodização, portanto, são as novas formações, que permitem determinar o essencial em cada idade. A nova formação é um novo tipo de estrutura da personalidade. A estrutura tem sua gênese em mudanças microscópicas da personalidade, que se acumulam até certo limite, quando se manifestam repentinamente como uma formação qualitativamente nova. As mudanças bruscas e fundamentais acontecem em períodos de crise.

Vamos nos deter um pouco na caracterização da crise, pois, além de (1932/1996b) considerar que nesses momentos acontecem mudanças bruscas e fundamentais, Vygotsky afirma que "todas as idades críticas se distinguem por um desenvolvimento impetuoso da vida afetiva" (p. 299).

Vygotsky considera (1933/1996d) que as idades críticas são momentos de mudanças nas vivências principais da criança. A crise tem origem interna. Mas o interno não se reduz ao biológico. É a união de elementos pessoais e ambientais. As mudanças têm a ver com as peculiaridades pessoais, formadas em um momento anterior, e com as condições presentes. A crise é sempre uma reestruturação da vivência anterior. Implica a mudança de necessidades e motivos que são os propulsores da atividade da criança. Essas necessidades mudam em cada etapa. O que era importante em uma etapa deixa de ser na etapa seguinte. Ele afirma também que necessidades e motivos são a parte menos consciente e voluntária da personalidade.

Segundo Vygotsky (1932/1996a), as crises se originam de forma imperceptível, sendo difícil determinar seu começo e seu final. Nesses períodos as crianças se tornam difíceis de educar. São freqüentes os conflitos com as pessoas e os conflitos íntimos. A criança mais perde o que já tinha conseguido do que adquire algo novo.

O surgimento do novo supõe o desaparecimento do velho. O desenvolvimento inverso, de extinção do velho, acontece nos períodos críticos. Mas nesses períodos também acontece construção. No desenvolvimento ocorre uma alternância de períodos estáveis e críticos. Vygotsky (1932/1996a) lista os seguintes períodos: crise pós-natal; primeiro ano (dois meses a um ano); crise de um ano; infância precoce (um ano a três anos); crise dos três anos; idade pré-escolar; crise dos sete anos; idade escolar (oito a doze anos); crise dos treze anos; puberdade (quatorze a dezoito anos) e crise dos dezessete anos. Vygotsky, como Marx, entendia a consciência como a relação do indivíduo com o meio. Em cada idade se modifica a estrutura geral da consciência, caracterizada por um sistema determinado de relações e dependência de suas funções. Em cada idade a criança estabelece uma relação peculiar com o meio, especialmente o social. A isso Vygotsky chamou de situação social de desenvolvimento. A primeira tarefa ao estudar a dinâmica de alguma idade era esclarecer a situação social do desenvolvimento. A segunda tarefa era descobrir a origem, a gênese, das formações novas. O meio social modifica a consciência e a consciência modificada reconstrói suas relações sociais. A criança percebe de maneira distinta sua vida interior em cada idade. A situação social de desenvolvimento é o sistema de relações da criança de determinada idade com a realidade social. Se sua consciência muda é inevitável que essas relações se reestruturem.

O desenvolvimento da relação entre afeto e razão

Vygotsky (1932/1996a) argumenta que o afeto é importante em todas as fases do desenvolvimento:

> Os impulsos afetivos são os acompanhantes permanentes de cada etapa nova do desenvolvimento da criança, desde a inferior até a mais superior. Cabe dizer que o afeto inicia o processo de desenvolvimento psíquico da criança, a formação de sua personalidade e fecha esse processo, culminando assim todo o desenvolvimento da personalidade (p. 299).

Vygotsky (1932/1996a) discordava dos estudiosos que

relacionavam as emoções com os centros subcorticais e postulavam que o afeto era mais importante no início do desenvolvimento, perdendo essa importância à medida que o desenvolvimento avançava. Ele considerava que, na fase inicial, havia supremacia dos afetos mais primitivos, relacionados com atrações e impulsos instintivos e que essa supremacia acontecia porque as outras funções sensoriais, intelectuais e motoras não estavam desenvolvidas.

Para Vygotsky (1932/1996a), o desenvolvimento afetivo estava conectado ao desenvolvimento da personalidade:

> O próprio afeto, ao participar no processo de desenvolvimento psicológico como fator essencial, percorre um caminho complexo, se modifica em toda nova etapa de formação da personalidade e toma parte na estrutura da nova consciência, própria de cada idade. Essas mudanças profundíssimas na natureza psíquica dos afetos se põem de manifesto a cada nova etapa (p. 299).

A crise pós-natal

O nascimento marca o primeiro período crítico, de adaptação a uma nova forma de vida. O recém-nascido, separado fisicamente da mãe, continua dependente dela em suas principais funções vitais. Torna-se parte da vida social. Possui no grau mais primitivo rudimentos da vida psíquica vinculada, principalmente, aos centros subcorticais. Apresenta movimentos expressivos (alegria, dor, ira, medo, susto) e instintivos (fome, sede, saciedade). Mas só se podem atribuir ao recém-nascido "estados de consciência nebulosos, confusos, nos quais o sensitivo e o emocional se acham fundidos" (Vygotski, 1932/1996b; p. 282). Há uma supremacia exclusiva de vivências não diferenciadas. O recém-nascido não separa suas vivências da percepção das coisas objetivas, não distingue objetos sociais e físicos. Ele percebe, antes de tudo, o afável e o ameaçador. Esse período dura cerca de três semanas, quando o bebê passa a apresentar o sorriso social nos momentos em que falam com ele. Este fato indica, para Vygotsky, a passagem de um estado de passividade inicial para um estado de interesse receptivo pelos outros.

O primeiro ano

Ocorre desenvolvimento do afeto no primeiro ano de vida. Diretamente relacionado às necessidades básicas de sono, alimentação, etc., o afeto do recém-nascido se transforma, no primeiro estágio do primeiro ano, adotando a forma de interesse receptivo pelo mundo exterior. No segundo estágio, por volta de cinco ou seis meses, transforma-se em interesse ativo pelo entorno. Aparecem novas formas de conduta: experimentação lúdica, balbucio, coordenação de órgãos que atuam simultaneamente, etc. Sono e vigília passam a ocorrer num mesmo número de horas, expressões neutras e positivas tornam-se mais freqüentes. O bebê busca ativamente os estímulos. Surge a imitação (abrir a boca, imitar sons). Por volta do décimo mês aparecem formas mais complexas de comportamento, como a primeira utilização de ferramentas e o primeiro uso de palavras para expressar desejos (Vygostski, 1932/1996b).

A crise do primeiro ano

No final do primeiro ano, em geral, as crianças ainda não dominam o andar nem a fala, mas já avançaram bastante nesse sentido. Observam-se, no plano afetivo, os primeiros atos de protesto e contraposição aos outros, dirigidos às vezes contra determinadas proibições, negações, etc. e que podem acontecer com grande intensidade (birras).

A situação social de desenvolvimento suscita no bebê a necessidade de comunicação com o adulto. Como ainda não sabe andar, precisa que os adultos façam as coisas para ele. A contradição característica dessa etapa, segundo Vygotski (1933/1996a) é que o bebê tem grande necessidade de comunicação, mas não domina a linguagem, que seria o meio mais eficaz para fazê-lo. A transição da fase pré-lingüística, quando a criança apenas balbucia, para a fase em que domina a linguagem é feita pela linguagem autônoma infantil. Darwin (1881, citado por Vygotsky, 1933/1996a) foi quem a descreveu pela primeira vez, observando seu neto. Afirmou que essa linguagem difere da dos adultos tanto nos aspectos articulatório e fonético quanto no semântico. Como conseqüência, a comunicação que ela proporciona é diferente da que propicia a nossa linguagem.

Vygotsky (1933/1996a) hipotetizou que todas as manifestações de protestos e birras, característicos dessa etapa, seriam derivadas das dificuldades de entendimento recíproco da criança com os outros.

Uma última característica da linguagem autônoma infantil, apontada por Darwin, é que nela a relação entre as palavras assume uma forma peculiar, agramatical. As palavras dessa linguagem apenas funcionam para indicar e denominar, mas não têm função significadora e não servem para falar de objetos ausentes. Não existem relações hierárquicas entre as palavras, seus significados estão uns ao lado dos outros. O significado não é constante, mas pode significar uma coisa numa situação e outra noutra situação. Não existe ainda a possibilidade de pensamento verbal fora da situação visual-direta. Se a palavra se separa dessa situação imediata, perde o significado. Com a ajuda dessa linguagem a criança só pode falar do que vê e da forma como os objetos se relacionam perceptualmente (por exemplo: "nenê caiu"). As palavras infantis teriam conteúdo afetivo e volitivo

O que significa o conteúdo afetivo e volitivo das palavras infantis?...
O que a criança expressa em sua linguagem não são os nossos juízos mas as nossas exclamações, com a ajuda das quais manifestamos a apreciação afetiva, a relação afetiva, a relação emocional, a tendência volitiva" (1933/1996a; p. 335).

Vygotsky considerava a linguagem autônoma infantil a nova

formação, central na crise do primeiro ano.

O segundo ano

As ações da criança durante o segundo ano são motivadas por um afeto de atração ou repulsão que emana dos objetos. Segundo Vygotsky (1933/1996b) "...se queremos caracterizar o sistema de consciência desde o ponto de vista de suas funções principais e conjuntas no segundo ano, devemos reconhecer que se trata da unidade da percepção afetiva, do afeto com a ação" (p. 344). O autor afirma que para a criança dessa idade "...pensar significa orientar-se nas relações afetivas dadas e atuar de acordo com a situação externa que se percebe... impera a percepção visual-direta, afetivamente matizada, que se transforma de imediato em ação" (p. 345). Cada idade tem a sua função predominante. As mais importantes e necessárias se desenvolvem antes. A percepção é a função predominante durante o segundo ano. A criança carece da imaginação. Ela não pode lidar com uma situação distinta daquela que se apresenta diretamente. É nessa idade que surge a estrutura semântica e sistêmica da consciência, que significa, para Vygotsky (1933/1996b), "a relação recíproca das funções isoladas, quer dizer, que em cada período de idade as funções determinadas se inter-relacionam e formam um determinado sistema da consciência" (p. 362). Durante o segundo ano aparecem, claramente, as relações interfuncionais. Nessa idade, o centro da estrutura está na percepção afetiva que conduz à ação; no pré-escolar esse centro passará a ser ocupado pela memória.

Ao final do segundo ano, a percepção estabelece uma nova relação com o pensamento, a percepção deixa de estar limitada ao plano afetivo-motor. A linguagem se desenvolve e muda a estrutura da percepção. A percepção se generaliza, tanto do mundo exterior como a do mundo interior (introspecção). "Já não basta para a criança a velha situação social de desenvolvimento; tem origem a crise dos três anos e uma nova situação de comunicação é criada" (Vygotski, 1933/1996b; p. 365).

A crise dos três anos

A crise do primeiro ano caracteriza-se pelos primeiros protestos (reações hipobúlicas). Segundo Vygotski (1933/1996c) a crise dos três anos apresenta três sintomas: o negativismo, a teimosia e a rebeldia. O negativismo se dirige mais às pessoas que para algo que se deseja. Mesmo que queira fazer determinada coisa, a criança pode negar-se a fazê-la porque foi proposta pelo outro. Dessa forma, a criança, pela primeira vez, age contra seus próprios afetos. Na idade anterior havia total unidade entre afeto e atividade. Na crise dos três anos surge um novo motivo: seu contato com as demais pessoas. Enquanto o afeto era o motivo das ações da criança antes dos três anos, a partir de então as pessoas passam a ser um motivo. Quando a criança nega, ela não está fazendo questão do objeto de sua negativa, mas de se contrapor ao outro. O negativismo tem caráter social: a criança faz o contrário do que querem que faça. A teimosia tem caráter individual: a criança se obriga a fazer aquilo que ela se propôs a fazer. A rebeldia tem caráter impessoal: é contra as normas educativas estabelecidas; a criança se torna insubordinada, aspira a ser independente, quer fazer tudo por si mesma. Os conflitos se tornam freqüentes:

...há mudanças na esfera afetiva e volitiva, o que prova a crescente independência e atividade da criança. Todos esses sintomas que giram em torno do "eu" e às pessoas que o rodeiam, demonstram que as relações da criança com a gente que o rodeia ou com a sua própria personalidade não são as de antes (Vygotski, 1933/1996c; p. 373).

Portanto, na crise dos três anos muda a atitude da criança em relação às pessoas e em relação à própria personalidade, "...a crise é produto da reestruturação das relações sociais recíprocas entre a personalidade da criança e as pessoas de seu entorno" (Vygotski, 1933/1996c; p. 375).

A idade pré-escolar

Apesar de estar previsto na periodização das etapas do desenvolvimento, no livro *Problemas de Psicologia Infantil*, Vygotsky não escreveu um capítulo sobre a idade pré-escolar, passando direto para a análise da crise dos sete anos, último capítulo desse livro, que ficou incompleto. Mas em outro texto, também de 1933, *O papel do brinquedo no desenvolvimento*, apresenta argumentos importantes para a compreensão do desenvolvimento da relação entre razão e afetividade nesse período.

Vygotsky (1933/1984) fala de um duplo paradoxo contido no brinquedo:

> O primeiro paradoxo contido no brinquedo é que a criança opera com um significado alienado em uma situação real. O segundo é que, no brinquedo, a criança segue o caminho do menor esforço – ela faz o que mais gosta de fazer, porque o brinquedo está unido ao prazer – e, ao mesmo tempo, ela aprende a seguir os caminhos mais difíceis, subordinando-se às regras e, por conseguinte, renunciando ao que ela quer, uma vez que a sujeição a regras e a renúncia à ação impulsiva constitui o caminho para o prazer no brinquedo (p. 113).

Aqui fica claro como a percepção deixa de ser predominante no controle da ação da criança. A memória torna-se importante. A criança brinca porque não consegue esquecer desejos que não pode realizar. Envolve-se, então, numa situação imagisnária. Os significados que emergem dessa situação sobrepõem-se aos significados usuais dos objetos e de suas próprias ações. Ao atribuir novos significados aos objetos, a criança desenvolve o pensamento abstrato. Descobre a relação arbitrária entre signo e significado. Ao atribuir novos significados às ações, desenvolve sua ação voluntária. Ela aprende a regular suas ações segundo as regras de comportamento implícitas nos papéis sociais que representa.

A crise dos sete anos

A crise dos sete anos caracteriza-se, segundo Vygotsky (1933/1996d) pela perda da espontaneidade infantil. Antes desse momento, a criança é espontânea porque não há diferenciação suficiente entre vida interior e exterior. A crise dos sete anos marca uma diferenciação incipiente das facetas interior e exterior da personalidade da criança. Ocorrem mudanças orgânicas mais profundas e complexas do que aquelas que acontecem aos três anos: a criança cresce rapidamente, troca os dentes. Ao mesmo tempo, torna-se caprichosa, se comporta de modo artificial, teatral, gosta de bancar o palhaço. Tudo isso significa que a criança incorporou em sua conduta o fator intelectual. A vivência passa a ser atribuída de sentido. A criança desde muito cedo expressa na linguagem os significados dos objetos, mas também os de suas próprias ações, das ações alheias, assim como de seus estados internos ("quero dormir", "quero comer", "tenho frio"). A palavra não designa objetos isolados, mas classes de objetos. Aos sete anos se produz a generalização do processo interno.

A criança pequena não tem consciência de suas próprias vivências. O pré-escolar nas suas brincadeiras de faz-de-conta, ao representar papéis sociais e as vivências dos personagens, vai construindo a diferenciação entre seu mundo interior e o exterior. Aos sete anos a criança pode compreender o significado das palavras que se referem aos seus eventos internos, emoções, etc. e surge a orientação consciente de suas próprias vivências.

A criança pré-escolar descobre as suas relações com as outras pessoas. A criança de sete anos descobre suas próprias vivências. Surgem novas relações da criança consigo mesma, uma vez que as vivências adquirem sentido. Conexões totalmente novas se formam entre as vivências quando adquirem um sentido determinado. Generalizam-se, pela primeira vez, as vivências dos afetos. Uma formação afetiva, que nasce quando uma situação se repete muitas vezes, tem a mesma relação com a vivência isolada ou afeto que o conceito tem com a percepção isolada ou a lembrança.

Muda a relação da criança consigo mesma, muda a situação social de desenvolvimento.

A idade escolar

Esse também foi um capítulo que Vygotsky não escreveu do livro *Problemas de Psicologia Infantil*. Mas há dois acontecimentos importantes para o nosso tema, relacionados a este período, que ele trata em seu livro *Pensamento e Linguagem*, de 1934. O primeiro é a internalização da fala egocêntrica e o segundo a formação de conceitos científicos.

A internalização da fala egocêntrica implica a diferenciação completa da fala dirigida aos outros da fala que se dirige a si mesmo. Os signos que a criança usa para regular a própria conduta, que antes precisavam ser externos, passam a atuar internamente.

O aprendizado de conceitos científicos possibilita a tomada de consciência do próprio pensamento. Os conceitos científicos são organizados hierarquicamente, isto é, são generalizações de generalizações. Fornecem categorias supraordenadas com as quais podemos nos referir às categorias subordinadas.

Estas ferramentas semióticas permitirão à criança a tomada de consciência de suas vivências e a regulação, a partir de signos internalizados, de suas próprias ações e afetos.

A crise dos treze anos

Este é mais um capítulo não escrito por Vygotsky em

Problemas de Psicologia Infantil, apesar de ter sido planejado. Mas muitos elementos sobre a relação razão-afetividade na adolescência podem ser encontrados em seu livro *Pedologia do adolescente*, de 1931. Segundo Elkonin (1996) foi nesse livro que Vygotsky

> descreveu pela primeira vez a estrutura semântica da consciência, o caráter e o conteúdo daquelas generalizações em cuja base se estrutura no adolescente o quadro do mundo. Graças a este trabalho apreciou a possibilidade de analisar a estrutura sistêmica e semântica da consciência em sua unidade. Junto com isso, a investigação continha a característica daquele ponto de vista de desenvolvimento da consciência que se chega ao final do período da adolescência, o processo de formação da estrutura semântica e sistêmica da consciência desenvolvida e a aparição da autoconsciência da personalidade. A partir dos resultados das investigações em Pedologia do Adolescente se apresentou perante Vygotsky, naturalmente, a tarefa de seguir todo o curso do desenvolvimento psicológico individual da criança e, o mais importante, esclarecer as leis fundamentais da passagem de um estágio de desenvolvimento a outro. Esta foi uma das tarefas principais que Vygotsky estava resolvendo nos últimos anos de sua vida (p. 403/4).

No capítulo sobre o "Desenvolvimento das funções psicológicas na idade de transição", Vygotsky (1931/1996) afirma que a história do desenvolvimento das funções psicológicas superiores concorda com as

> três leis fundamentais que se observam no desenvolvimento do sistema nervoso – conservação dos centros inferiores como níveis separados, passagem de funções aos centros superiores e emancipação dos centros inferiores em caso de doença (p. 117).

Vygotski (1931/1996) argumentava que o desenvolvimento

psicológico na idade de transição era um exemplo concreto dessas três leis fundamentais. Ele considerava que a função central ou diretora é o desenvolvimento do pensamento, a função de formação de conceitos. Todas as funções restantes se unem a essa formação nova, integram com ela uma síntese complexa, se intelectualizam, se reorganizam sobre a base do pensamento em conceitos.

Segundo Vygotsky (1931/1996) "o novo que subjaz ao desenvolvimento de todas as funções psicológicas nesta idade é a vontade dirigida a um fim, que domina o afeto, o domínio da própria conduta, de si mesmo, a capacidade de planejar objetivos para a própria conduta e alcança-los" (p. 171/172). Isto depende do pensamento conceitual.

O pensamento em conceitos está relacionado com o desenvolvimento de outras funções, como a memória, a atenção, a percepção e, além disso, com o desenvolvimento da personalidade e sua concepção de mundo. "O quadro coerente do mundo e da autoconsciência da personalidade se dissociam quando se perde a função de formação de conceitos" (p. 196).

Segundo o autor (1931/1996)

> O que se denomina personalidade não é outra coisa que a autoconsciência do homem que se forma justamente então: o novo comportamento do homem se transforma em comportamento para si, o homem toma consciência de si mesmo como de uma determinada unidade. Este é o resultado final e o ponto central de toda a idade de transição (p. 231).

Considerações finais

Visando contribuir para a compreensão das idéias de Vygotski a respeito das mudanças das relações entre razão e afetividade ao longo do desenvolvimento, vamos concluir este capítulo fazendo um resumo das principais idéias apresentadas.

A emoção foi o assunto que trouxe Vygotsky para a psicologia e motivou seus primeiros experimentos e construções teóricas. O tema ficou, aparentemente, em segundo plano, enquanto Vygotsky fazia a crítica às teorias psicológicas existentes em sua época e estabelecia os pilares de sua teoria histórico-cultural.

Ao retomar o tema das emoções, criticou as teorias contemporâneas à sua por serem dualistas e, conseqüentemente, não admitirem um desenvolvimento da emoção animal para a emoção humana e da emoção da criança para a emoção do adulto. Era preciso explicar o desenvolvimento da emoção. Nesse momento, Vygotsky já havia formulado uma concepção semântica e sistêmica da consciência. Segundo essa concepção, as funções psicológicas assumiam diferentes relações em cada etapa do desenvolvimento. Considerava que as relações interfuncionais se alteravam em função do desenvolvimento do pensamento verbal.

Depois de estudar a evolução do significado das palavras, passou a enfatizar a relação entre personalidade e contexto histórico-cultural, estabelecendo como unidade de análise a situação social de desenvolvimento ou vivência. Descreveu o desenvolvimento como um processo com períodos estáveis e períodos críticos. Em seu livro *Psicologia Infantil*, planejou abordar o desenvolvimento psicológico desde a crise posterior ao nascimento até a crise dos 17 anos, mas alguns dos capítulos previstos não foram escritos. Consideramos que algumas das lacunas do que foi pretendido para esse livro podem ser preenchidas pela leitura de outros textos de Vygotsky, do mesmo período.

Além disso, consideramos que as idades referidas por Vygotski não devem ser entendidas como etapas de um processo universal, mas como percurso histórica e culturalmente contextualizado. O autor estava se referindo ao contexto das sociedades ocidentais do final do século XIX e início do século XX, a partir do qual ele e seus colaboradores coletaram suas informações e formularam suas teorias.

Segundo Vygotski, os afetos são importantes em todas as etapas do desenvolvimento e não apenas no início da vida. Os afetos acompanham todo o desenvolvimento da personalidade, relacionando-se de maneira diferente, em cada etapa, com as outras funções da consciência.

Em cada etapa há uma função predominante e central com a qual as outras se articulam. Esse desenvolvimento está conectado com a internalização da linguagem e o desenvolvimento de suas funções de comunicação e de pensamento generalizante.

A função predominante da consciência da criança pequena é a percepção. Ao longo do primeiro ano de vida, suas atitudes em relação aos outros mudam do estado de passividade para o interesse receptivo e depois ativo por eles. Ao final do primeiro ano, a criança usa palavras para expressar desejos e surgem os primeiros atos de protesto e contraposição aos outros. O pensamento sincrético, próprio dessa etapa, é constituído por significados que articulam elementos por nexos vagos e subjetivos. As palavras da criança têm conteúdo afetivo e volitivo, que só permitem comunicação contextualizada com os outros.

No período pré-escolar, a função predominante da consciência é a memória. O pensamento por complexos, característico dessa etapa, é constituído por significados que articulam os elementos de uma classe por nexos objetivos e concretos. Isto possibilita a liberação da percepção do plano afetivo-motor e certa generalização das categorias referentes aos mundos externo e interno. A função comunicativa se diferencia em uma fala dirigida aos outros e em uma fala egocêntrica, que permite à criança regular suas próprias ações. Na brincadeira de faz-de-conta, a criança se sujeita às regras e renuncia às ações impulsivas. Nesse período torna-se negativista, teimosa e rebelde. Pela primeira vez, age contra seus próprios afetos. Isso indica que ela tomou consciência de suas relações com os outros.

No período escolar, a função predominante da consciência é o pensamento verbal. O pensamento conceitual, característico dessa etapa, propicia generalizações em bases objetivas e abstratas. Isso se aplica à generalização, e conseqüente tomada de consciência do processo interno. Resulta uma diferenciação da faceta interna e externa da personalidade. Se no período pré-escolar a criança descobre suas relações com os outros, no período escolar descobre suas próprias vivências. Essa tomada de consciência das próprias vivências implica perda da espontaneidade. A função comunicativa da fala completa sua diferenciação com a internalização da fala egocêntrica. Daí em diante, a regulação das próprias ações e dos afetos será feita mediante a utilização de signos internalizados.

Finalizando, podemos afirmar que, para Vygotsky, razão e afetividade são funções interdependentes da personalidade e que a personalidade está conectada ao sistema de relações sociais da criança. Quando a personalidade da criança muda, suas relações sociais se reestruturam. A partir de suas interações com o meio, a criança internaliza significados que lhe permitem progressiva tomada de consciência dos outros e das próprias vivências. Também lhe permitem cada vez mais planejamento e regulação das próprias ações e afetos. O desenvolvimento da personalidade é um processo de socialização, que envolve movimentos de aproximação e distanciamento dos outros sociais, com o domínio progressivo dos meios semióticos que permitem a comunicação descontextualizada com eles. O desenvolvimento da personalidade também é um processo de individualização, em que a criança, ao tomar consciência das próprias vivências, diferencia-se dos outros sociais e torna-se cada vez mais independente na regulação de suas próprias ações e afetos.

Referências

Carlo, M. M. R. P. (2000) Palavras e ações nos movimentos interativos: a constituição histórico-cultural do desenvolvimento humano com / além da deficiência. *III Conferência de Pesquisa Sócio-cultural*. http://www.fae.unicamp.br/br2000

Elkonin, D. B. (1996) Epílogo. *Obras Escogidas IV*. Madrid: Aprendizaje Visor, pp. 387-412.

González Rey, F. (1996) L. S. Vygotsky: presencia y continuidad de su pensamiento en el centenario de su nacimiento. *Psicología & Sociedade*; 8 (2), 63-81.

González Rey, F. (1999) La afectividad desde una perspectiva de la subjetividad. *Psicología: Teoria e Pesquisa*, 15, 2, 127-134.

González Rey, F. (2000a) El lugar de las emociones en la constituición social de lo psíquico: El aporte de Vigotski. *Educação & Sociedade*, XXI, 70, 132-148.

González Rey, F. (2000b) L. S. Vygotsky and the question of personality in the historical-cultural approach. Texto apresentado na *III Conferência de Pesquisa Sócio-cultural*. http://www.fae.unicamp.br/br2000

Lane, S. T. M. e Camargo, D. (1995) Contribuição de Vigotski para o estudo das emoções. Em: S. T. M. Lane e B. B. Sawaia (Orgs.) *Novas Veredas da Psicologia Social*. São Paulo: Brasiliense: EDUC, pp. 115-131.

Leontiev, A. N. (1991) Artículo de introducción sobre la labor creadora de L. S. Vygotski. *Obras Escogidas I*. Madrid: Aprendizaje Visor, pp. 419-450.

Luria, A. R. (1990) *Desenvolvimento Cognitivo: Seus fundamentos culturais e sociais*. São Paulo: Ícone.

Minick, N. (1987) The Development of Vygotsky's Thought: An Introduction. In: R. W. Rieber & A. S. Carton (Eds) *The collected works of L. S. Vygotsky. V. 1 Problems of General Psychology*. Plenum Press: New York, pp. 17-36.

Oliveira, M. K. (1992) O problema da afetividade em Vygotsky. Em: Y. La Taille, M. K. Oliveira e H. Dantas (Orgs.) *Piaget, Vygotsky e Wallon: Teorias psicogenéticas em discussão*. São Paulo: Summus, pp. 75-84.

Sawaia, B. B. (2000) A emoção como *lócus* de produção do conhecimento – Uma reflexão inspiradaq em Vygotsky e no seu diálogo com Espinosa. Texto apresentado na *III Conferência de Pesquisa Sócio-cultural*. http://www.fae.unicamp.br/br2000.

Van Der Veer, R. & Valsiner, J. (1996) *Vygotsky: uma síntese*. São Paulo: Unimarco e Loyola.

Vigotski, L. S. (1926/1999) *Psicologia da Arte*. São Paulo: Martins Fontes.

VYGOTSKI, L. S. (1930/1991) Sobre los sistemas psicológicos. *Obras Escogidas I*. Madrid: Aprendizaje Visor, pp. 71-93.

Vygotski, L. S. (1931/1996) Paidologia del Adolescente. *Obras Escogidas IV* Madrid: Aprendizaje Visor, pp. 9-248.

Vygotski, L. S. (1932/1993) Conferencias sobre psicología. *Obras Escogidas II*. Madrid: Aprendizaje Visor.

Vygotski, L. S. (1932/1996a) El problema de la edad. *Obras Escogidas IV* Madrid: Aprendizaje Visor, pp. 251-273.

Vygotski, L. S. (1932/1996b) El Primer Año. *Obras Escogidas IV* Madrid: Aprendizaje Visor, pp. 275-318.

Vygotski, L. S. (1933/1991) El problema de la conciencia. *Obras Escogidas I*. Madrid: Aprendizaje Visor, pp. 119-132.

Vygotski, L. S. (1933/1996a) Crisis del Primer Año de Vida. *Obras Escogidas IV* Madrid: Aprendizaje Visor, pp. 319-340.

Vygotski, L. S. (1933/1996b) La Infancia Temprana. *Obras Escogidas IV.* Madrid: Aprendizaje Visor, pp. 341-367.

Vygotski, L. S. (1933/1996c) La Crisis de los Tres Años. *Obras Escogidas IV.* Madrid: Aprendizaje Visor, pp. 369-375.

Vygotski, L. S. (1933/1996d) La Crisis de los Siete Años. *Obras Escogidas IV*. Madrid: Aprendizaje Visor, pp. 377-386.

Vygotski, L. S. (1933/1999) The teaching about emotions. Historical-psychological studies. *The Collected Works of L. S. Vygotsky Volume 6*. New York: Plenum Publishers.

Vygotski, L. S. (1934/1993) Pensamiento y Lenguaje. *Obras Escogidas II*. Madrid: Aprendizaje Visor.

Vygotski, L. S. (1934/1997) El problema del retraso mental *Obras Escogidas V.* Madrid: Aprendizaje Visor, pp. 249-273.

Wertsch, J. V. (1988) *Vygotsky y la formación social de la mente*. Barcelona: Paidós.

CAPÍTULO VII
O comportamento lúdico: razão e emoção

Vera Silvia Raad Bussab

À primeira vista, pode parecer pouco razoável a consideração do contexto lúdico como ilustrativo da integração psicológica entre emoção e razão. Entretanto, o exame das origens da brincadeira no desenvolvimento e na evolução humana, sob perspectiva etológica, evidencia essa integração e acrescenta ingredientes ao entendimento desse enredo: primeiramente, pelo fato de o brincar humano se apresentar como essencial, pela prioridade, pelas emoções e motivações subjacentes e pelas correlações com marcos do desenvolvimento.

Homo ludens

Toda vez que se quiser delinear um quadro de características do desenvolvimento humano, ainda que esse delineamento tenha de ser necessariamente seletivo, não podem faltar algumas considerações sobre a motivação da criança para a brincadeira. A infância chega até a ser definida pela brincadeira, embora esse padrão não fique de modo algum restrito a essa fase do desenvolvimento. Ao contrário, a manutenção da motivação lúdica na juventude e na fase adulta pode ser considerada outra característica humana notável (Bussab, 2003).

Em termos evolutivos, na comparação com os demais primatas, constata-se uma modificação no ritmo de desenvolvimento humano: ocorreu aumento do período da infância e do brincar, de modo tão saliente, que análises da importância adaptativa destas categorias ocupam lugar central na maior parte das teorias de evolução e de desenvolvimento (como em Morin, 1973). Em certo sentido, pode-se falar numa juvenilização da espécie humana, processo conhecido como neotenia (Gould, 1987): conservamos, por períodos estendidos de desenvolvimento, características físicas e psicológicas encontráveis apenas em fases mais infantis dos nossos ancestrais primatas. Somos mais parecidos com os filhotes dos primatas próximos, do que com os adultos. Através dessa alteração seletiva no ritmo do desenvolvimento, foi revolucionada nossa estratégia de desenvolvimento.

A análise do valor adaptativo da brincadeira conduz a um aparente paradoxo, na medida que os benefícios imediatos, quanto à aptidão, não são nítidos e podem ser contraditórios, pois o brincar expõe o indivíduo a riscos e consome energia, sem vantagens imediatas. Todavia, acredita-se que traga benefícios de curto e de longo prazos, decorrentes do aumento da flexibilidade comportamental e da redução das reações de medo.

De modo compatível com a noção de valor adaptativo do traço psicológico da ludicidade, chama a atenção o caráter intrínseco da motivação para a brincadeira. Sabe-se que reforçamentos extrínsecos a atividades motivadas intrinsecamente podem levar ao decréscimo no interesse manifestado (Decy & Ryann, 1985). Confirmando esse caráter de motivação intrínseca para o comportamento lúdico, demonstrou-se que o oferecimento de reforçamento extrínseco para crianças que estão brincando pode diminuir a brincadeira, o que leva a uma compreensão especial sobre a natureza do brincar humano (Gomide & Ades, 1989).

Uma primeira indicação do valor adaptativo da brincadeira pode ser obtida pela análise dos conteúdos, nas diferentes fases do desenvolvimento e nos diversos contextos socioculturais possíveis. Tudo indica que brincar é experimentar em situação protegida: transparece na brincadeira o enredo psicológico significativo da vida da criança. Assim, não é de surpreender que uma brincadeira típica de mães Kung, povo caçador coletor da África Setentrional, com bebês de cerca de oito meses, seja afastar-se um pouco e, ao se reaproximar, fazer uma careta. Quando a mãe se aproxima, a criança explode em gargalhada. É irresistível associar essa brincadeira ao enredo de medo de estranhos, característico dessa fase do desenvolvimento infantil. Nessa etapa, a aproximação de um estranho mesmo que não seja abrupta ou ameaçadora, segue-se com mais probabilidade por choro e exibição de sinais de medo (ver Konner, 1981).

Ao simular a chegada de um estranho, a mãe remete a criança a uma emoção bem conhecida, que pode então ser lidada num contexto protegido e, principalmente, compartilhado, do tipo "minha mãe sabe o que eu sinto". É interessante notar que em outras fases do desenvolvimento da criança, essa brincadeira da mãe não teria graça nenhuma: mais cedo, seria ela mesma um tanto assustadora – o que está se passando? – mais tarde, não faria nenhum sentido.

As brincadeiras características do desenvolvimento inicial remetem ao jogo interacional básico dessa fase, e esclarecem a funcionalidade do comportamento lúdico, na evolução e no desenvolvimento.

As evidências filogenéticas comparativas sugerem valor adaptativo associado à intensificação do brincar humano. As análises ontogenéticas reiteram as evidências filogenéticas ao demonstrar a precocidade e a universalidade dos padrões lúdicos e são heurísticas quanto à funcionalidade do brincar, ao revelarem as correlações dos conteúdos das brincadeiras com as características básicas do desenvolvimento. A conjugação desses dois níveis de análise – distal e proximal – mostra ligações essenciais entre os aspectos cognitivos, emocionais e afetivos tanto no desenvolvimento quanto na evolução.

A ontogênese do riso como pista da integração razão-emoção

O riso pleno aparece por volta dos quatro meses, embora seus primeiros sinais sejam ainda mais precoces. Pode-se considerar que os primeiros risos estejam associados a estimulações vigorosas envolvendo cócegas, em brincadeiras do tipo "Vou te pegar" (Otta, 1994). Mas essa é apenas uma parte da questão. Nesses jogos lúdicos estão envolvidas trocas interacionais ajustadas, repetições compartilhadas de brincadeiras bem conhecidas pela díade, em geral mãe-bebê, e a graça parece estar não só no clímax da brincadeira, mas também no diálogo pré-verbal, no ajuste recíproco, na previsão do resultado (Bussab, 2003).

Descrições minuciosas desse tipo de brincadeira têm sido sistematicamente feitas pelos pesquisadores, como por Papousek e Papousek (1984), e estão documentadas com minúcia nas fotografias analisadas por Murray e Andreos (2000). Por exemplo, podemos acompanhar a seqüência de Catarina, 11 semanas, ajustando-se a uma brincadeira costumeira com sua mãe, que culmina com cócegas; o mesmo pode ser visto com Cody, 4 meses. As vocalizações, os silêncios e as posturas dos bebês sugerem o conhecimento da brincadeira: colaboram, expondo a parte a ser tocada; aguardam em silêncio a etapa crucial e, muitas vezes, explodem numa gargalhada antecipando o clímax. Existem ainda códigos usados na ocasião da proposta da brincadeira, como movimento de dedos no ar, pela mãe, ou exposição do pescoço, pelas crianças, sempre acompanhados de vocalizações, troca de olhares e sorrisos.

Outra brincadeira comum nessa fase, universalmente registrada, é a brincadeira "Cadê você?", escondendo o rosto ou mesmo desviando o olhar, que culmina com o reaparecimento ou o encontro repentino (Eibl-Eibesfeldt, 1989). Não é por acaso que o enredo psicológico essencial dessa fase do desenvolvimento seja o do estabelecimento de vinculações afetivas e que as principais emoções e motivações envolvidas tenham a ver com ansiedade de separação involuntária, conferência da disponibilidade da figura de apego, e com o equilíbrio entre uso da figura de apego como base de segurança e a autonomia para a exploração (Bussab, 2003).

Por volta dos seis meses, as brincadeiras também envolvem estímulos provocativos, mas as incongruências cognitivas parecem ganhar lugar de destaque. Na época em que começam a engatinhar, por exemplo, bebês podem achar graça ao ver a mãe engatinhando (Otta, 1994).

Revelam com isso uma sabedoria especial; sabem como são eles mesmos, como é a sua mãe, e divertem-se com jogos de perspectivação e de imitação recíproca. Nessa mesma linha, com o desenvolvimento, adiciona-se outro elemento característico, que serve de auxiliar para a compreensão da natureza e da funcionalidade da brincadeira: as crianças passam de alvo a agentes e parecem se divertir com isso. Por exemplo, riem ao esconder o rosto da mãe com um pano, ou ao alimentar a mãe com uma colher.

O riso pode ser entendido como um mecanismo de promoção de desenvolvimento, como um mecanismo para lidar com aspectos novos e provocativos do ambiente (Otta, 1994). É o esforço da criança em processar o estímulo que cria a tensão necessária para o riso, e não a estimulação em si. As amarras do desenvolvimento cognitivo, que abarcam aspectos de entendimento assim como os afetivos e emocionais, se revelam desde o início da ontogênese.

Muitas vezes o adulto parece assumir o papel de induzir o jovem a situações novas que, sem a presença de um adulto protetor e familiar, seriam assustadoras. Conforme Bruner (1976), esta indução aos limites da ansiedade parece começar desde cedo. Um estudo de Sroufe e Wunsch (1972) sugere quão precoce esta indução pode ser. O estudo visou explorar o que faz os bebês rirem. Desde os quatro meses, quando aparecem os primeiros risos bem reconhecíveis, até os dois anos, os estímulos que produzem risos são, em princípio, táteis e visuais próximos, como cócegas ou aparecer repentinamente, e, em seguida, as incongruências, como quando a mãe adota uma posição incomum, tal como engatinhar. A mãe parece capaz de levar o bebê ao seu limite, introduzindo novidades.

Uma compreensão adicional pode advir da seguinte constatação dos estudos de desenvolvimento: a exploração precede a brincadeira, tanto ontogenética, quanto microgeneticamente (Bjorklund & Pellegrini, 2002). Não é por acaso que uma das definições da brincadeira aponte o contraste com a exploração. A pergunta subjacente à exploração – "o que é isso?" – difere da pergunta subjacente à brincadeira – "o que eu posso fazer com isso?"(Hutt et al, 1989). Uma vez feita a exploração, abre-se a oportunidade do brincar. Não é de se esperar que nenhum aspecto utilitarista da brincadeira seja compreendido como de aquisição de habilidade de modo isolado. Embora o treino de uma habilidade específica possa estar envolvido na brincadeira, esse deve ser um aspecto limitado da funcionalidade do brincar. Temos razões para acreditar que a brincadeira promove integração mais ampla, super organização, integração da experiência em sentido mais amplo.

Com o desenvolvimento da brincadeira simbólica ou de faz de conta, conforme examinado por Morais (1980), ficam nítidos os treinos de atividade, e de papéis adultos, envolvendo a linguagem, e a adoção de uma perspectiva necessária para a percepção de sentimentos, de intenções e do papel dos parceiros de interação. Envolvem ainda compreensão da complementaridade dos papéis, da flexibilidade do comportamento e da percepção de pistas sociais, incluindo sinais de brincadeira, de manipulação e de enganação e, também, a apreensão de normas, valores e crenças da macro-sociedade.

As complexas relações entre brincadeira e desenvolvimento saudável

As considerações apresentadas por Brown (1998 a, b) sobre o brincar chamam a atenção para a complexidade das relações entre brincadeira e desenvolvimento, de diversas maneiras. Ao contar sobre uma longa experiência pessoal, clínica e de investigação, Brown relata, por exemplo, como intuiu pela primeira vez que a brincadeira justificava uma explicação clínica, quando ainda era estudante de medicina e cuidava de bebês gravemente enfermos. A brincadeira espontânea aparecia como primeiro sinal de recuperação, precedendo até as alterações positivas de temperatura ou de exames laboratoriais na recuperação das crianças. Mais tarde, atendendo epidemia de rubéola, com especial atenção aos casos de bebês com decorrentes lesões no sistema nervoso central, constatou novamente que o comportamento

O comportamento lúdico: razão e emoção

lúdico estava associado aos primeiros sinais de recuperação. Na medida em que o vírus era dominado pelo sistema imunológico em desenvolvimento, e com a ajuda de pais afetuosos, o cérebro daqueles que não tinham sofrido danos profundos começava a se recuperar em "câmara lenta", criando oportunidades especiais de observação. Por técnicas de potenciais evocados do córtex (EEG), os primeiros sinais de integração cortical visual e auditiva, apareciam antes de respostas claras. O comportamento de brincar parecia preceder o claro estabelecimento da consciência perceptual pelo EEG e funcionar como indicador prognóstico da recuperação da capacidade cognitiva e perceptual.

Brown teve ainda oportunidade de estudar pessoas que tinham cometido assassinatos em série. Mais uma vez, encontrou elementos relacionados à brincadeira, dentro de um conjunto, é claro, complexo de fatores. Foram encontrados elementos de abuso na infância e incapacidade de encontrar técnicas de enfrentamento através da brincadeira, do humor e de amizades recíprocas seguras, refletindo histórias de abuso e de ausência de ludicidade. A ausência de comportamento lúdico normal era uma marca nas vidas de homens violentos, anti-sociais, em comparação com grupos de controle. Nestes, embora na vida também ocorressem experiências estressantes, a capacidade para recorrer a estratégias de enfrentamento parecia relacionada às experiências lúdicas do início da vida.

Brincadeira saudável e diversificada parece estar associada ao desenvolvimento da empatia, do altruísmo e de estratégias de enfrentamento de estresse. O senso de humor e a capacidade de engajamento em brincadeiras podem ser entendidos como relacionados ao desenvolvimento saudável, embora não seja possível estabelecer uma conexão causal simples entre essas coisas, como o próprio Brown reconhece. Produto ou causa? Ou ambos? Mesmo assim, não há como negligenciar a importância da brincadeira no desenvolvimento. Depressão, controle excessivo, ambição e destrutividade costumam acompanhar a vida sem brincadeira.

A brincadeira como um superorganizador fundamental

Outra interpretação que parece ser heurística é aquela em que a brincadeira é vista como sistema estabilizador complexo, análogo ao do sono. Observando a brincadeira em animais selvagens e entrevistando pesquisadores, como Eibl Eibesfeldt, Sutton Smith e outros, Brown (1998b) verificou que a brincadeira parece anular a rigidez que se estabelece após adaptação bemsucedida. Criaturas que brincam têm ou desenvolvem capacidades para receber, integrar, lembrar e contextualizar sinais internos e externos. Desse modo, a brincadeira funcionaria como superorganizador fundamental e estabilizador de novas capacidades adquiridas em cérebros complexos.

A análise do bailado da brincadeira turbulenta de duas jovens leoas do Seringueti, apresentada a seguir, parece apresentar uma interpretação sugestiva. A dança ajustada e turbulenta pode durar horas e revela ajustes finos de movimentações fortes e poderosas, num contexto de contato físico próximo. Aos olhos do observador é impossível negligenciar o risco envolvido, dada a força dos movimentos e a existência das armas naturais representadas pelas patas fortes, pelos corpos troncudos, pelas garras e pelos dentes. Entretanto, ressaltam o ajuste e o prazer. Cada novo bailado, com trocas de prazer, parece fornecer "cenas repletas de valor", que podem se constituir num tipo de consciência animal primária (Brown, 1998 a). Esta análise fornece pistas para a compreensão de uma teoria de desenvolvimento neuronal, embutida nas brincadeiras, em que categorização perceptual, memória e afeto se combinam para formar mapas corticais, precursores da consciência, uma consciência animal primária, através do estabelecimento de relações íntimas recíprocas, essenciais na brincadeira.

A brincadeira de faz-de-conta: um caso especial de integração razão-emoção

A brincadeira de faz-de-conta aparece de modo muito típico no repertório das crianças. Pode ser entendida como uma orientação do tipo "como se": sou quem não sou, faço o que não faço, vivo o que não vivo (Morais e Carvalho, 1994). Objetos são usados e atividades são desempenhadas, como se tivessem propriedades diferentes das que realmente possuem. Ocorre uma transformação simbólica de objetos, com avaliação simultânea daquilo a que o objeto se presta, com equilíbrio entre a liberdade de transformação e as características do objeto. Assume-se um papel de uma perspectiva diferente daquela que é vivida pela pessoa em questão: uma boneca é tratada como um bebê; uma menina assume o papel da mãe; um dominante assume o papel de um dominado (Bjorklund & Pellegrini, 2002).

Na pesquisa de Morais e Carvalho (1994) foram analisados os temas de 237 episódios de faz-de-conta, 191 de meninos e 46 de meninas, observados em situação de recreação livre em creche. Aventuras de super-heróis, polícia-bandido, guerras espaciais, predominaram nas brincadeiras de meninos e mostraram o efeito da televisão. Os temas preferidos das meninas foram os domésticos, e envolveram mamãe, filhinha e comidinha. Os temas dos meninos relacionaram-se a violência, agressão, oposição e envolveram movimentação geral, como correr, segurar, perseguir, percorrer distâncias. As autoras consideraram que a televisão propiciou mais a identificação dos modelos masculinos, talvez compensando o fato de o pai, pelo tipo de trabalho que realiza longe dos olhos das crianças, fornecer um modelo mais distante e fragmentado do que o da mãe, que quanto a alguns dos seus papéis, pode estar mais presente.

Os temas das brincadeiras de faz-de-conta das nossas crianças de quatro a cinco anos, em recreação livre em creche, têm persistido nas últimas décadas (ver, por exemplo, Bussab, 2003): para as meninas, continuam predominando brincadeiras de casinha, mamãe-filhinha, boneca, que envolvem cenas domésticas de cuidados como vestir, fazer e dar comidinha, dar remédios. As brincadeiras de fazer compras (ir ao *shopping*) e de escolinha também são mais desempenhadas pelas meninas, embora nos dois casos, ocorram algumas brincadeiras mistas. Ambos brincam de andar de carro, de ônibus, de trem ou de avião, especialmente quando estão nos brinquedos como o gira-gira. As simulações associadas a rolar pneus, muito freqüentes na creche observada, são essencialmente masculinas, assim como o faz-de-conta que envolve armas, foguetes, tiros, polícia-ladrão, super-heróis e personagens especiais, como Tarzan, Monstros, Pokemon e Dragão.

Pelos conteúdos do faz-de-conta, fica claro que a criança reconstrói na brincadeira o universo em que está inserida. As diferenças de gênero mostram que essa reconstrução é feita de um prisma muito particular, pela seleção de atividades preferidas e de identificações próprias; em certo sentido, o filtro aplicado depende das motivações e emoções próprias de cada um.

A questão dos papéis também é esclarecedora. Em análise muito interessante das funções assumidas na brincadeira, como líder, colaborador ou subordinado, Morais e Carvalho (1994) demonstraram diferenças entre papéis masculinos e femininos, disputa pelos papéis de melhor *status*, restrita aos episódios masculinos, e ilustraram a contingência básica de que a ação coletiva se beneficia da divisão de trabalho.

A existência de regras, como "Leão faz assim...", chama a atenção. Parece ser necessário que cada participante reconheça as convenções estabelecidas pelo grupo, como "Você não pode passar daqui", ou que compartilhe os conhecimentos do grupo, como "Mãe faz assim"; "O sapo pula" ou "Leão não fala...". Concordâncias podem decorrer do reconhecimento da validade ou da aceitação da autoridade. Muitas vezes o acordo é mudo, decorrente de familiaridade recíproca.

Outro ponto notável é a consciência da ficção, do "ser de mentirinha", que é revelada, dentre outras maneiras, pelo uso do pretérito imperfeito. Na análise de Morais e Carvalho (1994), embora tivessem sido registrados outros tempos verbais, o pretérito imperfeito foi usado 195 vezes ("Eu voava" Ou "Aqui era o aeroporto"). Cunha (1972) comentou que o tempo verbal do pretérito imperfeito é um jeito de contar história, em que autor e personagem se confundem na narração viva de um fato. Forma semelhante é registrada na maneira como as crianças reproduzem histórias. O passado é usado para dar ordens de cena. Reflete contraste entre duas realidades. No adulto às vezes tem a função de auto-ofuscamento – "Você faria isso?" – e de evitação de confronto. Conforme as autoras comentam, há uma confirmação poética dessa tese, na música *João e Maria*, de Chico Buarque de Holanda, em que o protagonista, um menino-homem, recorda com nostalgia as mágicas brincadeiras da infância, chamando a atenção para o faz-de-conta compartilhado com a menina, então distante: "Agora eu era o herói, e o meu cavalo só falava inglês; a noiva do *cowboy*, era você além das outras três..." No verso seguinte: "Agora eu era o rei, era o bedel e era também juiz. E pela minha lei, a gente era obrigada a ser feliz. E você, era a princesa que eu fiz coroar. E era tão linda de se admirar, que andava nua pelo meu país". O uso do pretérito imperfeito ilustra a consciência do plano fictício.

As funções das brincadeiras de faz-de-conta

Embora pareçam estar ligadas à liberdade da realidade, por causa da criatividade e do desempenho de um papel "como se", estão também associadas a restrições representadas pelos papéis e pela natureza compartilhada da brincadeira coletiva, o que é sugestivo da importância da representação de papéis e do próprio exercício das interações sociais e compartilhamentos. Além da fluência em regras e convenções (Bruner, 1976), o próprio desempenho do papel mostra o valor da competência comunicativa, da reciprocidade, da mutualidade dos valores e da adoção da perspectiva do outro, aspectos centrais ao desenvolvimento de uma espécie biologicamente sociocultural. Para dar continuidade a uma imaginação compartilhada é preciso esforço de compreensão mútua e intercâmbio de símbolos e controle mútuo. Como Vygotsky (1966) apontou, não há brinquedos sem regras; estas estão presentes desde as primeiras brincadeiras sociais do tipo "Cadê? Achou!" (Bruner & Sherwood, 1976). Ao reproduzir nas brincadeiras relações reais, a criança as incorpora.

Conforme Smith (2002) comenta, há boas razões para supor que o faz-de-conta seja importante no desenvolvimento. A começar, pelo fato de tomar tempo razoável no dia-a-dia da criança: cerca de 15% do tempo livre na idade pré-escolar e também pelo aparecimento precoce durante o segundo ano, em idade equivalente nas diferentes culturas, o que ainda sugere uma base neuropsicológica universal (Harris, 1994), assim como valor adaptativo evolucionário associado (Slaughter & Dombrowiski, 1989). Na medida em que o faz-de-conta envolve habilidades de metarepresentação, sofisticação de linguagem, negociação de papéis e troca de informações sobre a vida real, imagina-se, de imediato, a importância dessa brincadeira no desenvolvimento de tais habilidades. Não obstante, Smith comenta que as demonstrações diretas do efeito das brincadeiras sobre capacidades não são decisivas. Apesar das evidências correlacionais, variações culturais e individuais não são necessariamente acompanhadas de conseqüências deletérias.

Alguns estudos sugeriram um papel da brincadeira de faz-de-conta na fluência associativa (Dansky, 1980). Algumas complexidades, discutidas por Smith, dão margem ainda a outras compreensões. Bretherton (1989) mostrou que o faz-de-conta ajuda a criança a explorar e a dominar dificuldades emocionais, como medo de escuro e conflitos familiares, mas apenas no caso das crianças seguramente apegadas. As crianças inseguras evitadoras apresentaram mais temas agressivos e muitas vezes enveredaram obsessivamente pelas brincadeiras. Bretherton concluiu que a oportunidade de aproveitar do faz-de-conta no desenvolvimento está mais oferecida justamente para quem na verdade menos precisa dela. Essa evidência foi, portanto, usada contra a idéia de função de superação de dificuldades emocionais no desenvolvimento.

Restrição semelhante foi endossada por Smith (no prelo), ao comentar pesquisas sobre o efeito de traumas emocionais (Gordon, 1993). Seria de se esperar que crianças que tivessem passado por experiências traumáticas exibissem mais brincadeiras de faz-de-conta organizadas em torno da solução de seus problemas emocionais. Entretanto, essas crianças mostram inibição geral e desorganização do faz-de-conta, o que levou à conclusão de que o este indica as condições emocionais, mas que não existem evidências de que auxilie na recuperação emocional de crianças prejudicadas. Contudo, convém dizer que esta restrição se aplica à brincadeira como um todo. Crianças brincam em situação protegida; quando ameaçadas por algum indicador de perigo, suspendem a brincadeira; até mesmo quando recompensadas por algum reforço positivo, deixam de brincar. Tal estratégia está adaptativamente ligada aos custos e riscos do brincar, que devem ser entendidos num contexto mais geral. A criança traumatizada talvez ainda não esteja em condições de se valer dos benefícios da brincadeira, até por se encontrar em situação de emergência e defesa prioritárias. O que não quer dizer que a brincadeira não tenha nenhum papel na organização cognitiva e emocional.

A brincadeira de faz-de-conta e o desenvolvimento da teoria da mente

O desenvolvimento precoce da capacidade de assumir a perspectiva mental do outro tem merecido atenção especial na última década. Desde o nascimento os bebês revelam sintonia interacional fina e uma espécie de inteligência intersubjetiva. Espelham expressões dos parceiros, entram em contato de olhar, sincronizam-se, respondem aos sinais de engajamento social e de afeto do cuidador, intensificando o próprio envolvimento na interação, dão sinais de perturbação às quebras interacionais e assim por diante (Bussab, 2003). Reconhecem individualmente seus parceiros, preferem-nos a estranhos e lembram-se das interações prévias. São compartilhadores de atenção. Com o passar do tempo exibem, progressivamente, indicadores da capacidade de assumir a perspectiva mental do outro. Por voltas dos quatro anos, saem-se bem nos chamados testes de falsa crença, mostrando que são capazes não só de se colocar no lugar do outro, como também de saber que, do ponto de vista do outro, pode existir uma informação contraditória com a do seu próprio ponto de vista, uma capacidade que tem sido designada de teoria da mente. Crianças autistas não se saem bem nos testes de falsa crença, nem nos testes de empatia; os prejuízos decorrentes dessas limitações nos ensinam sobre a importância dessas capacidades no desenvolvimento (Baron-Cohen, 1995).

A brincadeira de faz-de-conta acompanha de perto a ontogênese da capacidade de assumir a perspectiva mental do outro. Não apenas por causa da sobreposição temporal no desenvolvimento. As características do faz-de-conta —atribuir às coisas e aos eventos propriedades diferentes das que normalmente têm, ou ainda assumir um papel diferente do real, do tipo "sou quem não sou, faço o que não faço" – também remetem ao desenvolvimento dessa capacidade de assumir a perspectiva mental do outro. É tentador pensar que a brincadeira imaginativa tenha um papel no desenvolvimento da capacidade de teoria da mente.

A brincadeira de faz-de-conta surge durante o segundo ano de vida e aparece, inicialmente, com alguns tipos de substituição de objetos, por exemplo, a criança usa outro objeto como se fosse uma mamadeira, ou faz alguma encenação simples de papel, como ao fazer de conta que está dormindo, piscando os olhos e fazendo gestos típicos. Com o passar do tempo, durante o terceiro e o quarto anos, a brincadeira começa a ficar mais complexa, com a encenação de papéis complementares e relacionais.

Apesar de tudo isso, segundo revisão de Smith (2002), as evidências dos estudos correlacionais entre o desenvolvimento do faz-de-conta e o da "teoria da mente" são contraditórias; mesmo nas pesquisas que deram resultado significativo, as correlações foram relativamente baixas.

O comportamento lúdico: razão e emoção

Certamente, não estamos diante de um caso de determinação linear direta de um fator sobre o outro. E isso vale não só para as sofisticadas brincadeiras de faz-de-conta; aplica-se a todas as outras formas de brincadeira. Seja como for, não é de hoje que tem ficado claro que reaparecem na brincadeira os aspectos mais relevantes do enredo psicológico vivido pelas pessoas. A brincadeira pode ser considerada, ao mesmo tempo, produto e instrumento de desenvolvimento, sem que isso implique um paradoxo. O mesmo pode ser afirmado a respeito de vínculos e compartilhamento: o vínculo resulta de interações compartilhadas ao mesmo tempo em que promove os compartilhamentos (Carvalho & Rubiano, 2004). O que sugere que esse tipo de interdeterminação no desenvolvimento seja mais comum do que temos nos dado conta.

É claro que o faz-de-conta tem a ver com a "teoria da mente": mostra o interesse, a vivência, as várias ligações motivacionais que a criança em desenvolvimento tem com a questão de assumir a perspectiva mental do outro. Para ela, é uma questão naturalmente atraente e desafiadora. No autismo, tanto o desempenho da brincadeira de faz-de-conta quanto o de comportamentos reveladores da aquisição de uma "teoria da mente" estão prejudicados. Apesar das correlações gerais encontradas, estamos longe de atinar com os tipos possíveis de relações causais envolvidas. Importa notar que estamos diante de uma outra ligação indissociável da razão com a emoção. O exame do papel exercido pelo faz-de-conta nos diferentes contextos culturais pode ser auxiliar adicional para a compreensão da sua funcionalidade.

Brincadeira e cultura

As relações entre o comportamento lúdico e a ontogênese individual propagam-se para todos os aspectos do desenvolvimento humano: a focalização de um de seus aspectos é mero recurso de análise e o aprofundamento da compreensão sempre remete a níveis crescentes de complexidade. A consideração da evolução cultural tem funcionado como a chave mais fundamental para o entendimento da evolução das características psicológicas humanas (ver, por exemplo, Ribeiro, Otta & Bussab, no prelo), e não é diferente nesse caso.

Ao refletir o mundo psicológico significativo da criança, a brincadeira abarca a cultura na qual a ela vive. Exemplo descrito por Bruner (1976), entre tantos outros, é ilustrativo. Na Nova Guiné, os Tangu participam de um ritual de troca de alimentos, no qual é mantida uma equivalência estrita. As crianças Tangu têm um jogo chamado *taketak* cujo objeto é a equivalência, assim como a troca ritual de alimento dos adultos; nos dois casos a equivalência é decidida sob acordo mútuo. Não há vencedor nem perdedor; o objetivo é a vinculação. A brincadeira cooperativa *taketak* tem uma estrutura de regras formais notavelmente parecida com o padrão cooperativo da sociedade adulta. A análise desse exemplo requer uma conclusão, que já vem se repetindo neste trabalho em vários contextos no entrejogo entre causa e efeito. Mais parece que esta brincadeira é ao mesmo tempo determinante e resultante da prática cultural.

Em livro que reuniu estudos de brincadeira realizados em várias partes do Brasil, Carvalho e Pontes destacaram a universalidade e a especificidade da brincadeira como prática cultural (Carvalho, Magalhães, Pontes & Bichara, 2003, p. 15). As brincadeiras são entendidas como rituais que se transmitem, repetidos ou recriados, entre as próprias crianças, numa micro-sociedade constituída de redes de relações, em que "conhecimentos, regras e procedimentos, são continuamente trocados, reformulados, criados e repassados". Os modos de brincar investigados em diferentes ambientes socioculturais brasileiros, analisados no conjunto da obra, mostram as especificidades regionais e ao mesmo tempo esclarecem a estrutura básica da ludicidade humana.

A brincadeira é reconhecida como um dos "universais culturais". A universalidade da estrutura psicológica básica do jogo, considerada fascinante e reveladora, é exemplificada pelo esconde-esconde, presente no repertório dos bebês desde os primeiros meses de vida, e pela brincadeira de faz-de-conta. Os tipos de brincadeira tradicionais reencontrados em muitas culturas são reconhecidos como patrimônios culturais, em que o jogo do universal e do particular, e do natural no cultural, novamente se revela.

A natureza da interação entre crianças – compartilhamento, vínculo e brincadeira

A análise a respeito do vínculo e do compartilhamento na brincadeira de crianças, feita por Carvalho e Rubiano (2004), conta uma história de aperfeiçoamento metodológico e conceitual gerada por mais de duas décadas de pesquisas e pelos decorrentes entendimentos sucessivos sobre o desenvolvimento de crianças, envolvendo interações, parcerias privilegiadas, parceiros disponíveis e rede de relações. De um modo independente, esta análise levou a conclusões compatíveis com as teorias derivadas da observação sistemática de bebês, em termos de intersubjetividades, de forma a dar ainda mais saliência a alguns aspectos da sociabilidade humana e a acrescentar novas compreensões.

Ao longo deste período de pesquisas um conceito teórico de interação foi sendo elaborado no lugar de um conceito descritivo simples, que às vezes deixava escapar a essência do fenômeno (Carvalho, 1988), já implicando noção de um espaço psicológico interindividual, um passo para o novo recorte, referente à relação ou ao vínculo interpessoal. Foram desenvolvidas também noções de fluxo interacional e regulação mútua (Branco et al, 1989). O amadurecimento do conjunto de pesquisas foi conduzindo a noções relacionais e a críticas a noções simplistas da sociabilidade da criança como característica intraindividual, bem como da idéia da implementação da competência social via treinamento isolado da habilidade, distorcendo a natureza e negligenciando a complexidade do processo.

A partir da análise de fenômenos interacionais no decorrer da atividade lúdica livre de crianças pequenas foram formulados três princípios de sociabilidade, que constituem e são ao mesmo tempo constituídos por esses fenômenos, através de processos de regulação, co-regulação e correlação: a orientação da atenção, o compartilhamento e a persistência de significados (Pedrosa e Carvalho,1995; Carvalho, Pedrosa e Império Hamburger, 1999).

Um primeiro nível de regulação social definido é o da orientação da atenção, que não requer reciprocidade. Na regulação recíproca, há ajustamento mútuo e acordo sobre um significado, ou seja, compartilhamento de significados. Na correlação é feita síntese do que é comum, com descarte de informações irrelevantes, abrindo-se o caminho para a persistência de significados compartilhados, um princípio básico do fenômeno da cultura. Esta persistência pressupõe alguma estabilidade na composição do grupo, que conduz, mais uma vez, ao conceito de vínculo.

O tipo de recorte estanque muitas vezes feito na literatura de amizade entre crianças acaba por reduzir o vínculo a um fenômeno intra-individual, com ênfase na competência individual, o que acarreta alguns problemas. Dificulta a consideração de dimensões interpessoais, ao que tudo indica mais compatíveis com as características da sociabilidade humana. E leva a uma concepção "futurista" do desenvolvimento, que passa a ser visto essencialmente como processo de produção de um adulto saudável/sociável, desviando a atenção dos significados e funções nos vários momentos da ontogênese e entre os vários planos do fenômeno social humano.

A revisão apresentada pelas autoras mostra a existência de vínculos no grupo de brinquedo, de crianças de 2 a 6 anos, por critérios de proximidade, de compartilhamento de atividade e de busca de contato, revelando-se efeitos de sexo, idade e tamanho do grupo. Por exemplo, Morais (1980) mostrou faz-de-conta mais elaborado e duradouro em grupos de 3 a 5 crianças; nos grupos maiores ocorriam mais dispersões, e nas díades, esgotamento mais rápido da brincadeira. Parcerias preferenciais aparecem antes dos dois anos (por exemplo, Vasconcelos, 1986, *apud* Carvalho e Rubiano, 2004), com trocas positivas e mútuas mais freqüentes, episódios mais longos e construção de jogos (Eckerman, Davis & Didow, 1989).

O conjunto de pesquisas realizadas sobre parcerias e brincadeiras nas crianças levou à conclusão de que o vínculo pode ser pensado como um espaço privilegiado para a persistência de significados compartilhados construídos na interação, ao mesmo tempo em que é fortalecido por este compartilhamento. Portanto, como produto e instrumento de construção de compartilhamento. Levou ainda à concepção da construção da cultura no grupo de brinquedo e sua inserção no grupo social mais amplo. Brincadeiras criadas têm o potencial de se tornar tradicionais. Ao mesmo tempo fazem parte, às vezes, do patrimônio social do grupo maior. O vínculo aparece como oportunidade de repetição e de re-elaboração do compartilhado.

Qual a função da brincadeira no ambiente natural de adaptabilidade evolutiva?

Há interesse especial na compreensão do comportamento lúdico dentro do modo de vida caçador coletor, que prevaleceu por mais de 90% de nossa história evolutiva e que reflete as características do que podemos chamar de ambiente natural humano, no qual evoluímos e para o qual apresentamos adaptações naturais.

Embora o modo de vida caçador coletor seja definido pela forma de obtenção de recursos, talvez devesse ser especialmente caracterizado pelo tipo de organização social, ou seja, pela organização social tribal. Esses grupos não possuem instituições formalizadas, políticas ou econômicas, que se diferenciem por tarefas especializadas. A família desempenha todos os papéis e as subdivisões ocorrem dentro do próprio grupo familiar, de acordo com o sexo e a idade.

Ao acompanhar o desenvolvimento da criança no ambiente tribal de caça e coleta temos acesso a informações privilegiadas sobre a nossa natureza. Em primeiro lugar saltam à vista as atenções dirigidas às crianças pequenas. As necessidades dos bebês são satisfeitas à medida que se manifestam: são amamentados sempre que solicitam e não devem passar privações. Nessa fase inicial do desenvolvimento, a criança é o centro das atenções: é acalentada pelos pais, irmãos mais velhos e outros membros da comunidade. No primeiro ano de vida, as crianças mantêm contato corporal intenso com as mães, que as transportam para toda parte, desde os primeiros dias, participando assim do mundo adulto que as rodeia (Konner, 1981; Gosso & Otta, 2003). Quando chegam aos dois ou três anos, passam o dia com o grupo de crianças. A constante convivência com companheiros de diferentes idades proporciona oportunidades de interações diversificadas. As crianças maiores cuidam das menores desde muito cedo (Mead, 1949; Eibl-Eibesfeldt, 1989; Nunes, 1999; Draper & Cashdan, 1988; Gosso & Otta, 2003; Lordelo & Carvalho, 1989). Nessas sociedades tradicionais as crianças estão presentes nas situações em que são desempenhadas as ações significativas do grupo. A exposição ao envolvimento dos adultos com as tarefas de subsistência parece ser em elemento essencial no processo de desenvolvimento e de aculturação. Esse arranjo cultural parece dispensar preocupação pedagógica com estratégias motivacionais e com instrução formalizada. As crianças simplesmente brincam imitando os pais e imitando umas às outras; desse modo, aprendem as principais tarefas de seu grupo sociocultural (Lancy, 1996). Mais do que isso, apreendem, de modo integrado, os aspectos sociais e afetivos envolvidos nas práticas culturais: a tecnologia de caça e coleta é assimilada sem que se perca de vista o quem, o como e o por quê. Trata-se de um pacote cognitivo pleno que inclui uma compreensão empática das emoções envolvidas. O caráter utilitário das brincadeiras não deve ser entendido de modo linear. Além disso, todas essas funções das brincadeiras e jogos, que se apresentam em seus conteúdos e preparam as crianças para a inserção gradual na sociedade adulta, não lhe tiram o caráter de prazer intrínseco, de atividade revigorante e organizadora, que também são importantes na fase específica de desenvolvimento em que ocorrem, ajudando a criança a elaborar suas experiências, a lidar com suas emoções, a entender o outro e a relacionar-se com ele.

Preparação para o futuro ou organização do presente?

As brincadeiras das crianças caçadoras coletoras refletem as principais atividades do grupo, como caça, pesca, preparação de alimentos e rituais, o que tem sido apontado como evidência de uma função de preparação da criança para as atividades significativas adultas. Entretanto, parece conveniente evitar viés futurista exagerado e pragmatismo equivocado na interpretação deste dado. Podem estar em jogo fatores causais e funcionais mais imediatos e a relação com efeitos de longo prazo pode ser complexa. Os fatores determinantes imediatos parecem estar relacionados à exposição significativa da criança às circunstâncias em questão assim como às características psicológicas presentes. A tendência da criança à intersubjetividade, ou seja, a um compartilhamento de atenção, de emoções e de significados envolve a criança. A aquisição de determinada habilidade pode não ser a única, nem a principal conseqüência da prática. A brincadeira parece ser ao mesmo tempo determinante e resultante da prática cultural, o que é complicador do raciocínio. Ao refletir o mundo psicológico significativo da criança, a brincadeira abarca a cultura na qual ela vive.

A brincadeira se apresenta como forte candidata a mecanismo subjacente ao processo de aculturação natural típico do desenvolvimento humano. Apresenta-se também como mecanismo associado ao ajustamento psicológico. Pode-se correlacioná-la com facetas diversas do desenvolvimento, desde aquisições de habilidades até elaborações afetivas e emocionais. Importa mais é reconhecer a inseparabilidade desses aspectos, desde a sua origem, e reconhecer que as brincadeiras em geral parecem promover oportunidades de experiência psicológica plena, incluindo, associando e revelando a natureza integrada dos aspectos motores, afetivos, emocionais e cognitivos.

Referências

Baron-Cohen, S. (1995). Mindblidness: An essay on autism and theory of mind. Boston: MIT Press/ Bradford Books.

Bjorklund, D. F. & Pellegrini, A. D. (2002) The origins of human nature: evolutionary developmental psychology. Washington, DC: American Psychological. (Chapter 10 – Homo ludens: The importance of play, pp. 297-331).

Branco, A. U. A. et al (1989). Fluxo de interações entre crianças numa situação de brinquedo em grupo. Psicologia.15: 13-27.

Bretherton, I. (1989). Pretense: The form and function of make-believe play. Developmental Review.9: 383-401.

Brown, S. L. (1998a). Animals at play. National Geografic, 186, 2-35.

Brown, S. L. (1998b). Play as an organizing principle: clinical evidence and personal observations. In M. Bekoff & J. A. Byers (Eds.) Animal Play. Cambridge, UK: Cambridge University Press. (pp. 243-259)

Bruner, J. S. (1976). Nature and Uses of immaturity. In: J. S. Bruner, A. Jolly, & K. Sylva (Eds.), Play – its Role in Development and Evolution (pp. 28-64). London: Penguin Books.

Bruner, J.S. & Sherwood, V. (1976). Peekaboo and the learning of rule structures. In: J. S. Bruner, A. Jolly, & K. Sylva (Eds.), Play – its Role in Development and Evolution (pp. 277-285). London: Penguin Books.

Bussab, V. S. R (2003). Afetividade e Interações Sociais em Crianças: perspectiva psico-etológica. Tese de Livre Docência apresentada ao IPUSP.

Carvalho, A.M. A. (1988). Algumas reflexões sobre o uso da categoria interação social. Anais da Reunião Anual de Psicologia.18: 511-515.

Carvalho,A.M.A., Magalhães,C. C., Pontes, F. A. & Bichara, I. (Orgs.)(2003). Brincadeira e Cultura: Viajando pelo Brasil que brinca. São Paulo: Casa do Psicólogo.

Carvalho, A. M. A., Pedrosa, M. I. & Império Hamburger, A. (1999). Dados e tirados: teoria e experiência na pesquisa em Psicologia. Temas em Psicologia.7(3): 205-212

Carvalho, A.M. A. & Rubiano, M. R. B. (2004) Vínculo e compartilhamento na brincadeira de crianças. Em M. C. Rossetti-Ferreira,

K. S. Amorim, A. P. Soares da Silvia & A. M. A. Carvalho (orgs.) *Rede de Significações e o estudo do Desenvolvimento Humano*. Porto Alegre: Artmed.

Dansky, J.L. (1980). Make-believe: a mediator of the relashionship between play and associative fluency. *Child Development*. 51: 576-579.

Decy, E.L. & Ryann, R. M. (1985). *Intrinsic Motivation and self detrmination im human behavior.*New York,: Plennum.

Draper, O. & Cashdan, E. (1988). Technological change and child behavior among the !Kung. *Ethnology*. 27:339-365.

Eibl-Eibesfeldt, I. (1989) *Human Ethology*. Aldine de Gruyter.

Eckerman,C.O., Davis, C.C. & Didow, S. M. (1989). Toddlers'emerging ways of achieving social coordinations with a peer. *Child Development.*60: 440-453.

Gomide, P. I. C.& Ades, C. (1989). Effects of reward and famliarity of reward agent on spontaneous play in preschoolers: a field study. *Psychological Reports*, 65, 427-434.

Gould, S. J. (1987). *Darwin e os grandes enigmas da vida*. São Paulo: Martins Fontes.

Gordon, D. E. (1993). The inhibition of preted play and its implications for development. *Human Development*. 36: 215-234.

Gossoo, Y. & Otta, E. (2003).Em uma aldeia Parakanã. In A.M.A. Carvalho, C. C.Magalhães, F.A. R. Pontes & I. D. Bichara (Orgs.). *Brincadeira e Cultura: Viajando pelo Brasil que brinca*. São Paulo: Casa do Psicólogo.

Harris, P.L. (1994). Understanding Pretence. In C. Lewis & P. Mitchell (eds), *Children's early understanding of mind*. Hove: Lawrebce Erlbaum, pp. 235-259.

Hutt, S. J., Tyler, S., Hutt, C. & Christopherson, H. (1989). *Play, Exploration and Learning: A natural history of preschool*. London: Routledge.

Konner, M. H. (1981). Etologia de um povo que vive de caça e de coleta. In: N. Blurton-Jones (Ed.), *Estudos Etológicos do Comportamento da Criança* (pp. 295-331). São Paulo: Pioneira.

Lancy, D.F. (1996). *Playing on the mother-ground*. New York: Guilford.

Lordelo, E. R. & Carvalho, A.M. A. (1989) Comportamento de cuidado entre crianças.: Uma revisão. *Psicologia: Teoria e Pesquisa*, 5: 1-19.

Mead, M. (1949). *Coming of age in Samoa: A Psychological study of primitive youth for Western civilization.* New York: New York American Library.

Morais, M. L. S. (1980). *O faz de conta e a realidade social da criança.* Dissertação de Mestrado, IPUSP.

Morais, M.L.S. & Carvalho, A.M.A. (1994). Faz de conta: Temas, papéis e regras na brincadeira de crianças de quatro anos. *Boletim de Psicologia.* 44(100/101):21-30.

Morin, E. (1973). *O Enigma do Homem.* Rio de Janeiro: Editora Zahar.

Murray, L. & Andrews, L. (2000). *The social baby.* Richmond, Surrey, UK: CP Publishing.

Nunes, A. (1999). *A sociedade das crianças A'uwe-Xavante children.* Lisboa, Portugal: Ministério da Educação/ Instituto de Inovação Cultural.

Otta, E. (1994) *O sorriso e seus significados.* São Paulo: Vozes.

Papousek, M. & Papousek, H. (1984). Learning and Cognition in the every day life of human infants. *Advances in the study of Behavior.* 14: 127-159.

Pedrosa, M. I. & Carvalho, A.M. A. (1995). A interação social e a construção da brincadeira. *Cadernos de Pesquisa.* 93: 60-65.

Ribeiro,F. L., Otta, E. & Bussab, V. S. R. (no prelo) O mais bonito, o mais inteligente, o mais sensual...Que bicho é esse? In M. E. Yamamoto e G. Volpato, Universidade Federal do Rio Grande do Norte.

Smith, P. K. (2002) Pretend Play, metarepresentation, and theory of mind. In R. Mitchell (ED) *Pretending in animals and humans* (pp. 129-141). Cambridge, UK: Cambridge University Press.

Smith, P.K. (no prelo) Play: types and functions in Human Development. In B.J. Ellis & D.F. Bjorklund (Eds) *Origins of the social mind: Evolutionary Psychology and Child Development.* New York: Guilford.

Slaughter, D. & Dombrowski, J. (1989). Cultural continuities and discontinuities: Impact on social and pretend play. In M.N. Block & A. D. Pellegrini (eds), *The ecological content of children's play.* Norwood, NJ: Ablex.

Sroufe, L. A. & Wunsch, J.P. (1972). The development of laughter in the first year of life. *Child Development.* 43: 1326-1344.

Vygotysky, L. S. (1966/1933). Play and its role in the mental development of the child. *Voprosy Psikhologii.* 12: 62-76.

CAPÍTULO VIII
Agir e brincar: desafios à dicotomia afeto/razão

José Moysés Alves (Universidade Federal do Pará)
Lívia Mathias Simão (Universidade de São Paulo)[1]
Vera Silvia Raad Bussab (Universidade de São Paulo)

O riso e a brincadeira podem ser considerados elementos comuns nos três capítulos apresentados nessa seção, embora tenham sido analisados com diferentes ênfases em cada um deles. As relações entre intersubjetividade e processos afetivo-cognitivos no desenvolvimento do *self* foram exploradas através das proposições sobre o riso elaboradas a partir de Bergson (Simões, nesta obra). Demonstrou-se como o riso reflete o distanciamento afetivo-emocional que possibilita a experiência da intersubjetividade pelo eu e pelo outro, com desdobramentos relevantes para o desenvolvimento dos respectivos *selves*.

Também é congruente com as diretrizes gerais desse conjunto de capítulos o esforço de aplicação de uma perspectiva desenvolvimentista e sistêmica, que reconhece como essencial às modificações nas relações, ou seja, no nexo das funções entre si, de maneira que em cada etapa surgem novos agrupamentos desconhecidos no nível anterior, consoante a proposição de Vygotsky (Alves, nesta obra).

Em todos os três capítulos, os impulsos afetivos são reconhecidos como acompanhantes permanentes de cada etapa nova do desenvolvimento da criança: razão e afetividade são funções interdependentes da personalidade e a personalidade está conectada ao sistema de relações sociais da criança. A partir de suas interações com o meio, a criança internaliza significados que lhe permitem progressiva tomada de consciência dos outros e de si própria e

---

*Bolsa de Produtividade de Pesquisa do CNPq
1. Bolsista de Produtividade em Pesquisa do CNPq.

planejamento e regulação das próprias ações e afetos. O desenvolvimento da personalidade é um processo de socialização, com movimentos de aproximação e distanciamento dos outros sociais e o domínio progressivo dos meios semióticos que permitem a comunicação descontextualizada. É também um processo de individualização, em que a criança se diferencia ao tomar consciência das próprias vivências, ficando cada vez mais independente na regulação de suas próprias ações e afetos.

Por sua vez, a análise da brincadeira humana, cuja natureza foi considerada a partir de uma perspectiva evolucionista (Bussab, nesta obra), conjugou-se com as demais noções ao mostrar, num nível mais proximal, as questões do desenvolvimento individual integrado e das ligações entre compartilhamento, vínculo afetivo e brincadeira, e, num nível mais distal, a criação e recriação do cultural, também por compartilhamento, vinculação e brincadeira, também com base na diferenciação de si próprio via assumir/ assimilar a perspectiva mental do outro.

Com o objetivo de contribuir para a integração desse conjunto de capítulos, pretende-se apresentar uma avaliação histórica das transformações da dicotomia razão-afeto na Psicologia e retomar o exercício de demonstração da integração necessária entre elas, na análise da ação e da brincadeira. Serão tomados dois exemplos concretos de brincadeiras – um episódio de faz-de-conta, que elucida as características do desenvolvimento integrado envolvendo razão e afetividade, num nível mais proximal, conforme mencionado, e um conjunto de brincadeiras estudadas numa cultura tribal, os índios Parakanã, num nível mais amplo, visando esclarecer, também com foco na junção de razão e afeto, aspectos da natureza do desenvolvimento humano.

O problema da dicotomia afeto/razão em Psicologia

Na Psicologia, afeto e razão são instâncias que, historicamente, foram tratadas de forma mutuamente excludente nas descrições e explicações dos acontecimentos psicológicos. Esta abordagem dicotômica do papel do afeto e da racionalidade tem se manifestado, nas teorias e nas pesquisas, tanto explicitamente, isto é, focalizando-se ora afeto, ora racionalidade, como implicitamente, isto é, privilegiando-se o foco em uma dessas dimensões psicológicas e, eventualmente, apenas indicando-se a suposta influência da outra no fenômeno em estudo ou a influência de uma sobre a outra.

Se nos colocarmos de uma perspectiva histórico-epistemológica, é possível relacionar a dicotomia afeto *versus* razão ao debate Iluminismo *versus* Humanismo Renascentista. Segundo Wertsch (1998), por exemplo, desde o final da Idade Média o valor cognitivo da racionalidade ganhou grande autoridade como promotor das melhores soluções para problemas na maioria das áreas da vida humana. Conforme enfatiza Toulmin (1992, apud Wertsch, 1998), a credibilidade dos valores racionais, da passagem da Idade Média para a Idade Moderna, se deveu, em grande parte, à adoção dos métodos racionais em todos os campos de investigação considerados sérios, como ilustram os trabalhos de Galileu, de Descartes e, posteriormente, de Hobbes (pp. 66-67). Já a consideração do afeto, por enfatizar o olhar para a particularidade, diversidade, transitoriedade e indeterminação nos acontecimentos humanos esteve bem longe de preencher os critérios iluministas, e posteriormente positivistas, identificadores de campos de investigação considerados sérios. A Psicologia, em seu movimento reivindicatório por reconhecimento científico, evidentemente não fugiu à tentativa de preencher tais critérios de credibilidade, ligados à prevalência de valores racionais.

Contemporaneamente, entretanto, um número cada vez maior de pesquisadores com produção significativa em psicologia tem apontado o caráter reducionista e limitador de abordagens teórico-metodológicas exclusivamente racionalistas ou exclusivamente centradas nos afetos, fazendo, a partir daí, propostas para que se compreendam com maior profundidade as relações afetivo-cognitivas nos fenômenos psicológicos.

Ação, afeto e razão

Um dos conceitos que pode ser central para a compreensão e eventual superação da dicotomia afeto/razão é o de ação, que se encontra implícito ou explícito no corpo conceitual das várias teorias psicológicas. Quando se focaliza a ação humana, é praticamente inevitável que se aborde a relação entre afeto e razão. Isto se dá, em grande parte, porque o conceito de ação sempre remete à questão de se o ator, ao agir, o faz intencional ou espontaneamente. Como, de maneira equivocada, intenção tem sido associada à idéia de consciência e racionalidade, enquanto espontaneidade tem sido associada à idéia de não consciência do ator, que age impulsiva e afetivamente, o conceito de ação acaba por ensejar forçosamente discussões sobre as relações entre afeto e razão.

Conforme apontou Oppenheimer (1991) em seu trabalho de revisão crítica sobre a retomada do conceito de ação pela Psicologia, a partir dos anos 70 do século XX tornou-se inevitável focalizar, implícita ou explicitamente, a ação nas discussões teóricas e nas análises de acontecimentos empíricos em pesquisa psicológica. Ainda segundo Oppenheimer (1991) esta retomada se deveu em grande parte à insatisfação dos teóricos do desenvolvimento humano, especialmente os europeus, com as teorias e paradigmas correntes, uma vez que eles não representavam o ser humano como organismo ativo e em ação. Em vez disso, direcionavam a pesquisa para estudos de habilidades e comportamentos isolados de seu contexto, pouco informativos sobre o desenvolvimento humano.

Na esteira dessas críticas, a objeção de Eckensberger (1977), de que a Psicologia contemporânea não estava dando conta da reflexividade humana, foi decisiva para a mencionada mudança de paradigma entre os teóricos do desenvolvimento. Para Eckensberger, nem os modelos organísmicos, nem os mecanicistas estavam abarcando satisfatoriamente a reflexividade humana em relação ao contexto, incluindo-se aí os outros sociais. Ou seja, os modelos não estavam contemplando o fato de os sujeitos humanos serem construtores ativos de seu próprio conhecimento. Ainda de acordo com ele, tais modelos, em última instância, tinham concepções de *conhecimento* e de *verdade* inassimiláveis entre si. Críticas dessa natureza levaram à formulação, na década de 1980, de concepções teóricas em Psicologia do Desenvolvimento que enfatizavam e reiteravam a *intersubjetvidade* e a *auto-reflexão* como características fundamentais do ser humano, sendo o desenvolvimento visto como um processo dialógico entre um organismo ativo e o meio reativo à sua ação.

Reconstruía-se, assim, o caminho de uma psicologia do desenvolvimento que reassumia pressupostos sobre a natureza humana, anteriormente abandonados, pressupostos estes que desde há muito já tocavam à filosofia e à ética do viver. Em Ortega y Gasset, por exemplo, há vida, no sentido biográfico – em contraposição ao sentido biológico reducionista –, quando encontramos alguém, a que chamamos homem, "tendo que ser na circunstância do mundo". "[O] homem é a única realidade que não consiste simplesmente em ser, mas que tem que escolher seu próprio ser". "Para ser, isto é, para seguir sendo, tem que estar sempre fazendo algo, mas isto que terá que fazer não lhe é imposto nem pré-fixado, mas haverá que escolhê-lo e decidi-lo ele mesmo, intransferivelmente, por si e diante de si, sob sua exclusiva responsabilidade" (Ortega y Gasset, 1957/2003, p. 51).

Nessa perspectiva, as ações da pessoa em desenvolvimento teriam metas individuais únicas, que poderiam ser, a cada momento, convergentes ou contraditórias com metas do grupo ao qual pertenceria, ou com outras metas de si mesmo, de modo que a pessoa estaria sempre numa situação de compromisso e coordenação de metas e ações dentro de possibilidades contextuais (cf. Oppenheimer, 1991).

A partir dessa perspectiva, passaram-se a focalizar sistematicamente, na psicologia do desenvolvimento, questões relativas ao *papel ativo do indivíduo na mudança de si mesmo*, isto é, o papel

---

2. Cabe esclarecer aqui que Ortega y Gasset não está desconsiderando as situações em que o ser humano é coagido a agir ou a não agir, mas sim chamando atenção para a ação como condição para a vida.

de sua ação na emergência do novo em seu próprio desenvolvimento, incluindo-se aí a proposição de novas metas para as ações de si mesmo (cf. Oppenheimer, 1991).

Passam assim a ser prioritárias na agenda dos debates questões tais como a da *gênese e natureza das metas da ação*, cuja discussão pode auxiliar na superação da dicotomia afeto/razão na concepção de desenvolvimento humano.

Nas abordagens organísmicas que adotam o modelo de homem autônomo, *a meta de uma ação não é sinônimo de sua causa*. A meta permite compreender por que aquela ação foi selecionada ativamente pelo ator para ser levada a cabo; ela, a meta, emerge através dos motivos, desejos e interesses do ator, que seleciona uma e não outra. Já a causa explica a razão do sucesso ou insucesso de uma ação, ou a razão das possibilidades ou não de ela ter sido praticada. Além disso, toda ação é governada por regras, mas apenas no que respeita ao comportamento observável de sua execução, que precisa ser aceito socialmente, e não no que respeita à **seleção da meta e das estratégias para atingi-la, que seriam afetivamente orientadas** (cf. Oppenheimer, 1991).

Nessa perspectiva, portanto, o conceito de ação traz, nele mesmo, relação inextricável entre afeto e razão: traz amalgamadas a afetividade do ator, que se expressa na escolha de metas e na avaliação da plausibilidade de estratégias, e sua racionalidade no agir propriamente dito, buscando atingir aquela meta.

Esta característica peculiar do conceito de ação, aliás, já se fazia presente desde as formulações clássicas de Parsons e Shils (1959). Para eles, um comportamento só podia ser chamado de ação se sua análise levasse em conta os seguintes aspectos: *meta*, como estado final antecipado para o qual a ação é dirigida; *contexto* no qual a ação tem lugar (objetos sociais, físicos e culturais); *regulação normativa* da ação (conjunto de regras impedindo e permitindo a ação) e *energia* envolvida para praticar a ação. A relação específica da pessoa com os objetos constituiria o seu *sistema de orientação pessoal*, que orientaria sua ação. Esses sistemas pessoais de orientação da ação envolveriam, por sua vez, a concepção explícita ou implícita, consciente ou inconsciente do ator sobre a situação em que se encontrava, concepção esta calcada na relação entre padrões de variáveis que dariam conta da dialética na relação indivíduo – meio, dentre as quais se destacava a **relação entre afetividade e neutralidade afetiva**.

Mais retrospectivamente, encontramos Pierre Janet, para quem, de partida, o ser humano, "muito freqüentemente, quer e crê sem razões" para tal (Janet, 1926/1991a, pp. 196-197). Este fato está na base da *tensão*, que é experimentada pela pessoa, como dificuldade de integrar sua *propensão* para agir e sua *reflexão* a respeito dessa ação, seja uma reflexão prospectiva ou *a posteriori* (cf. Valsiner, 1998, 1998, p. 152). Mas a tensão é, entretanto, essencial para a própria ação, porque a ação se dará justamente como solução para integrar o *desejável* (**a meta, afetivamente eleita**) e o *razoável* (**a razão**, portanto), nas condições possíveis. Esta ação integradora poderá ser prospectiva, implicando o redirecionamento de uma ação ainda não praticada, como solução para a tensão, ou ação *a posteriori*, implicando redirecionamento de ações futuras em vista da ação praticada. Em ambos os casos, o relato de motivos costuma oferecer indicadores de como se dá, para aquela pessoa, a integração possível entre o desejável e o razoável. Nesse processo, **o sentimento ou ação secundária** regularia as outras condutas ou ações primárias (Janet, 1926/1991b, p. 567).

Ainda mais retrospectivamente encontramos, em William James, a ação mental como intencional e calcada na razão, mas não apenas nela, já que **a consciência não é puramente racional, mas também afetiva**. Além disso, existem também ações não conscientes.(cf. Buxton, 1985).

De fato, conforme apontou Barbalet (1997), "James oferece uma teoria da ação social que enfatiza a emoção ao invés da cognição, e a experiência futura ao invés da experiência passada" (p. 103). Barbalet destaca, ainda, que a teoria da ação de James é constituída por três elementos: escolha, emoção e futuridade.

Apoiar um modelo teórico nesse tripé expressa, sem dúvida, uma meta-teoria necessariamente integradora da relação entre afeto e racionalidade. Em James, essa integração parece ser feita pela via da meta da ação, onde a emoção está presente na futuridade e a razão está presente na escolha.

De fato, conforme aponta Barbalet (1997), para James, diante do desconforto que a ambigüidade do futuro traz, a pessoa precisa agir numa dada direção, fazendo escolhas, para reduzir aquele desconforto[3]. Feitas as opções, por sua vez, ficam limitados, necessariamente, possíveis cursos de ação alternativos: um futuro realizado sempre deixa de lado outras possíveis opções. Em James, a escolha de uma dada direção no curso de ação, isto é, a eleição consciente ou não das metas, é **emocional e, mais, garante a originalidade das escolhas**, trazendo não só o novo em relação ao grupo a que o sujeito pertence, mas o novo como expressão inédita e individual do *self*, isto é, **o novo no desenvolvimento de si mesmo**.

Os processos emocionais estabelecem os objetivos da ação, em contraposição aos processos cognitivos ou sensoriais, porque acrescem significado ao mundo. Diz James (1897):

"as faculdades de conceber ou teorizar... funcionam exclusivamente para o atingimento de fins que não existem de nenhuma maneira no mundo das impressões que recebemos por meio de nossos sentidos, mas que são colocados totalmente por nossa subjetividade emocional e prática" (apud Barbalet, 1997, p. 106).

A incerteza do futuro, por sua vez, é apaziguada pela ação no âmbito do "como se", cuja base é emocional. Conforme as palavras de Barbalet (1997):

"O que precede a ação, e que portanto determina qual dos possíveis futuros será realizado, é a apreensão emocional de um senso de

---

[3]. Cabe assinalar aqui que a escolha se dá na base do "como se", aspecto que será retomado adiante, com respeito ao brincar.

futuridade. Esperança e confiança fazem um futuro muito diferente do que medo e desconfiança" (p. 110).

Contemporaneamente, Valsiner (1986) coloca o conceito de ação no centro de sua psicologia sociocultural do desenvolvimento quando dá, para um de seus livros mais conhecidos, o título de *Cultura e desenvolvimento da ação das crianças* (*Culture and the development of children's action*). Nesse livro, ele faz uma das proposições que distinguem com maior clareza a perspectiva genética e sociocultural da ação, comparativamente às de outras abordagens em psicologia que também consideram explicitamente a centralidade do conceito de ação. Diz ele:

> "A presente perspectiva sobre o desenvolvimento da ação da criança enfatiza a natureza *teleogenética* das ações – a capacidade humana para a prática de gerar metas e agir em direção a essas metas autoconstruídas (...). Esta perspectiva contrasta com a visão teleonômica de ação (busca de objetivos), bem como com as ricas tradições behavioristas na psicologia que tentaram eliminar a noção de comportamento propositivamente orientado para o futuro do reino dos fenômenos cientificamente estudados" (Valsiner,1986/1997, p. 212).

Mais recentemente, Valsiner dá maior visibilidade à relação emoção-meta – racionalidade, quando discute as relações pessoa-grupo cultural na criação, manutenção e mudança de normas, valores e crenças. Segundo ele, quer os psicólogos do desenvolvimento cultural queiram ou não, a noção de **vontade pessoal** (intenção), que sofreu descrédito, pode ser crucial nesse processo, uma vez que atua como operador semiótico na orientação geral do *self* para o futuro, enfatizando seletivamente alguns aspectos do presente. Nesse processo relacional, a cultura disponibiliza e garante operadores semióticos a um indivíduo, seletivo desde sua vontade pessoal. (cf. Valsiner, 2001, p. 44). Por isso, Valsiner abordará o tema do desenvolvimento dos campos afetivos, dizendo:

"A vida humana afetiva é a base para todas as condutas. O desenvolvimento da relação afetiva com o mundo é provavelmente a questão mais básica da psicologia do desenvolvimento. Não é uma questão de "tempero afetivo" **adicionado a** processos cognitivos. É a relação afetiva com o mundo que é **a base** de todos os processos mentais (Valsiner, 2001, p. 159).

Uma das formas de agir que nos parece mais desafiante, e, portanto, mais propícia à continuidade e circunstanciação da discussão dos aspectos gerais que assinalamos até aqui, é o brincar humano: no brincar a relação afetiva com o mundo é essencial e a noção de vontade pessoal pode ser aplicada.

O lúdico como desafio à dicotomia afeto/razão – o caso especial do faz-de-conta

A organização afetiva de significados e a organização semiótica da vida afetiva ocorrem simultânea e dialeticamente no faz de conta (ainda que não exclusivamente neste tipo de atividade).

De acordo com Vygotsky (1984), no faz-de-conta a criança envolve-se em uma situação imaginária para realizar desejos que não podem ser imediatamente satisfeitos nem facilmente esquecidos. Ocorre, portanto, a organização afetiva de significados sempre que a criança se envolve neste tipo de brincadeira. Para o autor, o faz-de-conta tem um papel importante no sentido de liberar a criança da percepção imediata. A percepção deixa então de ser a função predominante da consciência. A memória e a imaginação passam a ocupar o seu lugar. Já não existe só o presente. Instaura-se um tempo verbal próprio, o pretérito imperfeito, típico da simulação.

Ainda segundo Vygotsky (1984), no faz-de-conta a criança reproduz papéis e atividades sociais e, ao mesmo tempo, produz novos significados para objetos e ações. Desta forma, esse jogo contribui para o desenvolvimento da função planejadora da linguagem e para a compreensão do caráter arbitrário da relação signo-significante.

Ao reproduzir papéis, atividades e relações sociais a criança está construindo, também, conhecimento sobre as formas culturais de representar e regular a afetividade. Ou seja, entre outras coisas, as crianças estão aprendendo, no faz-de-conta, significados culturais para mapear/interpretar a vida afetiva e para planejar aspectos de suas manifestações.

Para ilustrar estas afirmações, apresentamos, a seguir, a transcrição de um episódio de faz-de-conta encontrado em Elkonim (1998). Sua leitura requer certa atenção, porque uma das crianças da dupla que participa da brincadeira resolve representar a outra criança, que está presente na situação (Dina se recusa a representar Tamara, preferindo representar Nina, sua parceira de brincadeira. Nina, por sua vez, representa Mila). Também requer atenção o fato de aparecerem na transcrição ora os nomes das crianças, ora os nomes das personagens. Acreditamos que o esforço para compreender o que se passa nessa interação compensa, já que não é tão fácil encontrar exemplos em que o foco principal da representação seja a vida afetiva dos personagens.

O Episódio

Ata no. 10 A experimentadora propõe a Dina e Nina (6;0) que brinquem de maneira que Dina seja Tamara e Nina seja Mila.

Dina: – Eu não quero ser a Tamara. Tamara sempre se comporta mal, não faz as lições. Ontem procuramos os lápis por toda a parte e ela os tinha escondido. Também vou ter que guardar tudo na gaveta ou quê? (*Ri*)

Exper.: – Bom, essas coisas não acontecem sempre...

Dina: – Quase todos os dias. Não quero ser Tamara. Melhor (*Pensa.*) Bem, serei melhor Nina (*As duas soltam uma gargalhada*).

Dina (*Agora como se fosse Nina*): – Posso cuidar dos mais pequenos? (*Volta-se para Nina e a experimentadora*) Ela gosta de estar sempre cuidando dos pequenos. No turno da noite vestirei Irina e Vera (*as duas riem*).

Exper.: – Ei, meninas, sentemo-nos para estudar.

Mila (*para Nina*); – Tome este lápis. (*As duas meninas sentaram e escrevem tranqüilamente. De repente, Nina mostra-se contrariada e volta as costas para a mesa*)

Exper.: – O que se passa?

Nina (*sorridente*): – O lápis é ruim.

Exper.: – Traga aqui para apontar.

Nina: – Não, Mila fica de repente aborrecida, mesmo quando não tem motivo. (*As meninas riem e escrevem*)

Exper.: – Nina, o que foi que você escreveu?

Dina (*lê mais devagar do que de costume*): – Uma bola. Mamãe tem uma bola (*Nina continua de mau humor*).

Exper.: – Mila, vão terminar todas as lições e você ainda não escreveu nada no caderno. Nós já teremos acabado e você estará com a lição por fazer (*Nina, a contragosto e de cenho franzido, volta-se e escreve. De repente as duas meninas soltam um riso*).

Exper.: – Vocês são ótimas, trabalham muito bem (*As meninas riem e vão passear com as outras companheiras*).

Enquanto se veste, Dina diz: – Nina, de verdade, você ficou mal-humorada igualzinho a Mila. Mila fica sempre assim (Elkonim 1998, p. 282/283).

Podemos notar neste episódio o papel dos valores culturais e a participação do afeto no estabelecimento de metas para as ações, evidenciados nas escolhas dos personagens a serem representados pelas meninas e na forma de representá-los. Dina, por um lado, não aceita representar a personagem (Tamara) proposta pela experimentadora e expõe seus motivos, que implicam uma avaliação do comportamento da mesma: "Eu não quero ser a Tamara. Tamara sempre se comporta mal, não faz as lições. Ontem procuramos os lápis por toda a parte e ela os tinha escondido". Por outro lado, ela também avalia o comportamento da personagem que preferiu representar (Nina): "Ela gosta de estar sempre cuidando dos pequenos". Comentário avaliativo a respeito do comportamento de sua personagem também é feito por Nina: "Mila fica de repente aborrecida, mesmo quando não tem motivo". Esta avaliação é confirmada por Dina, ao final da brincadeira: "Nina, de verdade, você ficou mal-humorada igualzinho a Mila. Mila fica sempre assim".

Vale ressaltar que em todas essas avaliações, que circunscrevem limites e possibilidades para as representações das crianças, elas mencionam estados subjetivos para descrever ou explicar as próprias ações ou as das personagens (eu não quero...; ela gosta...; fica aborrecida sem motivo...; mal-humorada). Também o comportamento expressivo da personagem é representado (Nina representa Mila contrariada, vira as costas para a mesa, aborrecida, de mau humor, com cenho franzido). Neste sentido, podemos dizer que o faz-de-conta cria oportunidades para as crianças elaborarem conhecimentos sobre os estados subjetivos de outros e para exercitarem, deliberadamente, os movimentos expressivos correspondentes a eles. Dito de outra forma, a atividade cria condições para as crianças construírem uma "teoria da mente" (Wellman, 1992) ou se apropriarem da "psicologia popular" de sua cultura (Bruner, 1997).

Em sete momentos, distribuídos por todo o episódio, as crianças riem. Isto parece ter a ver com o relaxamento da tensão gerada pelo desafio de representar uma colega que se comporta mal ou outra que está sempre de mau humor.

As crianças riem quando avaliam negativamente as ações de uma personagem ou quando representam suas ações. Nestes momentos, o riso funciona como uma segunda voz, que manifesta discordância em relação à atitude do personagem representado. Isto fica bem evidente quando Nina, que havia se mostrado contrariada e virado as costas para a mesa, indagada pela experimentadora sobre o que se passava com ela, afirma, sorridente, que "o lápis é ruim". Bakhtin considera a paródia "um processo no qual uma voz transmite o que uma outra voz disse, mas faz isso com uma mudança de ênfase" (Wertsch, 1991, p. 55). Esta reclamação, acompanhada pelo sorriso, produz um efeito irônico, um distanciamento de Nina em relação à sua personagem. Este distanciamento importa para a interação com os parceiros de brincadeira, que compartilham com ela um valor (não é bom ser mal-humorada). A crítica das ações do personagem pode ser um pretexto para a re-afirmação de valores e construção de cumplicidade entre os parceiros da brincadeira.

As crianças também riem quando uma resolve representar a outra e quando são elogiadas pela experimentadora ao final do episódio. Aqui o riso parece estar relacionado mais diretamente à aprovação social dos parceiros de brincadeira.

Nesse sentido, o riso pode servir como crítica, para manifestar discordância em relação à ação do personagem. Também pode servir como apaziguamento, expandindo o espaço de intimidade e criando cumplicidade entre os parceiros. Podemos inferir destas observações, que no faz de conta ocorre um jogo de aproximação e distanciamento afetivo da criança em relação às vivências e expressões emocionais dos personagens e dos parceiros.

As leituras do riso e do faz-de-conta podem ser ajustadas segundo aplicação de lentes variadas. Nos diversos níveis pode-se constatar a integração dos aspectos cognitivos e emocionais.

A aplicação da perspectiva dos estudos comparativos interculturais elucida o entrejogo da especificidade e da universalidade. A oportunidade de participar da análise das brincadeiras das crianças Parakanã (Gosso, Otta, Morais, Ribeiro & Bussab, 2004), grupo indígena do sudeste do Pará, registradas detalhadamente pela primeira autora, Yumi Gosso, durante sua estadia acumulada de nove meses em aldeia Parakanã, suscitou um conjunto de possíveis entendimentos sobre o papel das brincadeiras em geral, e sobre a natureza da brincadeira humana.

Em primeiro lugar, a realidade Parakanã parece oferecer desafios mais do que suficientes à imaginação e ao desenvolvimento infantil. As crianças, a partir do terceiro ano, ficam todo o tempo no grupo que reúne as crianças da aldeia, de diferentes idades, longe dos olhos dos adultos. Muitas vezes, crianças de três ou quatro anos carregam seus irmãozinhos no colo por um bom período de tempo. Levam-nos, inclusive, para brincar no rio, o que significa atravessar a correnteza com o bebê nas costas ou mesmo mergulhar com ele, que se ajusta, por exemplo, prendendo a respiração. O rio, os animaizinhos e as árvores, assim como todos os instrumentos adultos, e talvez, acima de tudo, o grupo de crianças de várias idades, oferecem-se como espetaculares oportunidades de brincadeira, em que o fazer de conta e o fazer de fato se misturam. Meninos jogam redes como se estivessem pescando e atiram pequenas flechas em pequenos animais. Meninas socam pilões como se estivessem fazendo farinha, tecem palhas ou fazem mesmo pinturas corporais nas outras crianças, todas atividades tipicamente femininas. Em outras ocasiões, as crianças encenam a vida do adulto, com objetos mais simbolizados. Por exemplo, os meninos usam um pedaço de bambu como se fosse o cigarro Parakanã típico, de mais de metro de comprimento e de vários centímetros de largura, e que costuma ser fumado, de mão em mão, pelo grupo de homens, durante a reunião masculina (*tekatawe*), em que se tomam as decisões da tribo. Os meninos encenam uma *tekatawe* e dançam juntos, rindo. As meninas brincam de casinha, cozinham, fazem pinturas no corpo dos meninos, os papéis típicos das mulheres. São os meninos que brincam de arco-e-flecha. Trata-se de um caso de imersão cultural, filtrado pela própria criança. As crianças Parakanã mostram a importância da brincadeira no desenvolvimento humano, num contexto social e afetivo que representa o nosso meio ambiente de adaptabilidade evolutiva, semelhante ao da organização de caçadores-coletores.

O orçamento das atividades infantis diárias é característico. Crianças brincam o tempo todo, do começo da manhã, até a hora de dormir; e brincam juntas, em grupos de crianças, longe da intervenção do adulto. Meninas de 5 ou 7 anos cuidam de bebês: carregam, ficam junto e brincam com eles. Embora ninguém duvide de que a brincadeira promova o desenvolvimento de habilidades, tudo indica que os principais efeitos possam estar no desenvolvimento da personalidade e no domínio fluente da cultura. Quando um menino Parakanã brinca com arco-e-flecha, a habilidade decorrente pode ser conseqüência secundária à emoção de se sentir um pequeno homem da tribo. A criança pequena se torna fluente na cultura do grupo de brincadeira, que é diferente da cultura do adulto, mas tem contato com ela; ao entrar na vida adulta, estas crianças estarão preparadas, não só por terem observado e interagido com ela, mas por terem vivido culturalmente por anos (Gosso et al. 2004). Cultura parece ser o nome mais apropriado para esse jogo lúdico.

Para o ser humano de modo geral, a brincadeira deve ser entendida como oportunidade de experiência plena, afetiva, emocional e racional, ou seja, cognitiva no sentido mais amplo do termo, na qual transparece o enredo psicológico significativo da vida da criança e que abarca a vida de seu grupo, na qual o riso acompanha os entendimentos, os desafios e os compartilhamentos.

Referências

BARBALET, J. M. (1997) The Jamesian Theory of Action. *The Sociological Review*, 45(1), 102-121.

BUXTON, C. E. (1985) *Points of View in the Modern History of Psychology*. New York: Academic Press.

BRUNER, J. (1997) *Atos de Significação*. Porto Alegre: Artes Médicas.

ECKENSBERGER, L. (1977) "Soziale Kognition" und "Sozial orientiertes Verhalten" – Versuch einer Integration durch das Konzept "Handlung". *Newsletter Soziale Kognition*, 1, C68-90.

ELKONIM, D. B. (1998) *Psicologia do Jogo*. São Paulo: Martins Fontes.

GOSSO, Y., OTTA, E., MORAIS, M. L. S., RIBEIRO, F. J. & BUSSAB, V. S. R. (2004) Play in Hunter-Gatherer Society. In A. D. Pellegrini & P. K. Smith *The Nature of Play.* New York: Guilford Press.

JAMES, W. (1920) Remarks on Spencer's Definition of Mind as Correspondence. Em: W. James, *Collected Essays and reviews.* New York: Longmans, Green. (Reimpressão de *Journal of Speculative Philosophy,* 1878, *12,* 1-18).

JANET, P. (1926/1991a) *De la Angustia al Éxtasis.* Mexico: Fondo de Cultura Económica, Tomo I.

OPPENHEIMER, L. (1991) The concept of action: A historical perspective. Em: L. Oppenheimer e J. Valsiner (Orgs.) *The origins of action - Interdisciplinary and international perspectives.* New York / Berlin: Springer-Verlag, 1- 35.

ORTEGA Y GASSET, J. (1957/2003) El Hombre y la Gente. Madrid: Alianza Editorial.

TOULMIN, S. (1992) *Cosmopolis: The hidden agenda of modernity.* Chicago: University of Chicago Press.

VALSINER, J. (1986/1997) *Culture and the Development of Children's Action - A Theory of Human Development.* New York: John Wiley & Sons. (2a. ed.)

VALSINER, J. (1998) *The Guided Mind – A Sociogenetic Approach to Personality.* Cambridge: Harvard University Press.

VALSINER, J. (2001) *Comparative Study of Human Cultural Development.* Madrid: Fundación Infancia y Aprendizaje.

VYGOTSKY, L. S. (1984) *A Formação Social da Mente.* São Paulo: Martins Fontes.

WELLMAN, H. M. (1992) *The Child's Theory of Mind.* London, MIT Press.

WERTSCH, J. V. (1991) *Voices of the Mind: a sociocultural approach to mediated action.* Cambridge: Harvard University Press.

WERSTCH, J. (1998) *Mind as action.* New York / Oxford: Oxford University Press.

Unidade III
Razão e emoção: os laços entre educação, brincadeira e afetividade

CAPÍTULO IX
Ontogênese e práticas educativas na Educação Infantil

Maria Isabel Pedrosa
Maria Cecília A. de Aguiar

Existe um consenso entre os educadores de que a Psicologia, especialmente a Psicologia do Desenvolvimento e as Teorias de Aprendizagem, tem contribuído na realização da educação escolar. Os psicólogos também reconhecem que muitas de suas investigações são sucitadas pelo educador, em sala de aula, que se questiona a respeito de experiências didáticas que propiciem a aquisição de saber específico, de modo mais efetivo. Sabe-se, entretanto, que surgem muitos problemas decorrentes da transposição do conhecimento produzido em um campo científico para outro e, no caso particular que será discutido neste capítulo, da transposição do conhecimento psicológico para uma prática pedagógica na Educação Infantil.

Inicialmente deve-se considerar que há um hiato temporal entre a realização de uma pesquisa, a divulgação de suas descobertas e a aplicação dessas descobertas em um campo específico do saber. Os resultados de uma investigação são apresentados de imediato em congressos científicos, mas transcorre certo tempo para que sejam divulgados em revistas e livros. Transcorre um tempo maior para a aplicação daquele conhecimento e, possivelmente, demorará, ainda mais, se a aplicação for em outro campo do saber. Um professor que se propõe à formulação de procedimentos didáticos elabora esses procedimentos apoiado em um saber construído na própria Pedagogia, mas também em saberes de outras áreas, inclusive da Psicologia. A educação tem seu campo próprio, de natureza interdisciplinar, tanto teórica, como prática. Quando o educador se defronta, por exemplo, com a tarefa de alfabetizar, necessariamente mobiliza, na realização desse projeto, muitos outros conhecimentos além daqueles que tem sobre o desenvolvimento da leitura e da escrita, ou sobre as características afetivas e interacionais de crianças. O acesso a todos esses conhecimentos exige uma busca na literatura e um esforço de compreensão. Mas, ao serem *transportados* até a sala de aula, corre-se o risco de serem interpretados de forma diferente, mesmo por quem tem razoável compreensão da teoria que dá suporte àquela produção. Certamente, algumas dessas dificuldades advêm da diferença entre as situações nas quais foram realizadas as investigações psicológicas – experimentos controlados ou semicontrolados; uso de instrumentos específicos como testes padronizados ou entrevistas semi-estruturadas; exame de apenas uma dimensão do ser humano, restringindo-se ou a cognição, ou a afetividade, ou a interação social – e a natureza multifacetada das situações educacionais.

A compreensão de um processo de aquisição psicológica pode conduzir a diversos procedimentos didáticos com resultados comparáveis ou complementares. Tomando-se como exemplo a conservação de quantidades, uma aquisição discutida na teoria piagetiana, o educador pode desejar estimular a criança a adquiri-la, tanto possibilitando-lhe comparar conjuntos de objetos móveis, quanto permitindo-lhe distribuir aos colegas folhas de papel para desenho, implicando essa atividade uma reflexão de correspondência biunívoca; ou ainda, informando-lhe diretamente, sobre como resolver os desafios cognitivos presentes nas provas de conservação. Kamii (1995) refere-se à má utilização da teoria piagetiana por muitas pré-escolas, que incluíram o "ensino" da conservação de quantidades em suas programações. Este último procedimento didático parece "descolado" da própria teoria, pois se desvia de um de seus pressupostos, qual seja, o de que o conhecimento é construído por uma abstração reflexiva do sujeito, isto é, a própria criança constrói seu conhecimento, a partir da superação de perturbações cognitivas, instigadas por situações que fornecem resultados incoerentes, de seu ponto vista, ou por situações de lacuna, em que lhe faltam informações necessárias à resolução do problema (Piaget, 1976).

Este comentário não pode ser confundido com uma interpretação dogmática da teoria. Para deixar claro esse ponto, pode-se indicar outro exemplo. A Psicologia Cognitiva fornece evidências sobre o caminho ontogenético da aquisição operatória do número em que se reconhecem, implicado nesse processo, as relações de inclusão e de seriação e a noção de conservação de quantidade. Como decorrência desse conhecimento, alguém pode coibir atividades ou brincadeiras de contagem seqüencial, para evitar uma simples aprendizagem por memorização. A recitação dos números não quer dizer aquisição dos números, apenas a sua memorização. No entanto, na contagem, a criança aprende uma seqüência entre os algarismos que poderá ser útil para a própria composição dos números na escala numérica. Por exemplo, na elaboração da seqüência de 1 a 30, ela pode extrair uma estratégia lógica de organização de 1 com 1, com 2, com 3; 2 com 1, com 2, com 3; etc., que a ajudará na ordenação das dezenas. A descoberta dessa estratégia não se confunde com a aquisição operatória do número, mas não lhe é incompatível, ou mesmo, pode até lhe ser útil.

Outro ponto a ser analisado é a diferença entre compreender teoricamente um fenômeno e reconhecer um evento como instância daquele fenômeno. É o que se diz em liguagem cotidiana: "sabe falar, mas não sabe ver". A professora conhece e defende o conceito de *Zona de Desenvolvimento Proximal* (ZDP), extraído da teoria vygotskiana, mas não permite que o aluno, diante da resolução de um problema, busque a ajuda de um colega! Outra possibilidade é conhecer e defender a ZDP e não saber lidar com esse conceito, didaticamente.

Muitas vezes já se dispõe de um conceito, verdadeira ferramenta teórica para a análise e explicação de um fenômeno, mas faltam, ainda, recursos tecnológicos para articulá-lo à realidade empírica. A partir da década de 1980, os equipamentos de VHS foram essenciais para possibilitar a análise microgenética do desenvolvimento humano que, por sua vez, permitiu a redefinição do conceito de *interação social*. Em certa medida, a análise microgenética ampliou esse conceito, porque possibilitou a consideração de outras instâncias de regulação entre os pares, não apenas regulações recíprocas, como pertencentes ao fenômeno interação (cf., por exemplo, Carvalho, 1988; Cavalho, Império-Hamburger e Pedrosa, 1998; Império-Hamburger, Pedrosa e Carvalho, 1996; e Pedrosa, Carvalho e Império-Hamburger, 1997). E, em outra medida, o especificou, uma vez que a *interação social* não pode ser confundida com os comportamentos dos interagentes, mas inferida a partir deles: seu *status* epistemológico foi claramento delineado como um construto teórico.

A cegueira teórica, provocada por modismo ou mesmo por ideologias reinantes, tem sido um aspecto a ser considerado. Chama-se "cegueira" a não disponibilidade mental para ver certos fenômenos por não se coadunarem com as idéias impregnadas naquele momento histórico de construção do saber (Carvalho, 1982). Uma afirmação até bem pouco tempo inquestionável era a de que crianças pequenas não interagiam e exemplificava-se essa afirmação com o jogo paralelo, onde duas crianças brincam, uma ao lado da outra, mas não realizam uma ação coordenada. Não se questionava a preferência da criança em buscar a proximidade da outra, nem mesmo a imitação do uso de mesmos objetos, ou, a semelhança de ações apesar de objetos diferentes. Nenhum desses eventos abalava a afirmação de que a criança não interagia com seu parceiro de idade. O conceito de egocentrismo, retirado da teoria piagetiana, mal interpretado, mesmo por aqueles que conheciam a teoria de Piaget, passou a atribuir, indevidamente, à criança pequena, uma falta de motivação dela para com a outra e obscureceu a identificação de episódios interativos em crianças pequenas (Camaioni, 1980).

Nessa relação da Psicologia com a Pedagogia existe um problema que não decorre propriamente da transposição do conhecimento de uma área para outra, mas de condições físicas e materiais que são muitas vezes adversas e impedem alguns professores de realizarem certos procedimentos didáticos ou planejamentos pedagógicos ajustados às reais necessidades psicológicas das crianças, embora reconheçam essa limitação. Pode-se mencionar a restrição de instalações e de espaços abertos, em ambientes de Educação Infantil, em que se privam as crianças de um horário de recreio e de movimentação ampla, tolhendo-se iniciativas e curiosidades próprias da idade. Evidentemente, esse "planejamente pedagógico" não se coaduna com nenhuma teoria psicológica.

Neste capítulo será discutida a necessidade de que as práticas educativas, especialmente as práticas pedagógicas em Educação Infantil, sejam ajustadas ao nível ontogenético da criança. Defende-se a posição de que um saber específico para ser trabalhado didaticamente deve partir do conhecimento da criança e a condução desse processo didático precisa considerar os obstáculos inerentes àquele campo específico do saber. Este argumento será ilustrado com os resultados de uma pesquisa que avaliou um planejamento didático, visando a articular experiências que pudessem conduzir a uma aprendizagem de crianças sobre escrita numérica.

A ontogênese da criança de zero a seis anos e a Educação Infantil

As crianças pequenas, em seu dia-a-dia, aprendem muitas habilidades: por exemplo, aprendem a andar, a correr, a pular e a dançar; também gostam muito de brincar, principalmente em companhia de outras crianças; têm preferências por algumas pessoas, adultos ou parceiros de mesma idade, e por algumas atividades e objetos; buscam se posicionar e expressar seus sentimentos; sempre perguntam muitas coisas, sobre as quais têm curiosidade, e, a cada dia que passa, adquirem mais conhecimentos; a linguagem oral é uma das aquisições mais espetaculares. Como todas essas aprendizagens e aquisições acontecem?

Cada uma das aquisições tem um desenrolar próprio; entretanto, cada uma influencia as outras aquisições como a trama de uma história que vai se desencadeando a depender dos cenários que se descortinam ou da marcação rítmica dada por um compasso temporal: as partes constituem o todo e o todo constitui as partes

(Carvalho, Império-Hamburger e Pedrosa, 1998). A ontogênese é compreendida como um processo não arbitrário, ou seja, compatível com as características da espécie humana, mas com muitas opções de realizações, a depender do ambiente sociocultural e histórico da criança.

Estudar a criança é observá-la em todos os seus momentos: quando dorme, quando come, quando brinca, quando está sozinha ou com parceiros variados, de sua idade ou de outras idades, quando está contente ou quando está zangada, em casa, na creche, ou na pré-escola, etc. Em outras palavras, conhecem-se as crianças e aprendem-se sobre elas a partir do que fazem, do que falam e de como reagem em diferentes situações. Destacam-se como características básicas de seu desenvolvimento: serem co-construtoras de suas histórias e se constituírem socialmente – único modo de vida compatível com a herança genética da espécie humana, entre outras – e possuírem imensa capacidade para representar objetos, situações e elas próprias. Essas características refletem suas preferências desde bem pequenas: estar com o outro, querer fazer e compartilhar com o outro e ser como o outro, mas ser um outro. As brincadeiras infantis propiciam situações de interação social e são de alta prioridade para a criança; algumas vezes esquecem até de comer ou resistem a ir dormir. Qual seria, então, a função do brincar?

Ao observar crianças brincando, vê-se o quanto elas são instigadas pelos parceiros da brincadeira e quantos problemas elas se colocam para atingir os seus propósitos. Vários estudos examinam hipóteses sobre o papel da brincadeira na ontogênese infantil. Dentre as hipóteses podem-se destacar: (a) as crianças imitam um comportamento do parceiro e este serve de suporte para criar uma seqüência interativa mais longa e compartilhada (Nadel e Baudonnière, 1981; Eckerman e Peterman, 2001); (b) as crianças assimilam e constroem cultura com os parceiros, no grupo de brinquedo (Carvalho e Pedrosa, 2002; Corsaro e Molinari, 1990; Pedrosa e Eckerman, 2000); (c) ao brincarem de faz-de-conta as crianças atribuem novos significados a objetos e situações, subvertendo, desse modo, os significados já instituídos socialmente. Criam a possibilidade de "desprender" o significado do significante, permitindo-lhes, por conseguinte, a reflexão sobre a arbitrariedade dos signos e a ampliação de sua capacidade de significar (Pino, 1996); (d) assumir o papel de outros, realizar ações complementares ou recíprocas, disputar objetos ou posições no grupo são atividades freqüentes no brincar que fortalecem a constituição do eu em oposição ao outro (Vasconcellos, 1996); (e) a comunicação entre as crianças, necessária para tecerem juntas um roteiro de brincadeira, implica o uso de expressões mímicas e de posturas ajustadas a seus propósitos, desdobrando, desse modo, os recursos interpretativos de que dispõem naquele momento, por exigências da situação (Pedrosa, Santos e Santos, 2002; Carvalho e Pedrosa, 2004). Enfim, a brincadeira é uma atividade que promove satisfação, divertimento, compartilhamento entre parceiros sociais, instiga a curiosidade da criança, instaura situações problemáticas, implica, muitas vezes, planejamento, seleção de estratégias, superação de obstáculos, discriminação e análise de riscos e de oportunidades. Pode-se dizer que a brincadeira é uma atividade onde *razão* e *afetividade* revelam-se como processos integrados e constitutivos da ontogênese infantil.

Conhecendo a criança pequena pode-se perguntar sobre qual planejamento pedagógico, no período de Educação Infantil, correspondente ao atendimento da criança de zero a seis anos, ajusta-se às necessidades de seu desenvolvimento?

As creches, até duas décadas atrás, eram concebidas – e algumas ainda são, hoje em dia – como um ambiente de assistência à criança. Nessa perspectiva, a criança recebe alimentação, banho, conforto para dormir e é cuidada para que nada de perigoso lhe aconteça. As pré-escolas, por outro lado, espelham-se no trabalho realizado na educação fundamental e adotam o modelo de uma mini-escola, com tarefas, aulas explicativas usando o quadro de giz, caderno, lápis e programação rígida e inflexível. Nada planejado com base nas reais necessidades da criança! Um planejamento pedagógico ajustado à faixa etária de zero a seis anos deve prever um ambiente estruturado para que a criança, além de assistida, possa praticar suas habilidades, satisfazer sua curiosidade, fortalecer suas conquistas e expandir seus conhecimentos sobre o mundo físico e social. Os desafios precisam ser bem dosados. Nada de estímulo à precocidade, num modelo educacional antecipatório, de preparação para o futuro. A criança tem o direito de viver seu período de vida. Conhecendo-se bem seu processo de desenvolvimento, pode-se planejar um ambiente educacional que lhe garanta espaço lúdico, ou seja, que respeite o seu prazer de brincar, levando-se em conta suas estratégias intuitivas e seu conhecimento cotidiano. Desenvolvimento e aprendizagem tratados como um binômio, numa perspectiva de inter-relação dos dois processos.

Práticas educativas e o campo específico do saber

Concebemos a educação como uma prática social, sendo a Pedagogia a ciência cujo objeto de estudo próprio é o saber e o fazer educacionais. Outras ciências alimentam sistematicamente tal prática social, mas, isoladas, têm sido, até o momento, insuficientes para explicar o fenômeno educativo. A Pedagogia como ciência da educação, embora estabeleça íntimo diálogo, colaboração e intercâmbio com as demais ciências, tem seu estatuto próprio de ciência prática: parte da prática pedagógica, de seus impasses e questões, e a ela se dirige (Pimenta, 1998).

O educador é desafiado, permanentemente, pela tarefa de relacionar, integrar seus conhecimentos de Psicologia, Sociologia, Filosofia, História e outras ciências ao refletir, pesquisar, comunicar e fazer educação. A realização de práticas pedagógicas, porém, também inclui a natureza do saber a ser ensinado e aprendido.

A aquisição do saber científico, objetivo primordial da educação formal, é um projeto a ser compartilhado. Nesse processo, o desafio é uma força propulsora na apropriação do conhecimento. Para constituir-se em um desafio para os alunos, o saber necessita ser problematizado. Nessa abordagem didática, não se pode desconhecer que as intervenções de uma criança, ou de um colega mais experiente, são fundamentais para a consecução da aprendizagem significativa, mesmo que sejam digressões ou aproximações em relação ao conhecimento científico.

Nessa perspectiva da didática, o erro passa a ter papel fundamental na aprendizagem, pois revela um saber em via de construção. Caso uma hipótese ou resposta ao problema tenha se revelado errada ou incompleta, a constatação do erro desvela a possibilidade de encontrar a verdadeira, ou mais completa resolução.

Desenvolvendo uma teoria didática sobre o erro, Guy Brousseau[1], a partir do conceito de equilibração de Piaget e da noção de obstáculos apresentada por Bachelard, fez uma classificação dos obstáculos à aprendizagem de conceitos matemáticos (Henry, 1992).

Um obstáculo se manifesta através de erros que não ocorrem em conseqüência do acaso; são erros que se repetem e são persistentes. Ligados entre si, no mesmo sujeito, por uma fonte comum: uma maneira de conhecer, uma concepção característica, coerente, mesmo não correta.

Segundo Henry (1992), na Didática, os obstáculos se caracterizam por:

- Tratarem-se de um conhecimento, uma concepção e não uma dificuldade ou ausência de conhecimento.
- Permitirem a produção de respostas adaptadas a certos problemas ou classes de problemas.
- Conduzirem a respostas erradas em outros tipos de problemas.
- Apresentarem uma resistência a toda modificação ou transformação.

---

1. BROUSSEAU, G. Foudements et méthodes de la didactique de la mathématiques. *Recherches en Didactique de Mathématiques*. Grenoble: La Pensée Sauvage, v. 7, n. 2, 33-115, 1986.

· Manifestarem-se de maneira recorrente, isto é, tornam a acontecer predominantemente em certas situações, mesmo depois de terem sido substituídos, aparentemente, por um conhecimento novo.

A rejeição desse conhecimento conduzirá a novo conhecimento. No decorrer do processo ensino-aprendizagem, segundo o mesmo autor, vários tipos de obstáculos podem surgir.

Obstáculos Epistemológicos – inerentes ao conhecimento, decorrentes das verdadeiras dificuldades conceituais. Por exemplo, a assimilação do zero como nada ou nenhuma quantidade, no conjunto dos números naturais, historicamente interferiu, perturbando, sua compreensão e aceitação, pelos matemáticos e, atualmente, pelos aprendizes da Matemática, como posição na linha numérica, no conjunto dos números inteiros.

Obstáculos Didáticos – ligam-se às condições nas quais o conhecimento é abordado em sala de aula. Por exemplo, o tratamento recorrente da fração como parte de um todo, ou parte da unidade, atrapalha o entendimento do conceito de frações impróprias.

Obstáculos Psicológicos – são os de ordem afetiva, ou decorrentes da representação do conceito construída no grupo sociocultural, ao qual o sujeito pertence. Provocam recusas a aprender ou comportamentos não esperados. Por exemplo, a representação social de que a Matemática é muito difícil e somente acessível para alguns mais iluminados.

Obstáculos Ontogenéticos – ocorrem no âmbito da aprendizagem inicial, quando a maturidade cognitiva não é suficiente. Por exemplo, o uso compreensivo da linguagem e de símbolos matemáticos, por crianças.

Obstáculos Técnicos – que se prendem à complexidade da tarefa, ou aos materiais utilizados. Por exemplo, dominar o manejo de calculadoras eletrônicas ou de *softwares* da informática para resolver problemas matemáticos.

Embora alguns obstáculos estejam mais relacionados à dificuldade histórica da compreensão do saber e de sua articulação com o conhecimento já institucionalizado, por isso são denominados de obstáculos epistemológicos, os demais tipos de obstáculos podem ser também considerados epistemológicos, uma vez que estão envolvidos na aquisição de determinado saber.

Explorando o planejamento de uma prática educativa balizada no conhecimento sobre a criança

Para ilustrar uma aplicação de conhecimentos produzidos no campo da Psicologia na prática pedagógica, analisar-se-á uma pesquisa realizada por uma professora da Educação Infantil[2], que buscou avaliar procedimentos didáticos com o intuito de articular situações de aprendizagem em torno da escrita numérica. Além de relacionar a teoria de Piaget com as pesquisas do grupo de Sinclair e de Sastre e Moreno, a experiência também se baseou em concepções da teoria de Wallon sobre a interação social e forneceu elementos para o enriquecimento dos conhecimentos da Psicologia e da Educação.

A escrita numérica, tal como a alfabética, já faz parte da vida cotidiana da criança muito antes de ela entrar na escola. Por conta disso, as crianças têm inúmeras oportunidades de refletir sobre esse objeto cultural e, possivelmente, elaboram hipóteses sobre o uso e construção desse sistema de representação.

Sinclair (1990) afirma que a análise da notação numérica e da interpretação dos algarismos de crianças pré-escolares de 4 a 6 anos, realizada por Sinclair, Siegrist e Sinclair (1983)[3] e por Sinclair e Sinclair

---

2. Monografia do Curso de Especialização em Ensino de Pré-escolar a 4ª Série (UFPE), de Patrícia Freire Veríssimo do Nascimento, orientada por Maria Cecília Antunes Aguiar e Maria Isabel Pedrosa. A síntese dessa monografia foi publicada em CD-Rom, nos Anais do XIV Encontro de Pesquisa Educacional do Nordeste, ocorrido em 1999.
3. SINCLAIR, A., SIEGRIST, F. e SINCLAIR, H. Young children's ideas about the written number system. In: Rogers, D. & Sloboda, J. A. (Eds.) *The acquisition of simbolic skills*. New York: Plenum Press, 535-543, 1983.

(1984)[4] evidenciaram que as crianças refletem sobre problemas e constroem procedimentos não convencionais, quando são de fácil interpretação para elas. Esses achados possibilitaram acompanhar a construção progressiva do nosso sistema de numeração escrita em outra pesquisa (Sinclair, 1990). Nesta última, as crianças foram solicitadas a tomar nota de coleções de objetos idênticos, dispostas na mesa de forma aleatória, indicando suas respectivas quantidades, cujas cardinalidades variaram de 1 a 8. Observando listas escritas pelas crianças, é possível discriminar seis grandes categorias de notação numérica:

Notação 1: Representação global da quantidade – produção de grafias isoladas, de linhas compridas ou onduladas, as quais não correspondem à natureza e forma dos objetos e cardinalidade da coleção.
Por exemplo: ~~~~~~~   (para 5 fichas)

Notação 2: Uma só figura – a criança representa características dos objetos da coleção e não faz referência a cardinalidade do conjunto:
⌒⌒ (para 3 fichas);   ◇ (para 4 fichas)

Notação 3: Correspondência termo a termo – correspondência entre o número de objetos e o número de grafias produzidas, apresentando-se em dois tipos de grafismo: icônicos e abstratos (sem nenhuma relação com a forma do objeto).
Icônicos: 0 0 0   (para 3 bolas)
Abstratos: / / /   (para 3 bolas)

Notação 4: Aparecimento dos algarismos – semelhante à notação anterior, porém utilizando algarismos:
1, 2, 3, 4, 5 (para 5 lápis);   3 3 3 (para 3 bolas).

---

4. SINCLAIR, A. & SINCLAIR, H. Preschool children's interpretation of written numbers. *Human Learning*, 1984, *3*, 173-184.

Notação 5: Número cardinal sozinho – utilização de algarismo:
5 ou cinco (para 5 bolas).

Notação 6: Cardinal acompanhado do nome do objeto
3 bola (para 3 bolas).

A análise das escritas produzidas pelas crianças demonstra certa relação entre idade e tipo de notação. Algumas crianças são capazes de identificar corretamente os numerais escritos, mas não os empregam na tarefa simples proposta na situação experimental. O uso apropriado do nosso sistema de numeração envolve o conceito de cardinalidade relacionado à representação por meio de símbolos, implicando processos mentais que vão além do simples reconhecimento desses símbolos.

Em uma pesquisa realizada em 1980 por Sastre & Moreno[5] (apud Dorneles, 1998), portanto, realizada anteriormente à de Sinclair, foram investigadas 50 crianças de 6 a 10 anos sobre a representação gráfica inicial dos números elementares. Os resultados revelaram que as crianças, mesmo conhecendo os numerais, utilizam mais freqüentemente outras formas gráficas para representação das quantidades. Esses resultados coincidem com os encontrados na pesquisa de Sinclair. Entretanto, esta autora admitiu que as categorias formuladas para descrever o comportamento das crianças deviam ser consideradas uma tipologia, sem indicar uma ordem evolutiva necessária, enquanto os primeiros admitiam que as categorias formuladas correspondiam a níveis de representação numérica, seguindo uma evolução.

Os resultados dessas pesquisas sobre a ontogênese da representação do sistema de numeração indicam a inadequação da postura, muitas vezes adotada por professoras de pré-escolas, e até de níveis anteriores, de trabalhar somente com a notação de algarismos, sem atentar para experiências que propiciem compreensão

---
5. Sastre, G. & Moreno, M. *Descubrimiento y constrution de conocimentos*. Barcelona: Gedisa, 1980.

significativa da representação do sistema. Isso poderá impulsionar a criança à memorização ou ao uso de símbolos sem sentido e, talvez torná-la predisposta a um não envolvimento com tarefas numéricas posteriormente.

Parra e Saiz (1996) chamaram a atenção de que as tarefas escolares devem explorar a significação das ações realizadas, instigando o processo de construção das crianças com os seus parceiros e com os adultos que lidam com ela.

As interações sociais de crianças coetâneas promovem muitas oportunidades em que o processo de significação se explicita de modo mais conspícuo, na medida em que elas precisam negociar papéis, dirimir conflitos, usar estratégias para a consecução de seus objetivos, delinear uma brincadeira com um parceiro ou um grupo de parceiros, etc. As brincadeiras, como vimos, são atividades de alta prioridade motivacional. Portanto, ao se envolverem numa brincadeira, as crianças constroem situações significativas para elas e isso facilita aprendizagens e aquisições de conhecimentos específicos, de pessoas e de si mesma (Pedrosa, 1996; Pino, 1996; Vasconcelos, 1996).

A linguagem verbal e escrita é um instrumento poderoso para a construção de significações. Não apenas ela é um meio de comunicação, mas, sobretudo, constitutiva do pensamento, especialmente, da função de representação (Wallon, 1979).

A escrita numérica, instrumento relevante para a matemática, é uma das aquisições das crianças instigada por contextos em que se problematizam situações de interesse para elas e se oferecem meios de comparações, relações e registros necessários à resolução dos problemas com diversos propósitos e não algo a ser transmitido de modo isolado e arbitrário.

Foi nessa perspectiva de significação que o estudo de Nascimento (1999) evidenciou um dos aspectos envolvidos no processo de construção do sistema numérico: a representação numérica. Foram planejadas situações didáticas para a aprendizagem da escrita numérica, em crianças de 4 a 5 anos, e foi examinado se essas atividades favoreceriam a construção de algumas noções envolvidas no conceito de número: a conservação de quantidades discretas e a contagem.

O trabalho foi realizado em três etapas: diagnóstico de entrada (pré-teste), intervenção (seqüência de situações didáticas) e diagnóstico de saída (pós-teste). O pré e o pós-testes constaram de atividades investigativas em torno do número, envolvendo contagem de objetos, conservação de quantidades discretas (cf. Kamii, 1995) e registro numérico (Sinclair, 1990). As tarefas, empregadas nos diagnósticos inicial e final, foram realizadas individualmente, tendo a interação se processado entre a entrevistadora, a criança e os objetos de manipulação, numa postura do método clínico piagetiano.

As situações didáticas foram planejadas e realizadas a partir de um eixo lúdico, funcional e interativo, possibilitando o contato com os números em seus mais variados usos e formas de representação. A brincadeira em grupo e o clima de jogo estabelecido na sala fizeram parte de todo o processo, motivando as crianças a participarem das atividades. Oito jogos foram vivenciados durante 10 dias, dentre os quais dois se repetiram, conforme o interesse das crianças. Cada situação didática teve duração de duas horas e meia, aproximadamente, incluindo a realização do jogo que culminava com a produção de um quadro de registro coletivo, a interpretação dos resultados expostos nesse quadro, por grupo ou entre os grupos e o registro individual, após o jogo.

Os resultados indicaram que as crianças raramente utilizam algarismos para registrar quantidades, resultados semelhantes aos já constatados nos estudos de Sastre & Moreno (apud Dorneles, 1998) e Sinclair (1990). Apesar de conhecerem os símbolos numéricos, as crianças os utilizam pouco. Além disso, o interesse das crianças pelos números orais foi mais evidenciado do que pelos escritos, embora estes últimos possam fazer parte dos desafios do cotidiano. As crianças que obtiveram êxito na contagem apresentaram resultados mais avançados na tarefa de conservação e registro numérico. Entretanto, a contagem não foi usada para a comparação de coleções de objetos, indicando uma construção mental em processo, uma vez que elas ainda não compreendem como e quando precisam utilizar o procedimento de contar para resolver uma situação-problema.

O contexto lúdico garantiu o envolvimento das crianças nas tarefas de registros numéricos, uma vez que representavam resultados obtidos nos jogos dos quais participavam. As situações didáticas foram planejadas a partir do conhecimento que se tem da criança nessa faixa etária, ou seja, altamente motivada para a interação com os parceiros de idade, possuindo alguns recursos cognitivos para manusear procedimentos de representação gráfica e certo conhecimento sobre escrita numérica, propiciada pelo meio cultural do qual faz parte. Portanto, foram planejadas situações problematizadoras em torno da escrita numérica, que faziam sentido para a criança e exigiam dela um registro, mesmo com notações não convencionais.

Não foi possível examinar a efetividade desse procedimento didático. Para isso seria necessário o acompanhamento das crianças que fizeram parte da amostra por um período mais longo, observando a compreensão e o uso das noções envolvidas no conceito de número, especialmente no que diz respeito a sua representação convencional.

É plausível supor, entretanto, que o envolvimento das crianças na tarefa de registro numérico, com símbolos não convencionais, propiciou aprendizagem significativa para elas, pois sentiam a necessidade de recorrer aos registros para concluírem sobre os ganhadores do jogo. Elas, portanto, puderem refletir sobre a necessidade e o uso do registro numérico. Quanto mais se proporciona à criança o contato com os números, em situações reais de uso, mais ela se apropriará deste objeto do conhecimento.

Considerações finais

A experiência aqui relatada serviu para ilustrar o diálogo em construção entre dois campos do saber, a Psicologia e a Educação, especificamente, a Psicologia do Desenvolvimento e a Didática, esta enquanto busca articular um dos conteúdos passíveis de sistematização na etapa da Educação Infantil: o número e a escrita numérica.

A seqüência didática planejada criou uma situação de jogo entre grupos de crianças e previu a produção coletiva de um quadro de registro dos resultados alcançados, em cada segmento de disputa, com um tipo de notação escolhida pelas próprias crianças. Problematizavam-se as situações de modo a exigir que as crianças interpretassem, a cada nova notação, o desempenho de seu grupo, verificando o conjunto de notações e confrontando-as entre si. Exigiam-se, portanto: quantificação, contagem e escrita numérica, simultaneamente, e procedimentos que implicassem correspondência entre conjuntos. Garantia-se, desse modo, o envolvimento das crianças na tarefa e possibilitava-se a reflexão sobre o papel dos registros numéricos, com notações que estavam cognitivamente a seu alcance. A seqüência didática realizada propiciou, portanto, que as crianças, ao se colocarem como membros participantes de uma brincadeira, no formato de um jogo coletivo, usufruíssem com satisfação, entusiasmo e empenho de uma disputa, bem dosada, que as instigava cognitivamente. *Razão* e *afetividade* aparecem como aspectos indissociáveis num processo de aprendizagem numérica.

O planejamento didático baseou-se no conhecimento que se tem da criança pequena: sua motivação para interagir e para brincar com os parceiros, mesmo que em alguns momentos ela precisasse realizar uma tarefa individual; suas estratégias intuitivas já reveladas nos estudos anteriores e que foram ratificadas no contar e no comparar as suas notações; seu conhecimento sobre os números, adquiridos espontaneamente no cotidiano da creche ou fora dela; a possibilidade de elas resolverem as situações problematizadas, buscando soluções mais ao seu alcance – registrando as quantidades com ícones, em vez de com numerais, por exemplo.

Na história da matemática, a notação numérica surgiu após a necessidade de quantificação por correspondência biunívoca: o pastor que fazia corresponder uma pedrinha a cada carneiro, ao liberá-lo para pastar, conferia o seu rebanho, ao entardecer, recolocando no saco uma pedrinha que correspondia a cada carneiro que era recolhido. Se sobrasse alguma pedrinha, era sinal de que algum carneiro havia se perdido e, então, o pastor saía à procura. Essa história parece se repetir em cada criança: antes de adquirir a noção operatória da contagem, antes de representar o total de objetos de conjuntos com os numerais, ela realiza uma quantificação por correspondência um a um, na direção da construção operatória do conceito de número e de sua representação num sistema. Isso foi constatado nos estudos de Sinclair (1990), de Sastre & Moreno (apud Dorneles, 1998), e corroborado na pesquisa de Nascimento (1999). Ao se permitir à criança usar, a seu critério, qualquer notação para registro de seus resultados do jogo, respeitavam-se suas reais possibilidades cognitivas, evitando-se engendrar na situação didática os chamados obstáculos ontogenéticos para a aquisição do número e da escrita numérica. O uso de símbolos não convencionais, criados espontaneamente pelas crianças, possibilitou a contagem e o seu registro em situação significativa, antes que desestimulasse sua participação por falta dos recursos convencionais.

Referências

Camaioni, L. *L'interazione tra bambini*. Roma: Armando Armando, 1980.

Carvalho, A. M. A. *Desenvolvimento infantil e prática de educação na família*. Trabalho apresentado no Simpósio Desenvolvimento infantil e prática de educação na família. XII Reunião Anual da SPRP, outubro de 1982.

Carvalho, A. M. A. *Algumas reflexões sobre o uso da categoria "interação social"*. Trabalho apresentado na Mesa Redonda intitulada Avanços recentes em Psicologia do Desenvolvimento – questões metodológicas relacionadas ao uso de categorias descritivas e analíticas. XVIII Reunião Anual da SPRP, 25 a 29 de outubro de 1988.

Carvalho, A. M. A., Império-Hambuger, A. & Pedrosa, M. I. Interaction, regulation and correlation in the context of human development: Conceptual discussion and empirical examples. In Lyra, M. & Valsiner, J. (Eds.), Child development within culturally structured environments: Vol. 4.

Construction of psychological processes in interpersonal communication (pp. 155-180). Stamford, CT: Ablex Publishing Corporation, 1998.

Carvalho, A. M. A. & Pedrosa, M. I. Cultura no grupo de brinquedo. *Estudos de Psicologia*, Natal, 7: 1, 2002, p. 181-188.

Carvalho, A. M. A. & Pedrosa, M. I. Communication in early infancy: Some reflections from an evolutionary perspective. In Branco, A. U. & Valsiner, J. (Eds.), *Communication and metacommunication in human development* (pp. 83-105). Greenwich, CT: Information Age Publishing, 2004.

Corsaro, W. A. & Molinari, L. From *seggiolini* to *discussione*: the generation and extension of peer culture among Italian preschool children. *Qualitative studies in education*, (*3*): 3, 1990, p. 213-230.

Dorneles, B. V. *Escrita e número*: relações iniciais. Porto Alegre: ArtMed, 1998.

Eckerman, C. O. & Peterman, K. Peers and infant social/communicative development. In Bremner, G. & Fogel, A. (Eds.), *Blackwell handbook of infant development*. Oxford, UK: Blackwell, 2001.

Henry, M. *Apresentação da didática da Matemática*. Tradução de Lícia S. L. Maia, São Paulo, PUC, 1992. Mimeografado.

Império-Hamburger, A.; Pedrosa, M. I. & Carvalho, A. M. A. Auto-organização em brincadeiras de crianças: de movimentos desordenados à realização de atratores. In Debrun, M., Gonzales, M. E. Q. & Pessoa Júnior, O. (Orgs.) *Auto-Organização: estudos interdisciplinares* (pp. 343-361). Campinas: UNICAMP, Centro de Lógica, Epistemologia e História da Ciência, 1996. Coleção CLE, vol. *18*.

Kamii, C. *A criança e o número*. 19ª edição. Campinas: Papiros, 1995.

Nadel, J., Baudonnière, P. M. Imitação, modo preponderante de intercâmbio entre pares, durante o terceiro ano de vida. *Caderno de Pesquisa*. São Paulo (39), 1981, p. 26-31.

Nascimento, P. F. V. *Processo de significação e escrita numérica: uma seqüência de situações didáticas para a Educação Infantil*. 1999, 65 p. Monografia (Curso de Especialização em Ensino de Pré-escolar a 4ª Série) – Centro de Educação, Universidade Federal de Pernambuco, Recife.

PARRA, C E SAIZ, I. *A didática da matemática*: reflexões psicopedagógicas, Porto Alegre: ArtMed, 1996.

Pedrosa, M. I. A emergência de significados entre crianças nos anos iniciais de vida. In Pedrosa, M. I. (Org.), Coletâneas da ANPEPP: Vol. *1* (4). *Investigação da criança em interação social* (pp. 49-68). Recife, PE: Editora Universitária da Universidade Federal de Pernambuco, 1996.

Pedrosa, M. I., Eckerman, C. Sharing means: How infants construct joint action from movement, space, and objects In: XVIth Biennial meetings of International Society for the Study of Behavioural Development, 2000, Peking - China. *Abstracts*. Peking: ISSBD, 2000. v. 1. p. 438.

Pedrosa, M. I., Carvalho, A. M. A. & Império-Hambuger, A. From disordered to ordered movement: Attractor configuration and development. In Fogel, A.; Lyra, M. & Valsiner, J. (Eds.), *Dynamics and indeterminism in developmental and social processes* (pp. 135-151). Mahwah, NJ: LEA, Inc. Publishers, 1997.

Pedrosa, M. I.; Santos, M. F. S. & Santos, W. N. Princípios norteadores para a educação infantil. In: *Proposta curricular: educação infantil*, (pp. 27-42). Camaragibe, PE: Secretaria de Educação da Prefeitura Municipal de Camaragibe (Ed.), 2002.

Piaget, J. *A equilibração das estruturas cognitivas: prolema central do desenvolvimento*. Trad. de Marion Merlone dos Santos Penna, Rio de Janeiro: Zahar Editores, 1976.

Pimenta, S. G. Panorama atual da didática no quadro das ciências da educação: educação, pedagogia e didática. In Pimenta, S. G. (Coord.). *Pedagogia, ciência da educação?* 2. ed. (pp. 30-70). São Paulo: Cortez, 1998.

Pino, A. Constituição e modos de significação do sujeito no contexto da pré-escola. In Pedrosa, M. I. (Org.), Coletâneas da ANPEPP: Vol. *1* (4). *Investigação da criança em interação social* (pp. 11-32). Recife, PE: Editora Universitária da Universidade Federal de Pernambuco, 1996.

Sinclair, A. "A notação numérica na criança". In: Sinclair, H. (Org.) *A produção de notações na* criança. São Paulo: Ed. Cortez e Autores Associados, 1990.

Vasconcellos, V. M. R. Wallon e o papel da imitação na emergência de significado no desenvolvimento infantil. In Pedrosa, M. I. (Org.), Coletâneas da ANPEPP: Vol. *1* (4). *Investigação da criança em interação social* (pp. 33-47). Recife, PE: Editora Universitária da Universidade Federal de Pernambuco, 1996.

Wallon, H. *Do acto ao pensamento*: ensaio de psicologia comparada, 2ª ed. Lisboa: Moraes, 1979.

CAPÍTULO X
Brincar e ambiente educativo: implicações educacionais

Alysson Massote Carvalho
Maria Michelle Fernandes Alves

As propostas contemporâneas de atendimento infantil, nas áreas de saúde e da educação, enfatizam a importância do brincar para o processo de desenvolvimento humano (Bomtempo, 2000; Moyles, 2002; Pereira, 2002). A importância e a utilização do brincar, nestas áreas, têm sido enfocadas a partir de diferentes perspectivas.

Na saúde tem-se destacado a dimensão terapêutica do brincar, que atua na modificação do ambiente e do comportamento da criança no transcurso de seu tratamento. As atividades lúdicas no hospital contribuem para o incremento das interações entre as crianças, para o aumento da comunicação entre elas e também para a troca de experiências, principalmente daquelas relacionadas à sua enfermidade. (Ângelo, 1985; Mello & cols., 1999; Wuo, 2000).

Estudos sugerem também que a participação nas atividades de brincar pelas crianças hospitalizadas está entre os fatores que aceleram a sua recuperação, contribuindo, assim, para a diminuição de sua permanência no hospital e, conseqüentemente, do custo de sua hospitalização (Wishon & Brown, 1991).

Nas instituições educativas o brincar tem sido utilizado como recurso privilegiado dos educadores para a realização de atividades junto às crianças. Tais atividades são pautadas por brincadeiras que, por exemplo, visam desenvolver a concentração, a atenção e a coordenação motora nas crianças (Wajskop, 1996; Veale, 2001; Moyles, 2002). Além do mais, o brincar é considerado um direito das crianças, que deve ser preservado, concomitantemente, ao direito à educação e aos cuidados básicos de higiene, alimentação, como previsto na Lei de Diretrizes e Bases da Educação Nacional (Lei 9394/96), no Referencial Curricular Nacional para a Educação Infantil (1998) e nas Diretrizes Curriculares Nacionais para a Educação Infantil (Res. CEB01, de 07/04/99). Esses documentos enfatizam, principalmente, as dimensões de cuidar e de educar inseridas como elementos essenciais nas instituições educativas, tendo o brincar como eixo norteador da educação infantil.

No entanto, alguns autores têm apontado que o brincar, muitas vezes, está ocupando uma posição ambígua na instituição educativa. Ora o brincar é utilizado pelos educadores como recurso de ensino e de aprendizagem. Ora é usado na rotina institucional como momento privilegiado para a expressão livre, espontânea da criança.

Wajskop (1996), por exemplo, afirma que o brincar ocupa papéis diferenciados nas instituições educativas. Ele pode ser usado em horário de recreação das crianças e/ou como instrumento didático do profissional.

Jorge e De Vasconcellos (2000) enfatizam que nas instituições educativas, de um lado, tem-se o universo da brincadeira, do brincar, do imaginário, do sonho, das possibilidades e, de outro lado, o universo do estudo, do trabalho, da seriedade, do inabalável. Assim, ou se estuda ou se brinca, havendo pouca interação entre esses aspectos. Os autores afirmam, ainda, que muitos educadores representam o brincar como uma atividade despropositada, desnecessária, voltada para o entretenimento e para a distração.

Kishimoto (1997) destaca que, geralmente, o brincar livre não possui reconhecimento nem valorização como atividade educativa, em detrimento das atividades escolares usuais, como a aula expositiva, cujo objetivo volta-se, necessariamente, para a escolarização. Em conformidade a essa afirmação, Veale (2001) observa que há poucos horários na rotina institucional para os educadores desenvolverem o aprendizado nas crianças usando o brincar livre, já que o processo de escolarização e a preparação para a vida têm que ser feitos com rapidez.

Além dessas constatações, Carvalho (1999) observou que o contexto socioafetivo e os arranjos ambientais das instituições educativas influenciam as interações sociais entre as crianças, inclusive o comportamento de brincar. Analisando três instituições, Carvalho (1999) verificou que o tipo de estruturação das atividades, assim como o nível de fatores de risco (brinquedos estragados, trânsito de veículos no pátio onde as crianças brincam, depósito de lixo próximo e acessível às crianças), constituem elementos de organização do ambiente que repercutem diretamente na freqüência e variações dos contatos entre elas.

Nesse contexto, este capítulo objetiva descrever e analisar as relações entre o ambiente da instituição educativa e o comportamento de brincar de seus educandos, tendo como parâmetro sua rotina diária de atividades.

Espera-se que os resultados obtidos possam servir como referência para a elaboração dos projetos pedagógicos das instituições de educação infantil, balizando a organização do espaço físico e das atividades, incorporando, com fundamentação, o brincar como elemento importante para o processo de aprendizagem e para o desenvolvimento humano.

Método

Foram sujeitos 542 crianças de ambos os sexos e da faixa etária de 3 a 6 anos, oriundas de cinco instituições de educação infantil, sendo 275 do sexo feminino e 267 do sexo masculino. Além desses, participaram do estudo 10 educadores, sendo 5 professores e 5 coordenadores, profissionais das mesmas instituições educativas de onde advieram as crianças.

Os sujeitos foram filmados em situação de recreação livre, perfazendo-se um total de 60 minutos de filmagem em cada visita. Inicialmente, cada filmagem foi precedida por um período de acomodação dos sujeitos ao equipamento, com 2 minutos de duração. Foi feito foco nas interações entre as crianças, e a cada intervalo de 10 minutos uma varredura do ambiente foi realizada. As filmagens foram precedidas pelo consentimento livre e esclarecido dos pais, inclusive com a especificação da sua utilização restrita para fins de pesquisa.

O ambiente de filmagem possui duas salas totalizando aproximadamente 60m^2, interligadas, além de duas áreas externas com 20m^2 cada. Está equipado com uma série de brinquedos distribuídos em diversos espaços, todos com arranjo aberto. Há o espaço de fantasias e fantoches, dos jogos, das bonecas, do teatro e a área externa, destinada, preferencialmente, a brincadeiras de grupo.

Para análise destes dados utilizou-se como referencial a análise microgenética (Moro, 2000) com o recorte dos episódios de brincar, registrados em vídeo e classificados em categorias.

O recorte dos episódios de brincar foi feito a partir dos seguintes critérios: 1) delimitação inicial do episódio a partir da ocorrência do comportamento de brincar; 2) classificação do comportamento de brincar segundo as categorias de análise; e 3) delimitação final do episódio a partir da não ocorrência do comportamento de brincar por um período superior a 2 minutos. A utilização do critério temporal objetivou evitar um corte prematuro na seqüência de episódios do comportamento de brincar, permitindo assim a análise do fluxo de interações entre os sujeitos.

Os episódios de brincar foram classificados a partir das seguintes categorias de análise:

1 – Idade: é a idade das crianças envolvidas no episódio de análise.

a) 3 anos; b) 4 anos; c) 5 anos; d) 6 anos.

2 – Composição grupal: o número de sujeitos envolvidos no episódio de brincar.

a) Uno: quando a criança brinca sem estabelecer contato com nenhuma outra criança ou com adulto; b) díade: quando o brincar ocorre entre duas crianças ou entre criança e adulto; c) tríade: quando o brincar ocorre entre três crianças ou entre crianças e adultos, no total de 3 participantes; d) políade:

quando o brincar ocorre entre quatro ou mais crianças ou entre crianças e adultos, com a participação de 4 ou mais sujeitos.

3 – Gênero: o sexo dos sujeitos envolvidos no episódio de brincar.

a) Masculino: quando a brincadeira for somente entre sujeitos do sexo masculino; b) feminino: quando a brincadeira for somente entre sujeitos do sexo feminino; c) misto: quando a brincadeira ocorrer entre sujeitos do sexo masculino e feminino.

4 – Relação estabelecida: maneira pela qual os sujeitos envolvidos no episódio de brincar estabelecem relação com outro sujeito. Quando a criança estava brincando sozinha era considerado o termo "nenhuma", já que não houve relação estabelecida.

a) Criança-criança: quando a brincadeira só envolve crianças; b) criança-adulto: quando um ou mais adultos participam da brincadeira com uma criança; c) criança-adulto-criança: quando duas ou mais crianças brincam com um ou mais adultos.

5 – Tipo de brincadeira:

Faz-de-conta: é toda brincadeira que transcende o limite da realidade ocorrendo no contexto da fantasia. É a brincadeira em que há a transformação de um objeto em outro ou de uma pessoa em uma personagem, onde a criança utiliza sua criatividade e sua imaginação.

a) Brincar de cuidar: as crianças brincam com a finalidade de representar um cuidado efetivo, por exemplo, alimentar a outra através de gesto representativo, como também vestir, pentear, ajudar, etc. Pode ser também aquela brincadeira em que as crianças assumem papéis típicos de cuidadores ou alvos de cuidado, por exemplo, mamãe/filhinha e médico/paciente; ou mesmo situações em que as crianças-alvos se comportam como animais de estimação (Carvalho, 1999); b) brincar de fantasia: as crianças brincam com a finalidade de representar uma personagem, tanto pessoas como animais, e também situações fictícias; c) montagem com uso: a criança monta o próprio brinquedo passando a usá-lo como instrumento na brincadeira de faz-de-conta, como, por exemplo, uma criança que monta um avião com as peças de um lego e depois o conduz como se estivesse pilotando; d) brincar de realidade: as crianças brincam imitando papéis sociais estabelecidos, por exemplo, professor, guarda, pai, mãe, filho, etc., e quando também imitam situações da realidade, como mover um helicóptero de brinquedo, um carrinho pelo chão, sem envolver os aspectos descritos nas subcategorias "brincar de cuidar" e "brincar de fantasia".

Jogos: conjunto de brincadeiras que envolvem regras preestabelecidas.

a) Movimento físico: brincadeiras que envolvem movimentos físicos amplos, como também coordenação motora, por exemplo, pular amarelinha, pular corda, jogar bola, girar bambolê, etc; b) jogos cognitivos: brincadeiras que exigem mais aspectos cognitivos do que aspectos físicos, como, por exemplo, xadrez, dama, jogo da vida, banco imobiliário, baralho, etc; c) acoplagem: jogos compostos por peças que juntas formam um todo, uma figura preestabelecida estruturalmente, ou seja, quebra-cabeças em geral; d) montagem sem uso: a criança monta seu próprio brinquedo, porém, não o utiliza em uma brincadeira de faz-de-conta.

6 – Estilo de interação: modo como os sujeitos interagem no episódio de brincar:

a) Solitário: a criança brinca longe das outras, concentrada no que faz, sem dar atenção ao que as outras crianças estão fazendo; b) independente: duas crianças ou mais estão brincando próximas umas das outras, sem tentativa de influenciar a brincadeira do outro; c) assimétrico: quando duas crianças ou mais estão brincando separadamente havendo tentativa de estabelecer algum contato entre elas, envolvendo ou não um terceiro, adulto, existindo tentativa de influência recíproca, porém sem complementaridade das ações; d) complementar: duas ou mais crianças brincam juntas havendo influência recíproca, envolvendo ou não um terceiro, adulto, e em que a ação de uma é complementada pela de outra, por exemplo, dois meninos brincando de super-heróis em que um é Batman e o outro Robin.

7 – Caráter social: abrange regulação mútua entre os organismos, ou seja, esses possuem a propriedade de regular e de serem regulados pelo seu co-específico.

a) Agonístico: tipo de relação em que duas ou mais crianças, independentemente do contexto do brincar, desempenham ações de agressividade, lutas, disputas, etc; b) pró-social: duas ou mais crianças, independentemente do contexto do brincar, desempenham ações que envolvem amizade, cumplicidade, confiança, afinidade, etc.

8 – Instituições:

a) A instituição 1 é gerenciada por uma associação de pais, e possui, no total, 3600 m² de área construída. Atende 500 crianças da faixa etária de 0 a 6 anos pertencentes a várias classes econômicas; b) a instituição 2 é comunitária, subsidiada pela prefeitura, e possui 500 m² de área construída. Atende 42 crianças da faixa etária de 2 a 6 anos com nível socioeconômico baixo; c) a instituição 3 é municipal e tem a capacidade de atendimento para 408 crianças da faixa etária de 0 a 6 anos de nível socioeconômico baixo. A instituição ainda, não fez a metragem de suas instalações; d) a instituição 4 é particular, possuindo 850 m² de área construída. Atende 155 crianças da faixa etária de 2 a 6 anos de nível socioeconômico médio/alto; e) a instituição 5 é municipal e possui 805,67 m² de área, sendo, deste total, 771,75 m² de área construída. Atende 212 crianças da faixa etária de 3 a 5 anos de nível socioeconômico baixo.

Como instrumento de análise estatística foi utilizada a técnica CHAID (Detector Automático de Interação Baseado em Quiquadrado), que segmenta uma amostra em vários subgrupos, com base no melhor preditor de uma variável dependente e depois os organiza hierarquicamente em níveis de profundidade, maximizando sua divisão, quanto possível, de acordo com nível de significância previamente escolhido. Essa segmentação se dá até o ponto em que não haja mais nenhum preditor estatisticamente significativo. Para executar tal divisão, essa técnica constrói diagramas de árvores que representam, graficamente, essa segmentação hierarquizada.

Foram feitos, inicialmente, dois tipos de balanceamento. O primeiro equalizou a amostra tendo como referência o mesmo número de sessões em cada idade (3 a 6 anos), perfazendo um total de 7 sessões para cada uma delas, totalizando 28 sessões. No segundo, a equalização foi feita em função da variável instituição, procurando-se manter o mesmo número de sessões analisadas por instituição em cada idade específica. Em função deste balanceamento, foram analisadas as instituições 4 e 5 para a idade de 4 anos e as instituições 2, 4 e 5 para a idade de 6 anos.

Foram construídos cinco diagramas de árvores, em cada balanceamento, contendo como variáveis dependentes a *composição grupal*, o *estilo de interação*, o *caráter social*, a *relação estabelecida* e o *tipo de brincadeira*. Além dessas, como variáveis preditoras, também foram consideradas as variáveis *sexo*, *idade* e *instituição*. A amostra foi dividida, sucessivamente, em subgrupos, a partir das variáveis preditoras, até não se encontrarem diferenças significativas que justificassem novas divisões. Os níveis hierárquicos, portanto, referem-se à segmentação dos vários grupos com base nas variáveis dependentes, em ordem decrescente de significância. Foram então escolhidos cinco níveis de organização dos diagramas da árvore. O nível de significância escolhido para a segmentação da amostra foi de .05.

No que se refere às entrevistas com os educadores elas foram realizadas no próprio local de trabalho dos profissionais, com a duração média de 1h30 min. Eles assinaram o termo de consentimento livre e esclarecido, estando de acordo com a participação na pesquisa. Para análise desses dados utilizou-se como referencial a análise de conteúdo. Por meio dela objetivou-se estabelecer categorias de análises, temas, com o intuito de verificar as relações existentes do comportamento de brincar com o ambiente das instituições educativas. As entrevistas foram analisadas a partir de duas categorias:
1 – Importância e concepção do brincar dos educadores.
2 – Brincar presente na rotina institucional.

Resultados e discussão

Análise das filmagens

O material obtido permitiu a identificação de um total de 4844 episódios de brincar, classificados a partir das categorias descritas anteriormente. Desse total, devido ao balanceamento das sessões em cada idade, 4558 episódios foram analisados.

Os resultados indicaram um predomínio do brincar de faz-de-conta em todas as idades e gêneros (82,58%), com destaque para o brincar de realidade (51,18%), como é apresentado na tabela 1. Esses resultados estão congruentes com aqueles obtidos por Pereira (2002), que apontam que o brincar de realidade é uma atividade muito presente nas crianças de 3 a 6 anos de idade. Nesse tipo de brincar elas lidam com aspectos do cotidiano, havendo uma constante interação da criança com o ambiente, sendo esse repleto de descobertas e de possibilidades.

O brincar de realidade foi observado, com mais freqüência, em crianças brincando pró-socialmente e complementarmente, já que a opção dos conteúdos para esse tipo de brincadeira está quase sempre relacionada com os valores legitimados pela sociedade e pela cultura à qual essas crianças pertencem (Bichara, 1999).

TABELA 1
Freqüências relativas observadas no tipo de brincadeira

	Tipo de brincadeira*	
Faz-de-conta	brincar de cuidar	10,82%
	brincar de fantasia	19,81%
	montagem com uso	0,77%
	brincar de realidade	**51,18%**
	Subtotal	82,58%
Jogos	movimento físico	7,85%
	jogos cognitivos	0,86%
	acoplagem	4,26%
	montagem sem uso	4,45%
	Subtotal	17,42%
	TOTAL	100,00%

* $X^2=830,68$, $p < .05$

Verificou-se, também, que crianças mais novas apresentaram maiores freqüências no brincar de realidade do que crianças mais velhas, como verificado na figura 1. Este resultado está em conformidade com os estudos de Black (1989), que constatou que os temas do dia-a-dia aparecem com mais freqüências em crianças com menos habilidades simbólicas, pois seus conteúdos são facilmente partilháveis na interação, facilitando a interpretação e a negociação.

Na tabela 2 observa-se que o brincar de fantasia teve uma alta incidência nas interações agonísticas, sobretudo, no gênero masculino e nas composições mistas, com a utilização de vestimentas de animais ou de super-heróis, como Batman e Robin. Tais resultados também são observados por Bichara (1999), que diz que a preferência dos grupos mistos e masculinos para as brincadeiras com conteúdos de aventuras (polícia e ladrão, super-heróis) pode ser explicada por haver

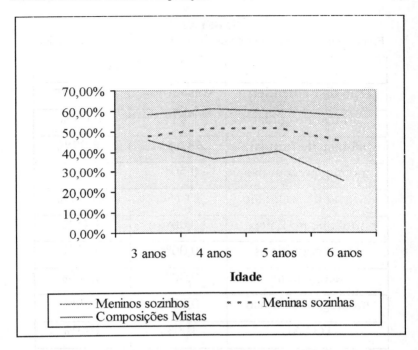

FIGURA 1 – Freqüências relativas do brincar de realidade em todas as faixas etárias, conforme o gênero

	3 anos	4 anos	5 anos	6 anos
Meninos sozinhos	58,27%	61,00%	60,00%	57,87%
Meninas sozinhas	47,89%	51,40%	51,40%	45,19%
Composições mistas	45,93%	36,48%	40,34%	25,18%

uma variabilidade na troca de papéis, facilitando a negociação e a aceitação das regras por todos.

Notou-se uma alta ocorrência do gênero feminino por brincadeira que envolvia bonecas e/ou comportamentos de cuidados. Segundo Carvalho (1999), são características das meninas as brincadeiras que envolvem um cuidado efetivo. Por isso, o brincar de cuidar é considerado como essencialmente feminino. Le Maner (1997)

TABELA 2
Freqüências relativas do tipo de brincadeira no caráter agonístico

Tipo de brincadeira	Gênero	
	Masculino*	Misto**
brincar de cuidar	1,01%	0,00%
brincar de fantasia	**68,34%**	**68,97%**
montagem com uso	0,50%	0,00%
brincar de realidade	30,15%	27,59%
movimento físico	0,00%	3,45%
jogos cognitivos	0,00%	0,00%
acoplagem	0,00%	0,00%
montagem sem uso	0,00%	0,00%
TOTAL	100%	100%

* $X^2=385,96$, $p < .05$; ** $X^2=121,50$, $p < .05$

verificou, no seu estudo, que meninas preferem atividades artísticas, como pintar, colorir, dançar, cantar e, privilegiadamente, atividades com bonecas. Já para Brougère (1995), é no brincar de cuidar com as bonecas que as meninas se espelham na figura da mãe e na função materna de cuidado.

Devido à faixa etária investigada, houve baixo índice de observações nas brincadeiras que traziam regras preestabelecidas, ou seja, jogos (17,42%): movimento físico, jogos cognitivos, acoplagem e montagem sem uso. Isso está em conformidade com os estudos de Parker (1984), Piaget (1971), que demonstraram que os jogos de regras sistematizadas indicam o desenvolvimento cognitivo operacional de crianças mais velhas.

Quanto às solicitações das crianças da presença dos adultos nas brincadeiras, notou-se uma diferenciação em relação ao gênero, pois as composições femininas e mistas pedem mais a presença de um adulto do que a dos meninos, como é mostrado na tabela 3. Tais resultados estão em conformidade com aqueles obtidos por Parker (1984), que assinala que os meninos brincam mais ativa e vigorosamente, preferindo brincadeiras que propiciam movimentos amplos, distanciando-se mais dos adultos. Já as meninas preferem brincar com objetos que requerem coordenação motora fina e maior proximidade e contato com os adultos.

TABELA 3
Freqüências relativas das relações adulto-criança e criança-adulto-criança na composição grupal

Relação estabelecida	Díade*		Tríade**			Políade***		
	Masculino	Feminino/Misto	Masculino	Feminino	Misto	Masculino	Feminino	Misto
adulto-criança	4,60%	35,13%	0,00%	2,67%	5,32%	0,00%	0,94%	1,33%
criança-adulto-criança	0,00%	0,00%	4,44%	34,22%	50,00%	13,79%	38,68%	56,00%

* $X^2=176,39$, p < .05; ** $X^2=108,73$, p < .05; *** $X^2=36,44$, p < .05

Observou-se que os meninos mostraram um percentual maior nas brincadeiras de montagem (22,88%), independentemente do estilo de interação e também do tipo de relação estabelecida. Esse resultado contraria os apresentados por Hanline, Milton e Phelps (2001), que verificaram que meninos e meninas tendem a brincar de maneira semelhante na construção de blocos, sem haver diferenciação de gêneros na escolha desse tipo de brincadeira.

Foram constatadas diferenças nas freqüências do brincar solitário dos meninos (63%) em detrimento do das meninas (54%). Desse modo, no que dizem respeito à maneira de brincar de meninos e meninas, os resultados encontrados não estão congruentes com os estudos de Bomtempo (2000), cujas conclusões demonstram que as meninas se mostram mais engajadas no brincar solitário e paralelo do que os meninos.

Quanto à instituição, verificou-se que o ambiente educativo influenciou o tipo de brincadeira nas idades de 4 e 6 anos, devido ao balanceamento, já descrito, anteriormente.

Para a idade de 4 anos foram analisadas as instituições 4 e 5. Verificou-se que a brincadeira mais significativa foi o brincar de realidade, que obteve as maiores freqüências na instituição 4, quando meninas brincam pró-socialmente, com 67,52% ($X^2=12,11$, $p < .05$) e na instituição 5, quando meninos brincam sozinhos, ou seja, sem estabelecerem relações com outras crianças ao brincarem, com 66,96% ($X^2=22,42$, $p < .05$) de frequência. A montagem com uso e os jogos cognitivos não foram observados em nenhuma das instituições analisadas para esta idade.

Particularmente, constatou-se que na instituição 4 o brincar é mais diversificado, pois em todas as brincadeiras essa instituição apresentou observações, exceto quando as meninas brincavam pró-socialmente de montagem sem uso, situação em que não houve ocorrências. O fato de essa instituição apresentar grande diversidade de brincadeiras pode ser explicado pela própria rotina de atividades. Apesar de os educadores enfatizarem predomínio do brincar planejado, com objetivos, é uma das poucas instituições que tem, na rotina de atividades, mais horários para o brincar livre, para a hora da música, propiciando, assim, às crianças brincarem de uma maneira espontânea.

Ainda na idade de 4 anos, o ambiente educativo também foi considerado relevante em relação ao caráter social, sobretudo na brincadeira de fantasia. Constatou-se que, na instituição 4, o brincar agonístico foi o mais significativo, com 61,29% de frequência. Já na instituição 5, as brincadeiras com caráter pró-social foram aquelas que se destacaram, obtendo 67,11% de ocorrência.

Foram analisadas as instituições 2, 4 e 5 para a idade de 6 anos. O ambiente educativo foi considerado fator de influência em relação ao tipo de brincadeira apenas dos meninos, devido às segmentações feitas pela análise CHAID.

As instituições 2 e 5 foram consideradas semelhantes quanto ao tipo de brincadeira, porém distintas da instituição 4. Verifica-se que a instituição 2 é comunitária, sendo subsidiada pela prefeitura municipal, por meio de convênios e no modo de seu funcionamento. Já a instituição 5 pertence à rede municipal de ensino. Dessa forma, são instituições que estão em consonância quanto ao modo de organização e talvez, por isso, apresentem semelhanças no tipo de brincadeiras das crianças, diferentemente da instituição 4 que é particular. Constatou-se que, nas instituições analisadas para essa idade, as brincadeiras que predominaram foram o brincar de fantasia e o de realidade, sendo que nas instituições 2 e 5 esse último obteve alta freqüência, com 63,38% (X^2=18,68, p < .05). O brincar de cuidar, a acoplagem e os jogos cognitivos não obtiveram nenhuma observação.

Análise das entrevistas dos educadores

Os educadores, coordenadores e professores entrevistados conceituaram o brincar como a primeira fase de aprendizagem, sendo, para as crianças, o canal de mediação do mundo interior com o exterior. Para os profissionais, a criança, ao brincar, desenvolve a criatividade, a imaginação, a fantasia, representando inúmeros papéis sociais, como os de mãe, pai e professor. Além do mais, através de brincadeiras, há o aprendizado das regras e dos limites. Tais concepções estão congruentes com as apresentadas por Piaget (1971), que conceitua o brincar como elemento importante para as crianças, trazendo inúmeros ganhos para o desenvolvimento humano. Observou-se que os professores, para além desses conceitos dados ao brincar, também atribuíram à atividade uma dimensão recreativa, de divertimento, como algo prazeroso presente no decorrer do desenvolvimento.

Quanto à utilização do brincar na rotina das instituições educativas, observou-se que os educadores privilegiam o brincar atrelado a um planejamento, com objetivos, ou seja, como recurso usado em situação de aprendizagens orientadas, visando ensinar conteúdos. Há também horários na rotina institucional para o brincar livre, espontâneo, mas que ficam restritos no momento do recreio ou quando há o contato das crianças com diferentes faixas etárias. Dentre os espaços destinados ao brincar nas instituições educativas encontram-se:

a) sala de aula, onde as brincadeiras mais comuns foram *brincadeiras simbólicas (faz-de-conta)*, que envolve, sobretudo, o brincar de casinha, de representar animais e de escolinha; *montagem com uso*, que inclui blocos, legos, toquinhos para encaixe e empilhamento; e *jogos cognitivos*, que se referem a quebra-cabeças, mosaico, trava-línguas, baralho;

b) espaços externos, incluindo parquinho, pátio, pátio de areia, quadras gramadas e acimentadas, casinha, "gaiolão", campinho de futebol. Nesses espaços, as brincadeiras, praticamente, foram relacionadas ao *movimento físico*, isto é, àquelas que envolvem movimentos físicos amplos, como também coordenação motora. Desta forma, podem-se citar como exemplos pique-esconde, futebol, pular corda, bola, corre-cotia, coelhinho-sai- da-toca, estátua, corrida, dentre outras;

c) brinquedoteca, cujo espaço, segundo os educadores é de uso mais livre, já que as crianças têm a possibilidade de escolher os brinquedos e as brincadeiras. Segundo Magalhães e Pontes (2002), a criação das brinquedotecas, dentre outros motivos, serviu para resgatar o brincar livre, já que há um predomínio nas instituições por atividades dirigidas, visando uma escolarização cada vez mais cedo nas crianças;

d) outros, que incluem auditório, multimeios, refeitório, sala de televisão, vídeo, biblioteca.

Quanto à participação dos entrevistados nas brincadeiras, os educadores das instituições 2, 3 e 4 disseram que participam ativamente, pois têm as funções de direcionar, organizar e ensinar as mesmas. Já os entrevistados das instituições 1 e 5 esclareceram que somente participam das brincadeiras quando são direcionadas, com objetivos específicos. Caso contrário, apenas se envolvem quando solicitados.

Os profissionais das instituições 2, 3 e 4 fazem anotações quando as crianças estão brincando. Já os entrevistados das instituições 1 e 5 destacaram que não realizam registros no momento da atividade dos educandos, mas os fazem *a posteriori*. O uso das anotações serve para fazer avaliação das atividades, acompanhar o desenvolvimento das crianças, para relatórios finais e para serem apresentados aos pais e/ou aos coordenadores das instituições.

Verificou-se, então, que os educadores enfatizaram a importância do brincar para as crianças, pois ele está inserido na rotina institucional. No entanto, tal como foi observado nos trabalhos de Kishimoto (1997), Veale (2001), Wajskop (1996), parece que os profissionais privilegiam a presença do brincar em situações nas quais se objetivam determinadas aprendizagens relativas a conceitos, procedimentos ou atitudes, comparativamente àquelas situações nas quais os conhecimentos são experimentados de uma maneira espontânea e destituídos de objetivos imediatos pelas crianças. Nesse sentido, parece que os profissionais, ao atribuírem a presença do brincar nas instituições, principalmente atrelado a um planejamento, em atividades direcionadas, para fins de aprendizagens, dão pouco incentivo para as situações de brincadeiras que ocorrem livremente, já que não envolvem, a princípio, objetivos didáticos em questão.

Considerações finais

Constatou-se que as instituições educativas, por meio de seus educadores, consideram o brincar essencial para o desenvolvimento infantil. É uma atividade que está inserida na rotina institucional, mas que, quanto a sua utilização, parece ser usada, principalmente, como recurso didático, metodológico dos educadores para ensinar conteúdos. Contudo, em tais momentos, o brincar não ocorre de maneira livre, espontânea, em que há, por exemplo, a expressão do brincar de realidade, verificada como a brincadeira mais observada em todas as idades, gêneros e instituições, nas filmagens realizadas. Dessa maneira, os resultados demonstram que é necessário repensar a organização do atendimento às crianças em diferentes contextos, sobretudo quanto à utilização do brincar nas instituições educativas. É uma atividade que deveria ser utilizada de tal maneira que possibilite o pleno desenvolvimento infantil, e não ser somente priorizada como recurso didático, em atividades orientadas, para fins de aprendizagem. Assim como afirmam Ortega e Rossetti (2000), o brincar é importante mediador na transmissão e na aquisição de conteúdos, de modo a contribuir na assimilação da informação escolar por parte dos alunos. Para além desses benefícios, o brincar possibilita também a construção de novas relações e interações da criança com o mundo. Portanto é importante que as instituições valorizem o brincar, propiciando em sua rotina de atividades momentos para as brincadeiras livres, espontâneas, voltadas para o entretenimento, garantindo que as mesmas sejam, por excelência, atividades educativas fundamentais da infância.

Referências

Ângelo, M. (1985). Brinquedo: um caminho para a compreensão da criança hospitalizada. *Revista da Escola de Enfermagem da USP, 19* (3), 213-223.

Bichara, I. D. (1999). Brincadeira e cultura: o faz-de-conta das crianças Xocó e do Mocambo (Porto da Folha/SE). *Temas em Psicologia da SBP, 7* (1), 57-63.

Black, B. (1989). Interactive pretense: social and symbolic in preschool groups. *Merril-Palmer Quarterly, 35*, 370-397.

Bomtempo, E. (2000). Brincar, fantasiar, criar e aprender. Em V. B. OLIVEIRA (Org.), *O brincar e a criança do nascimento aos seis anos* (pp. 127-150). Petrópolis: Vozes.

Brasil (1996). Ministério da Educação e do Desporto. *Lei 9394, de 20 de Dezembro de 1996*, que estabelece as Diretrizes e Bases para a Educação Nacional. Brasília: Diário Oficial da União.

Brasil (1998). Ministério da Educação e do Desporto. *Referencial Curricular Nacional para a Educação Infantil*. Brasília: Diário Oficial da União.

Brasil (1999). Ministério da Educação e do Desporto. *Resolução CEB01, de 04 de abril de 1999*, que estabelece as Diretrizes Curriculares Nacionais para a Educação Infantil. Brasília: Diário Oficial da União.

Brougère, G. (1995). *Brinquedo e cultura*. São Paulo: Cortez.

Carvalho, A. M. (1999). Interações pró-sociais entre crianças e seus contextos de emergência. Em: Carvalho, A. M. (org) *O mundo social da criança: natureza e cultura em ação*. São Paulo: Casa do Psicólogo, pp. 71-88.

Hanline, M., Milton, S. & Phelps, P. (2001). Young children's block construction actives: findings from 3 years of observation. *Journal of Early Intervention, 4* (3), 223-224.

Jorge, A. & De Vasconcellos, V. (2000). Atividades lúdicas e a formação do educador infantil. *Revista do Departamento de Psicologia, 12* (2-3), 55-67.

Kishimoto, T. (1997). Brinquedo e brincadeira na educação infantil japonesa: proposta curricular dos anos 90. *Revista Educação e Sociedade, 18* (60), 64-88.

Le Maner, G. (1997). *L'identité sexuée*. Paris: Dunod.

Magalhães, C. & Pontes, F. (2002). Criação e manutenção de brinquedotecas: reflexões acerca do desenvolvimento de parcerias. *Psicologia: Reflexão e Crítica, 15* (1), 235-242.

Melo, C., Goulart, C., EW, R., Moreira, A., & Sperb, M. (1999). Brincar no hospital: assunto para discutir e praticar. *Psicologia: Teoria e Pesquisa, 15* (1), 65-74.

Moro, M. (2000). A epistemologia genética e a interação social de crianças. *Psicologia: Reflexão e Crítica, 13* (2), 295-310.

Moyles, J. R. (2002). *Só Brincar? O papel do brincar na educação infantil*. Porto Alegre: Artmed Editora.

Ortega, A. & Rossetti, C. (2000). Da concepção de educadores sobre o lugar do jogo na escola. *Revista do Departamento de Psicologia, 12* (2-3), 45-43.

Parker, S. (1984). Playing for keeps: an evolutionary perspective on human games. Em P. K. SMITH (Org.), *Play in animals and humans* (pp. 271-293). Oxford, UK: Basil Blackwell.

Pereira, E. T. (2002). Brinquedos e infância. *Revista Criança: do professor de educação infantil, 31,* 7-9.

Piaget, J. (1971). *A formação do símbolo na criança.* Rio de Janeiro: Zahar Editores.

Veale, A. (2001). Revisiting the landscape of play. *Early Child Development and Care, 171,* 65-74.

Vygostky, L. S. (1984). *A formação social da mente.* São Paulo: Martins Fontes.

Wajskop, G. (1996). *Concepções de brincar entre profissionais de educação infantil: implicações para a prática institucional.* Tese de doutorado, Pontifícia Universidade Católica de São Paulo, São Paulo.

Whishon, P. M. & Brown, M. H. (1991). Play and the young hospitalized patient. *Early Child Development and Care, 172,* 39-46.

Wuo, A. E. (2000). O clown visitador de crianças hospitalizadas. *Licere – Revista do Centro de Estudos de Lazer e Recreação, 3* (1), 37-45.

CAPÍTULO XI
O professor inesquecível: a afetividade nas práticas pedagógicas

Sérgio Antônio da Silva Leite
Daniela Cavani Falcin

Apresentação

Esta pesquisa é parte de um projeto, desenvolvido por pesquisadores ligados ao grupo de pesquisa ALLE – Alfabetização, Leitura e Escrita – da Faculdade de Educação da Unicamp, e tem como objetivo analisar as relações entre as decisões pedagógicas que o professor assume durante o processo de ensino e os possíveis efeitos produzidos por tais decisões na futura interação que se estabelece entre o sujeito (aluno) e os objetos de conhecimento (conteúdos escolares). Assume-se, entretanto, que a natureza dessa interação não é só cognitiva, mas, também, afetiva. Neste sentido, este trabalho mostra-se relevante: até recentemente a questão vinha sendo tratada como se as decisões docentes no processo de ensino envolvessem apenas as dimensões cognitivas do aluno, desconsiderando-se o aspecto afetivo. Esta visão cindida entre o racional e o emocional tem impedido a compreensão adequada das relações entre ensino e aprendizagem e da própria totalidade do ser humano.

Em contraste, entende-se o Homem como um ser único, que pensa e sente simultaneamente – cognição e emoção estão entrelaçadas. Esta concepção monista tem implicação imediata nas práticas educacionais: não se pode mais restringir a questão do processo de ensino-aprendizagem à dimensão cognitiva, dado que a afetividade também é parte integrada do processo.

A pesquisa volta-se, então, para as condições de ensino, visando identificar os aspectos que, potencialmente, apresentem implicações afetivas na relação sujeito-objeto. Leite e Tassoni (2002) explicitam que *"a afetividade está presente em todas as principais decisões de ensino assumidas pelo professor, constituindo-se como um fator fundante das relações que se estabelecem entre os alunos e os conteúdos escolares"* (p. 135-136).

Considera-se, portanto, que a natureza da relação sujeito-objeto é afetiva e depende da qualidade da mediação vivenciada pelo sujeito, na sua relação com os objetos de conhecimento. Embora se reconheça, no contexto da sala de aula, a existência de diversos mediadores, como os livros, os textos, os materiais didáticos e os próprios colegas, enfatiza-se aqui a mediação desenvolvida pelo professor.

Assim, esta pesquisa volta-se para as decisões assumidas pelos docentes no processo de ensino, buscando contribuir para o aprofundamento da questão da afetividade no contexto escolar.

Bases teóricas

Estudos recentes têm direcionado o olhar para as dimensões afetivas do comportamento. Esses estudos buscam uma compreensão da totalidade do homem, negando, portanto, a visão dualista que o define como corpo/mente, matéria/espírito, afeto/cognição.

A concepção monista do ser humano tem sido assumida pela abordagem histórico-cultural, defendida por autores como Wallon (1968, 1971, 1978, 1989) e Vygotsky (1993, 1994, 1998). Tal abordagem enfatiza os determinantes culturais, históricos e sociais da condição humana e considera que, no homem, as dimensões afetiva e cognitiva são inseparáveis.

Este é o referencial teórico adotado nesta pesquisa. Assume-se, portanto, que, por meio das interações sociais, os indivíduos incorporam os conteúdos culturais construídos pelo homem ao longo da história, o que caracteriza o processo do desenvolvimento humano. Além disso, assume-se que a afetividade tem um papel fundamental nesse processo. Vygotsky destacou, em seus estudos, o papel das interações sociais para o desenvolvimento humano. Para ele, é a partir de sua inserção na cultura que a criança, através da interação social com as pessoas que a rodeiam, vai se desenvolvendo, ou seja, vai se apropriando das funções culturais.

Ele não ignora as bases biológicas do desenvolvimento humano, ressaltando, porém, que tais fatores têm preponderância sobre os sociais somente no início da vida da criança. Aos poucos, as interações do grupo social ao qual o indivíduo pertence passam a determinar o seu comportamento e o desenvolvimento de seu pensamento. Segundo Rego (2002),

A estrutura fisiológica humana, aquilo que é inato, não é suficiente para produzir o indivíduo humano, na ausência do ambiente social. As características individuais (modo de agir, de pensar, de sentir, valores, conhecimentos, visão de mundo etc.) depende da interação do ser humano com o meio físico e social (p. 57-58).

Ao destacar a importância das interações sociais, Vygotsky (1994) propõe o conceito de *mediação*, aspecto fundamental para a aprendizagem e para o desenvolvimento. Para ele, é a partir de um intenso processo de interação com o meio social, através da mediação feita pelo outro, que se dá a apropriação dos objetos culturais. Esse complexo processo resulta no desenvolvimento. Nas palavras de Rego (2002): *"Através das intervenções constantes do adulto (e de crianças mais experientes) os processos psicológicos mais complexos começam a se formar[1]"* (p. 60). Ou seja, o desenvolvimento do psiquismo humano é sempre mediado por outras pessoas

---

[1]. Vygotsky dedicou-se, principalmente, ao estudo das funções psicológicas superiores, tipicamente humanas, das quais pode-se citar, como exemplo, o controle consciente do comportamento, a ação intencional e a liberdade do indivíduo em relação às características do momento e do espaço presente. Diferentemente destas, as funções psicológicas elementares correspondem a mecanismos como: ações reflexas, reações automatizadas ou processos de associação simples entre eventos (Oliveira, 1997).

do grupo social que indicam, delimitam e atribuem significados ao comportamento do indivíduo. A autora acrescenta que são essas interferências que permitem aos indivíduos tomar posse do patrimônio histórico e da cultura de seu grupo.

Para Oliveira (2001), é por intermédio do outro que os indivíduos vão incorporando os modos de pensar, de agir e de sentir socialmente elaborados e se constituem enquanto sujeitos.

Destaca-se, então, um outro conceito central na teoria Histórico-Cultural, adotada neste trabalho. Trata-se do conceito de *internalização* (Vygotsky, 1994), que consiste na transformação dos aspectos externos (concretizados nas atividades entre as pessoas) em processos intrapsicológicos (onde a atividade é reconstruída internamente). Cabe salientar que o sujeito não se mantém passivo durante este processo, pois este pressupõe uma reconstrução individual das ações ocorridas no plano interpessoal.

De acordo com Tassoni (2000), Vygotsky, ao defender que o conhecimento é construído no âmbito interpessoal, passando, em seguida, para a esfera intrapessoal – quando o sujeito se apropria do conhecimento – cria o conceito de Zona de Desenvolvimento Proximal. Esta é definida como

> *a distância entre o nível de desenvolvimento real, que se costuma determinar através da solução independente de problemas* [isto é, aquilo que o sujeito faz por si só, utilizando-se de funções já adquiridas e consolidadas], *e o nível de desenvolvimento potencial, determinado através da solução de problemas sob a orientação de um adulto ou em colaboração com companheiros mais capazes* [ou seja, tarefas que o sujeito é capaz de realizar, apenas se obtiver ajuda] (Vygotsky, 1994, p. 112).

Embora o funcionamento cognitivo tenha sido o aspecto mais difundido e explorado da abordagem vygotskyana, o autor deixou claro seu posicionamento com relação à questão da afetividade, combatendo a visão dualista de sua época. De acordo com Oliveira (1992):

há dois pressupostos complementares e de natureza geral em sua teoria que delineiam uma posição básica a respeito do lugar do afetivo no ser humano. Primeiramente uma perspectiva declaradamente monista, que se opõe a qualquer cisão das dimensões humanas como corpo/ alma, material/não material e até, mais especificamente, pensamento/ linguagem. Em segundo lugar, uma abordagem holística, opondo-se ao estudo dos elementos isolados do todo (p. 76).

Em seus estudos, Vygotsky (1998) buscou traçar um percurso histórico a respeito do tema da afetividade; assim, procurava esboçar a transição das primeiras emoções para as experiências emocionais superiores, observando que os adultos têm uma vida emocional mais refinada do que as crianças.

Assim como as outras funções psicológicas, Vygotsky considera que a manifestação inicial da emoção parte da herança biológica; porém, graças às interações sociais, ela perde seu caráter instintivo, deslocando-se para o plano do simbólico.

Assim como Vygotsky, Wallon adotou, em seus estudos, uma abordagem fundamentalmente social do desenvolvimento do homem, admitindo que este é determinado fisiológica e socialmente, sujeito, portanto, de uma dupla história: a de suas disposições internas e a das situações exteriores que encontra ao longo de sua existência. De acordo com ele, o biológico – mais determinante no início – vai, progressivamente, cedendo espaço de determinação ao social. Para Galvão (2001), o autor defende que

A influência do meio social está presente desde a aquisição de habilidades motoras básicas, tornando-se muito mais decisiva na aquisição de condutas psicológicas superiores, como a inteligência simbólica. É a cultura e a linguagem que fornecem ao pensamento os instrumentos da sua evolução. O simples amadurecimento do sistema nervoso, portanto, não garante o desenvolvimento de habilidades intelectuais mais complexas. Para que se desenvolvam, precisam interagir com alimento cultural, isto é, linguagem e conhecimento (p. 41).

Durante grande parte de sua vida, Henri Wallon dedicou-se ao estudo das emoções e da afetividade. Nesses estudos, fez importante distinção entre os dois termos. De acordo com ele (Wallon, 1968 e 1989), as emoções são estados subjetivos, mas com componentes orgânicos. São, portanto, sempre acompanhadas de alterações orgânicas, como aceleração dos batimentos cardíacos, mudanças no ritmo da respiração, dificuldade na digestão, secura na boca etc. Além dessas variações no funcionamento neurovegetativo, perceptível para quem as vive, as emoções provocam alterações na mímica facial, na postura, na forma como são executados os gestos. Acompanham-se de modificações visíveis do exterior, expressivas, que são responsáveis por seu caráter altamente contagioso e por seu poder mobilizador do meio humano. A afetividade, por sua vez, tem uma concepção mais ampla, envolvendo gama maior de manifestações, englobando sentimentos (origem psicológica) e emoção (origem biológica). Ela corresponde a um período mais tardio na evolução da criança, quando surgem os elementos simbólicos.

O autor defende que, no decorrer de todo o desenvolvimento do indivíduo, a afetividade tem um papel fundamental: nos primeiros meses de vida, ela tem a função de comunicação, manifestando-se, basicamente, por impulsos emocionais, constituindo *"os primeiros sistemas de reações que se organizam sob a influência do ambiente"* (Wallon, 1971, p. 262), estabelecendo os primeiros contatos da criança com o mundo; mais tarde, durante a formação da personalidade do indivíduo, que se dá por meio da interação social, a afetividade está presente, permeando a relação entre a criança e o outro; finalmente, é através da afetividade que o indivíduo acessa o mundo simbólico, originando a atividade cognitiva e possibilitando o seu avanço.

Em sua psicogênese, Wallon divide o desenvolvimento humano em etapas sucessivas, com predominância alternadamente afetiva e cognitiva. Em todas essas etapas, os aspectos afetivos e cognitivos estão entrelaçados, sendo que as conquistas no plano afetivo são utilizadas no plano cognitivo, e vice-versa.

Diante do exposto, é possível concluir que Wallon e Vygotsky têm muitos pontos em comum, em se tratando do tema da afetividade. Ambos assumem seu caráter social e têm uma abordagem de desenvolvimento para ela, demonstrando que as emoções, inicialmente de caráter orgânico, vão ganhando complexidade, passando a atuar no universo do simbólico. Dessa maneira, ampliam-se as formas de manifestações, constituindo os fenômenos afetivos. Os autores defendem, também, a íntima relação existente entre o ambiente social e os processos afetivos e cognitivos, além de afirmarem que ambos inter-relacionam-se e influenciam-se mutuamente.

Nesse sentido, pode-se supor que as interações que ocorrem no contexto escolar também são marcadas pela afetividade em todos os seus aspectos. Pesquisas como as de Tassoni (2000), Silva (2001), Negro (2001) e Colombo (2002) direcionam o olhar para a relação professor-aluno, buscando delimitar, com mais precisão, o possível papel da afetividade no processo de mediação do professor. Embora essas pesquisas tenham enfatizado a questão da afetividade nas relações que se estabelecem entre o professor e o aluno, é possível supor, como já exposto, que a afetividade também se expressa através de outras dimensões do trabalho pedagógico desenvolvido em sala de aula.

Sendo assim, reafirma-se o objetivo desta pesquisa: volta-se para as condições de ensino, planejadas e desenvolvidas pelo professor, procurando identificar as possíveis implicações afetivas no comportamento do aluno, em especial na relação futura que se estabelece entre ele e o objeto de conhecimento em questão.

Método

Fundamentação teórica

Diante do objetivo proposto por esta pesquisa, optou-se pelo uso da entrevista recorrente como forma de coleta e análise de dados. Essa metodologia insere-se no âmbito da abordagem qualitativa de pesquisa que, de acordo com Bogdan e Biklen (1994), envolve a obtenção de dados descritivos, obtidos no contato direto do pesquisador com a situação estudada, enfatiza mais o processo do que o produto e se preocupa em retratar a perspectiva dos participantes. Além disso, pode-se dizer, de acordo com Lüdke e André (1986), que o desenvolvimento desse tipo de estudo aproxima-se a um funil: *"no início há questões ou focos de interesse muito amplos, que no final se tornam mais diretos e específicos. O pesquisador vai precisando melhor esses focos à medida que o estudo se desenvolve"* (p. 13).

A entrevista recorrente consiste numa interação organizada em várias consultas, cuja meta é esclarecer uma situação problematizada pelo pesquisador. Dirigindo a interação para a busca de respostas, o pesquisador desencadeia uma série de verbalizações do sujeito a partir de uma pergunta central.

Assim, tanto o pesquisador como o participante contribuem para a construção do conhecimento sobre determinado tema. Eles têm, porém, funções diferentes. Além de relatar sua experiência, o sujeito participa da análise, isto é, manifesta-se sobre os relatos, atestando sua veracidade ou ampliando, total ou parcialmente, a análise realizada pelo pesquisador. Por isso, e também porque se buscam dados de qualidade que permitam explicitar, neste caso, a relação entre as decisões pedagógicas que o professor toma no ensino e a interação que se estabelece entre o sujeito (aluno) e os objetos de conhecimento (conteúdos escolares), os sujeitos são intencionalmente escolhidos.

É importante destacar que a interação recorrente envolve, já na fase de coleta de dados, a análise simultânea pelo pesquisador, que deverá agrupar os conteúdos relatados pelo sujeito, bem como apontar elementos a serem esclarecidos, aprofundados ou acrescidos. Optou-se, aqui, por agrupar tais conteúdos em *núcleos de significação do discurso*, conceito apresentado por Aguiar (2001). Estes núcleos são gerados a partir do esforço do pesquisador na busca de *"temas/ conteúdos/questões centrais apresentadas pelos sujeitos, entendidos assim menos pela freqüência e mais por ser aqueles que motivam, geram emoções e envolvimento"* (p. 135). Cada núcleo deve, pois, agregar questões intimamente relacionadas que devem expressar questões relevantes para a compreensão dos aspectos pesquisados.

É importante observar que a própria construção dos núcleos, após a primeira entrevista, já constitui um movimento de análise do pesquisador, já que ele precisou buscar nos relatos dos sujeitos aquelas questões que mais os mobilizavam e organizá-las. As próximas sessões pressupõem a reapresentação organizada dos relatos ao sujeito, ou seja, a partir da segunda sessão, o sujeito tem por apoio os seus próprios relatos da primeira sessão devidamente analisados, procedendo-se do mesmo modo nas sessões subseqüentes.

Assim, as consultas recorrentes permitem ao participante confrontar as inferências que o pesquisador fez de seus relatos, como também adicionar informações novas pertinentes. As interações são repetidas até que pesquisador e participante considerem o problema suficientemente esclarecido.

Sujeitos

Os sujeitos participantes desta pesquisa foram intencionalmente escolhidos, a partir dos seguintes critérios: a) estar cursando ou ter terminado a 3ª série do Ensino Médio, em escola pública ou privada; b) ter vivenciado uma experiência marcante durante, preferencialmente, os últimos anos escolares, com determinado professor e determinado objeto de conhecimento.

A busca pelos participantes iniciou-se com o contato com a coordenação ou direção de três instituições de ensino médio, sendo duas particulares e uma pública. Nesses encontros, após a apresentação dos objetivos da pesquisa, solicitou-se permissão para estabelecer contato com os alunos.

Após o consentimento desses profissionais, entrou-se em contato com as salas de aula da 3ª série do Ensino Médio das respectivas escolas, durante o qual foi distribuída aos alunos uma carta-convite. Nela, faz-se a apresentação dos pesquisadores, do problema e do objetivo da pesquisa, além do convite para participação nesta investigação.

Em seguida, entrou-se em contato com os estudantes interessados em participar da pesquisa, por telefone, com o objetivo de verificar as informações fornecidas. Procurou-se identificar se o estudante havia tido experiências escolares marcantes e se tinha condições de oferecer as informações sobre tais experiências.

De acordo com esses procedimentos, foram escolhidos quatro sujeitos. Apresenta-se, a seguir, a caracterização de cada um deles:

S_1: aluna procedente de instituição particular de ensino; 18 anos, sexo feminino. Cursou Ensino Fundamental em escola pública, passando, então, para colégio particular. Na época, fazia curso prévestibular. Relata uma experiência marcante com a disciplina de Biologia.

S_2: ex-aluno de uma instituição escolar pública; 18 anos; sexo masculino. Fez pré-escola e 1ª série do Ensino Fundamental em escola particular, passando, então, para escola pública. Terminou a 3ª série do Ensino Médio e atualmente só trabalha. Manifestou relação afetiva positiva com a disciplina de História.

S_3: aluno vindo de instituição particular de ensino; 18 anos, sexo masculino. Estudou predominantemente em escola particular, cursando apenas a 2ª série do Ensino Fundamental em escola pública, repetindo-a, em seguida, em colégio particular. Na época, fazia curso prévestibular. Relatou uma relação positiva com a Matemática.

S_4: 19 anos, sexo masculino. Estudou somente em escola particular. Na época, cursava o 2º ano de Engenharia Mecânica em uma universidade pública. Na pesquisa, falou de sua relação positiva com a disciplina de Física, durante o Ensino Médio.

Procedimento de coleta e análise dos dados

Selecionados os sujeitos e tendo sido reafirmado seu interesse em participar do trabalho, combinaram-se data, horário e local do primeiro encontro. Na ocasião, reafirmou-se o objetivo da pesquisa e se levantaram as informações sobre os sujeitos. Procurou-se manter um clima informal durante as entrevistas, que foram gravadas em áudio. Além disso, garantiu-se ao sujeito sigilo quanto à sua identificação e quanto à identificação da instituição de ensino na qual viveu a experiência relatada.

O primeiro encontro caracterizou-se pelo início das verbalizações, a partir da retomada da questão-problema, já apresentada aos sujeitos em uma carta convite:
Dentre todas as disciplinas que você cursou, desde a primeira série (alfabetização) até hoje, houve algum(a) professor(a) que marcou, positivamente, a sua vida? Justifique.
Sempre que necessário, houve a interferência dos pesquisadores no sentido de elucidar ou aprofundar algumas questões ou, ainda, abordar alguns aspectos não mencionados pelos sujeitos.

Após o término de cada entrevista, realizou-se a transcrição da fita. Em seguida, leram-se os relatos, destacando os diversos aspectos abordados pelos sujeitos com grifos de diferentes cores. Montou-se, então, um protocolo inicial com os relatos verbais separados em núcleos e subnúcleos preliminares de significação do discurso. Vale ressaltar que o protocolo inicial de S_1, com os núcleos e subnúcleos preliminares, serviram como base para a realização da primeira etapa da análise dos relatos dos demais sujeitos. Porém as implementações foram sendo feitas de acordo com os relatos de cada participante.

De maneira geral, obtiveram-se, nessas primeiras entrevistas, uma descrição sobre as práticas pedagógicas docentes, além de dados sobre a relação professor-aluno, sobre a relação entre o professor e o objeto de conhecimento e sobre a relação do próprio sujeito com o objeto de conhecimento em questão.

Tomando-se por base os relatos do primeiro encontro, devidamente organizados, a segunda entrevista ocorreu de forma um pouco mais direcionada, com o objetivo de levar o sujeito a clarear mais a relação entre sua situação a respeito do objeto de conhecimento e a experiência vivida em sala de aula. Procurou-se, então, enfatizar a questão da afetividade nos relatos verbalizados. Assim, mais do que a simples descrição da experiência vivenciada pelo participante, buscou-se saber como ele havia significado tal experiência, ou seja, qual o peso afetivo dado àquelas vivências.

Em seguida, realizaram-se novamente as transcrições das fitas. Aos protocolos foram acrescentados os relatos verbais da segunda entrevista. As revisões dos relatos de cada participante foram permitindo que os núcleos e subnúcleos fossem sendo modificados ou mantidos, passando a compor o rol definitivo de núcleos e subnúcleos de significação do discurso.

Chegou-se, então, aos protocolos finais de cada sujeito, com a descrição dos núcleos e subnúcleos com as respectivas falas dos sujeitos. Ao final, os protocolos apresentam algumas observações dos pesquisadores acerca das entrevistas realizadas.

Para efeito de análise, os núcleos estão codificados com letras (A, B, C ou D); os subnúcleos, por sua vez, estão codificados com a letra do respectivo núcleo, seguida de um índice numérico, com apenas um algarismo (ex.: A_1, A_2, B_1 etc.)

Tendo em mãos os protocolos definitivos de cada sujeito, a análise final foi feita considerando-se todos os núcleos e subnúcleos presentes nas análises individuais.

Resultados

A análise dos dados gerou quatro núcleos: a) decisões/práticas pedagógicas assumidas pelo professor; b) relação do professor com o objeto de conhecimento; c) outros aspectos do comportamento do professor; d) conseqüências para o aluno. Estes se organizaram em vários subnúcleos. Segue a definição de cada um deles.

Núcleo A: Decisões/práticas pedagógicas assumidas pelo professor

O núcleo A foi organizado a partir de todos os relatos verbais relacionados com as práticas dos respectivos docentes desenvolvidas em sala de aula. É importante ressaltar que as verbalizações dos participantes contemplam as dimensões afetivas de sua relação com o objeto de conhecimento, decorrentes das decisões pedagógicas assumidas pelos professores. Por isso, os conteúdos deste núcleo, embora se refiram a práticas pedagógicas, devem ser interpretados como aspectos que marcaram afetivamente a relação sujeito-objeto de conhecimento. Como, nesta pesquisa, direciona-se o olhar para tais práticas pedagógicas, vários aspectos foram abordados pelos participantes. Isso levou à identificação de subnúcleos.

Subnúcleo A_1: Aspectos da metodologia do professor

Inclui os relatos verbais que se referem a algumas opções metodológicas do docente. Aparecem aqui relatos sobre como o professor trabalhava com as dúvidas dos alunos, sobre a abordagem de temas polêmicos durante as aulas e sobre o empenho do docente para que os alunos aprendessem os conteúdos da disciplina.

S_2 conta que o professor pedia aos alunos que lessem os textos deixados no xerox para que as aulas fossem usadas na discussão das dúvidas:

> Foram dois anos assim, ele sempre, sempre dizia: 'tem tantas folhas no xerox, peguem, leiam em casa. A aula vai ser para tirar dúvidas' ($S_2 - A_1$).

Ele observa que essa estratégia do professor fazia com que se interessasse mais pelo objeto em questão e, conseqüentemente, se dedicasse mais ao estudo do mesmo.

Este mesmo participante conta que o professor abordava temas polêmicos nas aulas e que isso estimulava cada vez mais seu interesse pela disciplina:

> ...o principal de eu correr mais atrás, de eu estudar com mais vontade sempre foram os assuntos polêmicos... ($S_2 - A_1$).

S_4, por sua vez, aponta o empenho do professor para a aprendizagem dos alunos, dizendo que o docente preocupava-se com o fato de eles estarem aprendendo, além de se colocar sempre à disposição para tirar dúvidas e ajudá-los:

> Ela se preocupava se o pessoal estava aprendendo e o pessoal que tinha dificuldade ela insistia bastante para que eles tentassem aprender, não só tirar nota. Ela estava sempre à disposição, tanto que às vezes no corredor o pessoal parava ela pra tirar dúvida, numa boa ($S_4 - A_1$).

No segundo encontro, ele relata que considera essa atitude do professor muito importante, já que os alunos não precisavam tentar entender a matéria sozinhos ou contar apenas com as explicações dos livros, mas tinham sempre o apoio da professora e podiam contar com seus esclarecimentos sempre que surgisse alguma dúvida:

> ...a gente não tinha a preocupação de ter que buscar em livros, pesquisar pra ver se entendia em algum livro ou ler matéria no livro, a gente podia chegar diretamente com ela e falar 'professora, será que você pode dar um auxílio ou tentar me explicar essa parte aqui que eu não entendi', ela sempre estava disponível; nessa parte ajudou bastante ($S_4 - A_1$).

Subnúcleo A_2: Organização da sala

Este subnúcleo é composto pelos relatos sobre o arranjo do espaço físico da sala de aula, adotado pelo professor.

Dois dos sujeitos mencionam esse aspecto. Um deles comenta que o fato de as carteiras ficarem em círculo e de a professora sentar-se com os alunos demonstrava o interesse dela para com eles. De acordo com S_1, ela os tratava de forma mais personalizada:

Acho que isso fazia a gente parecer mais importante, você não é só mais um aluno ali, ela realmente tá mostrando que se importava com você, que quer que você entenda, que realmente é alguém ali dentro, não é só mais um aluno... $(S_1 - A_1)$.

Um sujeito relata que gostava do jeito de o professor arrumar a classe, pondo os alunos sentados em duplas, já que, assim, o esclarecimento de alguma dúvida poderia ser feito de forma mais rápida com o colega ao lado:

...Ele achava que com o aluno do lado ali era mais fácil tirar uma dúvida; pergunta pro colega, é muito mais fácil, muito mais acessível, resolve o exercício junto, isso ajuda bastante $(S_3 - A_1)$.

Subnúcleo A_3: Aulas expositivas

Este é o maior dos subnúcleos, compreendendo os relatos verbais referentes às práticas pedagógicas de aulas expositivas desenvolvidas pelos docentes. Aparecem aqui aspectos relacionados com alguns artifícios do professor durante as exposições teóricas, com a relação feita pelo professor entre os conteúdos escolares e o cotidiano dos alunos, com a participação dos alunos nas aulas, com o incentivo do professor ao trabalho reflexivo do aluno, com a seqüência das aulas, com a abordagem detalhada do professor acerca dos conteúdos escolares, com a objetividade e clareza das explicações do professor e com algumas atitudes do professor durante as aulas.

Dois sujeitos apontam os artifícios do professor durante as explicações teóricas: o docente trazia objetos da vida cotidiana dos alunos ou realizava experiências práticas que demonstravam aquilo que estavam estudando, para que a aprendizagem fosse significativa para os estudantes. Pode-se exemplificar isso com as verbalizações de S_4:

...Quando a gente estava estudando resistores, ela trouxe aquelas lampadinhas de árvore de natal e demonstrou que aquilo lá, quando estava ligado em série, se você desligasse um, ia cortar; se você tivesse ligado em paralelo tal... trouxe lá na sala, parou a aula, chamou todo mundo lá, fez um círculo né; teve outro experimento que ela fez que foi pra demonstrar o campo magnético... Coisas que a gente, vamos dizer, nunca imaginaria ver no dia-a-dia ou que a gente via no dia-a-dia, mas nunca ligaria uma coisa com a outra né, ela trazia pra gente e explicava ($S_4 - A$).

Outro aspecto abordado pelos participantes refere-se à relação feita pelo professor entre os conteúdos escolares e o cotidiano dos alunos. Para eles, esse também era um fator que tornava a aprendizagem mais significativa, aumentando as chances de uma interação saudável com o objeto de conhecimento. Nas palavras de S_4:

O fato de a professora relacionar a matéria com o dia-a-dia fazia com que a explicação não ficasse uma coisa vaga, né ($S_4 - A_2$).

Todos os sujeitos mencionam a grande participação dos alunos nas aulas, apontando que, a qualquer momento da explicação, podiam manifestar dúvidas e que estas seriam prontamente esclarecidas pelos professores. Para eles, isso era um fator positivo, pois, além de ajudá-los a manter o raciocínio, proporcionava um estímulo para continuar estudando. S_1 e S_2 explicitam isso em seus relatos:

Isso ajuda a você manter seu raciocínio, né, se você não entendeu alguma coisa, você pergunta na hora, não tem aquela coisa de deixar pra depois, que de repente você pode acabar esquecendo ($S_1 - A_2$).
Então esse era o ponto marcante porque ele dando liberdade pro aluno perguntar, tirar suas dúvidas, é onde ele faz com que o aluno tenha força de vontade, tenha um incentivo, um estímulo pra estar buscando aprender porque ele vai estar esclarecendo as dúvidas ($S_2 - A_2$).

Sobre a seqüência das aulas, um participante indica que não havia uma seqüência rígida; pelo contrário, como o professor relacionava os conteúdos escolares com o cotidiano dos alunos, sempre que surgia um assunto no jornal, por exemplo, este era abordado durante as aulas:

Ele não tinha uma seqüência para dar as aulas; muitas vezes surgia um assunto no jornal e ele trazia para a classe ($S_2 - A_2$).

O mesmo participante observa a abordagem detalhada do professor acerca dos conteúdos. Ele considera essa atitude docente interessante e importante porque, além da explicação não ser superficial, já que o professor era extremamente capacitado naquilo que estava fazendo, criava uma condição estimuladora para os alunos, levando-os a estudar com maior interesse:

Eu acho que os detalhes nos quais ele entrava, voltando ao que eu já falei, realmente geravam estímulos no aluno, porque muitas vezes o aluno escuta o professor explicando alguma coisa e realmente é uma coisa superficial que você não está entendendo. Então, entrando nesses detalhes, ele vai explicar o porquê e realmente ele faz com que você entenda o porquê ($S_2 - A_2$).

Ainda dentro do subnúcleo **Aulas expositivas**, dois dos participantes comentam a objetividade e clareza das explicações do professor. Eles relatam que a forma de o professor organizar as aulas, em termos de seqüência e de exemplificação, facilitava a compreensão dos conteúdos, aumentando o interesse pelo objeto de conhecimento em questão. As verbalizações de S_3 exemplificam bem isso:

Pra mim, é que todo mundo sempre odeia, na hora de trocar os exemplos e colocar "n", que é generalizar tudo. Pra mim já explicando, generalizando, eu pego aquilo e transfiro pro exercício e aquilo ali fica muito mais fácil. Era assim que ele explicava. E eu

*achava extremamente bacana, porque ele não chegava ali na lousa
e falava, colocava uns exemplozinhos idiotas e falava: 'Eu manjo e
eu estou explicando assim porque eu sei que a capacidade de vocês
é inferior, então vocês só vão entender assim'. Aí coloca aquela
coisinha ridícula e todo mundo entende e chega no exercício o
cara vai comparar, não entende nada e não sai nada. Aí ele preferia
dar o 'top', depois ia descendo, pro aluno ir assimilando. Aí dá
certo* ($S_3 - A_2$).

S_4 aponta que a forma de a professora expor, na lousa, os tópicos
a serem explicados, contribuía para facilitar a compreensão dos alunos
acerca dos conteúdos:

*A parte teórica ela dava como os outros, sabe, só que ela deixava
em pontos, vamos dizer, em tópicos, na lousa. E ela colocava os
tópicos principais que resumiam a matéria, né? E... acho que
também o que ela usava muito eram os exemplos e os exercícios,
fazia bastante exercícios, era basicamente isso. Era bem curta e
grossa a explicação, não ficava fazendo coisas que eram
desnecessárias, tudo em tópicos* ($S_4 - A_2$).

Finalizando o subnúcleo A_3, S_4 lembra de algumas atitudes
da professora durante as aulas. Embora de forma não explícita,
relata que o professor não é valorizado pelos alunos por ser bravo
ou não, e sim por ter um verdadeiro domínio daquele conteúdo a
ser ensinado:

*Ela não era brava, só cobrava se tivesse conversando ou se tivesse
fazendo coisas que não tivessem relacionado com a matéria, ela
cobrava silêncio ou prestar atenção na aula, não fazer coisas de
outra matéria, mas não sei o que que diferente ela tinha que fazia
com que tivéssemos interesse pela matéria...* ($S_4 - A_2$).
*Eu acho que nem todo professor bravo consegue manter o controle
da classe e que muitas vezes o professor bravo não..., você acaba*

não tendo gosto em assistir as aulas dele, você acaba pegando raiva e fala assim, 'ah então...', assiste a aula meio que obrigado, meio que contrariado ($S_4 - A_2$).

Subnúcleo A_4: Outras atividades

Compreende os relatos sobre as atividades desenvolvidas pelo docente, exceto as aulas expositivas. Estão presentes aqui relatos verbais sobre o uso de vídeos, sobre as aulas no laboratório, sobre algumas visitas feitas pelos alunos e sobre aulas de xadrez, na disciplina de Matemática.

Uma das participantes fala sobre os vídeos apresentados pela professora, dizendo que a atividade era como uma aula prática, ou seja, novamente é possível inferir que quando o professor proporciona aos alunos atividades como esta, a aprendizagem se torna significativa.

É a mesma coisa que uma aula prática, você vai ver o que você estava estudando na teoria, escrito, você vê acontecendo, mesmo que seja por meio do computador, mesmo assim você vê como acontece... acho que é bem legal ($S_1 - A_3$).

Além dos vídeos, o sujeito comenta sobre as aulas no laboratório, que para ela tinham a mesma importância:

As aulas de laboratório eram bacanas também porque ela deixava a gente mexer; tinha professores que demonstravam, não deixavam a gente fazer, ela deixava... Ela era muito boa professora. A gente tinha aula sobre xampu e a gente fazia o xampu, ela dizia: 'não... vocês é que vão fazer...' ($S_1 - A_3$).

S_2 fala sobre os passeios realizados pela turma; de acordo com ele, esses passeios eram interessantes porque era possível aprender com os instrutores e com o professor tudo o que já havia acontecido naquele lugar, no passado:

...[Isso era] fantástico, fantástico, porque você tava conhecendo um lugar que até hoje existe, por exemplo, a Escola de Cadetes, o que

acontece ali dentro na formação dos cadetes, e ao mesmo tempo você está aprendendo com o passado, o que ocorreu na Escola de Cadetes, como ela foi criada, quantas pessoas já passaram por lá e hoje são cadetes, são militares e contam um pouco da sua passagem ($S_2 - A_3$).

S_3, por sua vez, fala sobre as aulas de xadrez propostas pelo professor de Matemática. Para ele, a atividade estimulava o raciocínio e a concentração dos alunos, além de se constituir como um desafio que fomenta a aprendizagem:

> Ele tinha seis aulas de Matemática, das seis aulas ele pegava uma e dava aula de xadrez, prá, sei lá, estimular a criança a pensar... ($S_3 - A_3$).

Subnúcleo A_5: Material adotado

Aparecem aqui as verbalizações dos participantes a respeito dos tipos de materiais adotados pelos docentes, do uso que se fazia deles nas aulas, bem como da exigência de um dos professores citados quanto à posse de material por parte dos alunos.

S_1 fala a respeito do uso da apostila que a professora, embora obrigada a adotar, evitava seguir, ou seja, não se restringia aos conteúdos ali apresentados. Ao contrário, procurava aprofundar mais a matéria, trazendo detalhes sobre os conteúdos. Nas palavras dela:

> Ela evitava seguir a apostila porque a apostila é muito certinha, muito resumida. Então ela passava uns resumos maiores, explicando melhor a matéria...;... a professora vir contar alguma coisa que não está ali na apostila, eu ficar sabendo de alguma coisa é superlegal, sabe, você saber detalhes do que acontece na Biologia é muito legal, eu curtia pra caramba isso de ela vir, conversar, explicar alguma coisa que não está na apostila é superdivertido... ($S_1 - A_4$).

S_4, por sua vez, relata que a professora adotou um livro da mesma série que já havia sido usado. Porém, da mesma forma que S_1, a

O professor inesquecível: a afetividade nas práticas pedagógicas

professora não cumpria necessariamente aquela seqüência, mas explicava de acordo com o que havia planejado:

Na verdade, assim, ela explicava a matéria totalmente aleatória a esse livro, assim, ela não seguia os tópicos desse livro, nada. É..., eu acho que o tema principal, sei lá, o primeiro capítulo era eletrostática, ela começava falando de eletrostática, só que não seguia os capítulos do livro, ia... conforme ela achasse que era melhor, do jeito que ela tinha planejado (...) ($S_4 - A_3$).

Ainda sobre o tema, S_2 relata a exigência do professor quanto à posse de material por parte dos alunos; essa era uma forma de selecionar aqueles alunos que realmente se interessavam em aprender os conteúdos da disciplina:

(...) na aula, se você chegasse sem o material, ele ia com a caderneta dele pelas fileiras, você tinha que erguer o material, quem não tivesse com o material ele pedia pra sair da sala...; muitas vezes era o troco que ele dava nos alunos que não se interessavam ($S_2 - A_4$).

Ele reconhece, no entanto, que essa era uma atitude positiva do professor, já que ensina o aluno a ter maior responsabilidade e a ser mais organizado:

Esse também era um fator positivo porque ele ensina o aluno a ter disciplina, a ser organizado, a ter mais responsabilidade, eu acho que era muito importante ($S_2 - A_4$).

Subnúcleo A_6: Exercícios

Este subnúcleo reúne relatos sobre os exercícios indicados pelo docente e sobre como se dava a correção dos mesmos, incluindo as suas funções no processo de ensino-aprendizagem.

Um dos sujeitos comenta que o professor proporcionava outros exercícios que não aqueles da apostila, por entender que, assim, os alunos aprenderiam melhor a matéria:

...ele achava os exercícios da apostila muito chatinhos, então ele não gostava do sistema, ele achava que o dele era melhor... ($S_3 - A_4$).

Sobre a realização dos exercicios, S_1 conta que, enquanto os alunos resolviam, podiam contar com os esclarecimentos da professora, caso encontrassem alguma dúvida ou não conseguissem resolvê-los. Quando nenhum aluno conseguia chegar a uma solução, a professora ia dando pistas ao invés de simplesmente contar a resposta:

A gente fazia exercícios junto com ela, ela tirava dúvidas, ela explicava tudo bonitinho, tinha exercício que ninguém conseguia fazer e ao invés de ela dizer 'é isso', ela falava 'gente pensa assim, se isso e isso acontece então qual a conclusão?', fazia a gente chegar numa conclusão e na resposta do exercício, nunca passava a resposta; muitos professores de lá passavam o gabarito; ela não, ela pedia pra fazer e corrigia no final da aula. Ela explicava ($S_1 - A_5$).

Com relação à correção dos exercícios, dois sujeitos apontam que, quando surgia qualquer dúvida, podiam procurar pelo professor. Como exemplo, cita-se S_4:

Os exercícios a gente fazia e ela corrigia com todo mundo ou ela recolhia e... cada um entregava individual e aí ela corrigia e depois entregava de volta. Se surgissem dúvidas podia ir lá que ela resolvia pra cada um, cada um que fosse lá ela tirava dúvida e resolvia numa boa ($S_4 - A_4$).

Subnúcleo A_7: Instrumentos de avaliação

Aqui estão contemplados os relatos sobre as formas utilizadas pelo docente na avaliação do processo de ensino-aprendizagem, tais como provas e trabalhos. Aparecem também relatos relacionados ao desempenho dos alunos.

Todos os participantes mencionam a prova como instrumento avaliativo utilizado pelos professores citados e consideram-na coerente com o tipo de aula que haviam tido. S_4 exemplifica bem isso, ao dizer que:

> *A prova era bem relacionada com os exercícios que ela dava nas listas, ... não era nada diferente do que ela dava na aula, dos exercícios que ela cobrava. É lógico que tinha alguns exercícios que mudava o grau de dificuldade, não era totalmente igual, mudava dados, a estrutura assim, mas tudo relacionado com o que ela dava* ($S_4 - A_5$).

Quanto à correção, comenta que a professora resolvia os exercícios na lousa, esclarecendo as dúvidas dos alunos:

> *Ah, ela fazia correção da prova na lousa com todo mundo..., ela explicava ou comentava, né, fazia comentários...* ($S_4 - A_5$).

Apenas S_2 faz menção aos trabalhos propostos pelo professor, que eram solicitados após os passeios feitos pela turma, como uma forma de sintetizar aquilo que haviam visto e aprendido:

> *...A gente fazia excursão para a Maria-Fumaça, para a escola de Cadetes... e aí tínhamos que fazer um trabalho em cima daquilo* ($S_2 - A_5$).

S_1 aponta o desempenho dos alunos na avaliação, colocando que, embora não fosse elaborada pelo professor, os alunos que prestavam atenção nas aulas tinham um bom aproveitamento:

> *...aqueles que prestavam atenção conseguiam fazer a prova numa boa. Se você prestasse um pouco de atenção você fazia a prova* ($S_1 - A_6$).

Subnúcleo A_8: Objetivos do professor com a disciplina

Aqui aparecem alguns relatos dos alunos sobre os objetivos do professor com a disciplina ensinada, tais como: gosto pela Biologia, melhoramento do nível cultural, estímulo do raciocínio.

S_1 diz que a professora queria que todos gostassem da disciplina, tanto quanto ela parecia gostar. Seus relatos evidenciam que a professora buscava fazer com que os alunos se relacionassem de forma prazerosa com aqueles conteúdos:

...acho que ela queria mesmo é mostrar que a matéria é legal, e que se você prestar atenção, vai ver que Biologia é bacana, eu adoro e por causa dela, principalmente, que eu comecei a gostar, e acho que era isso que ela queria, passar que a matéria não e difícil, igual o pessoal pensava, decoreba, um monte de nome... ($S_1 - A_7$).

S_2 diz acreditar que o objetivo do professor era, além de habilitar o aluno para prestar vestibular, melhorar o nível cultural deles:

...ele queria dar uma base pelo menos de atualidade, História e das coisas passadas, uma base pra ver se o aluno conseguiria, de alguma forma, se sair melhor, se sair bem no vestibular...; Eu acredito, particularmente, que o objetivo dele era melhorar o nível cultural dos alunos ($S_2 - A_6$).

Finalmente, S_3 aponta que o professor tinha como objetivo estimular o raciocínio dos alunos e despertar neles o interesse pelos desafios presentes na disciplina:

O objetivo dele era fazer a gente pensar, estimular o raciocínio. Ele falava que Matemática era a base de tudo, porque se você sabe se concentrar pra fazer um exercício ou pra fazer uma jogada de xadrez, você sabe se concentrar pra estudar qualquer outra coisa... ($S_3 - A_6$).

Pôde-se observar que as falas dos participantes, presentes no núcleo A, são carregadas de afetividade. Embora relatem as práticas pedagógicas assumidas pelos respectivos professores, é possível notar que não se restringem aos aspectos cognitivos do processo de ensino e aprendizagem, mas destacam o que achavam interessante nas aulas, o que despertava a atenção pelo objeto, o que tornava a aprendizagem significativa e prazerosa e que os deixava seguros na relação com o objeto de conhecimento.

Núcleo B: Relação do professor com o objeto de conhecimento

Este núcleo foi estruturado a partir dos relatos relacionados com a percepção dos alunos sobre a relação do docente com o objeto de conhecimento com o qual trabalhava.
Ele está subdividido em dois subnúcleos.

Subnúcleo B_1: Domínio dos conteúdos

Os quatro participantes comentam este aspecto. Todos apontam que o professor demonstrava ter grande conhecimento daquilo que ensinava. Isso fica explícito tanto na clareza das explicações do docente quanto na prontidão e competência para os esclarecimentos das dúvidas dos alunos.

S_4 exemplifica isso no seguinte trecho de seu relato:

Aparentava que ela tinha um grande domínio daquilo que estava ensinando, ela sempre falava com convicção, sempre tava pronta pra tirar as dúvidas, caso ela não soubesse de alguma coisa ela pesquisava, mas normalmente ela sabia tirar as dúvidas ($S_4 - B_1$).

Os participantes demonstram atribuir grande importância a isso. Para eles, o fato de o professor conhecer a fundo aquilo que está ensinado transmite segurança. Além disso, o professor passa a se constituir um modelo a ser seguido pelos alunos.
Para exemplificar, recorre-se a S_2:

Eu acho que o fato de se ter um domínio grande daquilo que se está ensinando é tudo pra um professor, porque se você é professor, o aluno, ele enxerga no professor um exemplo de conhecimento. Então é nele que o aluno se inspira pra aprender ($S_2 - B_1$).

S_3 mostra-se fascinado com os caminhos percorridos pelo professor na resolução de um exercício. Deixa explícito em seu relato que, quando o professor tem uma grande bagagem de conhecimentos, é admirado e tomado como exemplo pelos alunos:

> Isso é importante pra um professor, né? Já pensou que mico seria pra um professor você desafiar o professor com um exercício e ele não saber fazer? Eu achei bacana até que eu falei pra mim mesmo, se eu chegar nesse ponto eu tô manjando Matemática. Porque eu dei um exercício pra ele que era uma estrela, aí você tinha que achar a soma dos ângulos de cada ponta da estrela; aí você pode deduzir, chamar de várias coisas, e colocar como se fosse uma estrela normal, aí a gente tava aprendendo equação de primeiro grau, ele conseguiu provar, sem estabelecer nada, sem nenhum pré-requisito, com equação de primeiro grau, ou seja, ele usou a matéria que a gente estava aprendendo. Eu me achei o ignorante depois que eu vi aquilo. Eu falei 'eu fiz assim professor', e ele, 'não, tá certo, mas usando a matéria que você está aprendendo agora que é equação de 1º grau...' e puxou três folhas de papel almaço cheias. Eu falei: 'Nossa!' ($S_3 - B_1$).

S_4 ressalta a importância de o professor transmitir bem o conhecimento. Para ele, o professor, além de dominar os conteúdos com os quais trabalha, deve valer-se de práticas pedagógicas eficazes, que garantam aos alunos uma verdadeira aprendizagem:

> E saber passar, eu acho importante assim porque também não adianta nada você ter o domínio e não saber como fazer para que as pessoas entendam o que você tem como conhecimento... ($S_4 - B_1$).

Nota-se que os sujeitos entendem como fundamental o fato de o professor ter um grande domínio daquilo que está ensinando. Isso, segundo eles, contribui para uma relação positiva com o objeto de conhecimento porque, além de o docente transmitir confiança e segurança nas suas exposições, acaba se tornando um modelo para os estudantes.

Subnúcleo B_2: Relação afetiva entre o professor e o objeto de conhecimento

Aqui aparecem tanto relatos que indicam a paixão demonstrada pelo docente com relação ao objeto de conhecimento, quanto os que apontam o prazer do docente em ministrar aulas naquela área.

Os participantes narram que puderam perceber, durante as aulas, a paixão demonstrada pelo professor ao objeto de conhecimento em questão:

> *Ela adora Bio, ela simplesmente é apaixonada por Bio, o que quer que você queira conversar com ela, ela sabe, se ela não souber ela vai atrás, ela vai querer saber e vai te explicar depois. Ela adora o que ela faz* ($S_1 - B_2$).
> *Ele falava que História era tudo pra ele...* ($S_2 - B_2$).
> *Ele gostava de Matemática. Amava Matemática...; ele falava que Matemática pra ele era tudo e que se ele não tivesse descoberto a Matemática e a mulher dele ele não seria feliz* ($S_3 - B_2$).

Da mesma forma, em todos os casos é possível inferir que tal paixão contagiava os alunos. A maneira de o professor expor os conteúdos, de forma clara e bastante organizada, dado o domínio que tinha e, além disso, de explicitar seu sentimento positivo com relação a eles, influenciava os alunos, fazendo com que se interessassem cada vez mais por aquele objeto de conhecimento.

No que diz respeito ao prazer de ser professor, os sujeitos apontam que isso transparecia nas atitudes dos docentes:

Ela falava pra gente que ela nunca ia parar de dar aula, nem que a classe fosse terrível porque ela adorava o que ela fazia, ela adorava ser professora, adorava ensinar Biologia, ela falava isso pra gente direto ($S_1 - B_2$).

Ele deixava isso transparecer muito, muito, muito. Você percebia que tinha prazer, no olhar dele tinha prazer naquilo que ele estava fazendo. Muitas vezes você via aquele desânimo no professor em ver que tinha alunos desinteressados, isso você via claramente, mas quando ele sentava pra explicar pra um aluno que estava se interessando, era fantástico ($S_2 - B_2$).

Eu acho que o fato de o professor gostar daquilo acho que tem mais segurança, ele te passa mais segurança daquilo que ele tá falando. O próprio jeito dele expor, não... aquilo não vai te entusiasmar?... isso que eu sentia ele passando. Até quando eu ia dar aula particulares, era extremamente gratificante. Não sei, era mais um que estava entendendo Matemática ($S_3 - B_2$).

Ah eu acho que ela gostava, pelo menos dava pra ver que ela tinha prazer assim em dar aula, pode ser que esse prazer não esteja relacionado só com a Física, com o fato de estar lá com os alunos, mas aparentava que ela gostava do que estava fazendo ($S_4 - B_2$).

Um dos participantes ressalta a importância de o professor demonstrar prazer em dar aula, argumentando que, quando se faz algo sem prazer, aquilo acaba se tornando chato, cansativo, desinteressante.

Eu acho isso importante porque como em qualquer outra profissão, se você não faz uma coisa com prazer você vai acabar ou fazendo as coisas... cometendo erros ou fazendo é... sei lá é tornando o que você faz chato, cansativo, tanto pra você quanto para os alunos... ($S_4 - B_2$).

De forma geral, os exemplos presentes no núcleo B explicitam que quando os alunos percebem o domínio que o professor tem acerca dos conteúdos, além do vínculo afetivo existente entre ele e o objeto de conhecimento com o qual trabalha, sentem-se mais seguros para se relacionarem com o objeto em questão, além de tomarem-no como um exemplo a ser seguido. Ademais, notam que quando o professor demonstra prazer em ministrar aulas, elas se tornam mais agradáveis e mais interessantes, contribuindo para uma relação positiva entre o sujeito e o objeto.

Núcleo C: outros aspectos do comportamento do professor

Este núcleo foi montado de forma a abranger os aspectos relatados pelos sujeitos sobre o comportamento do professor, não relacionado às suas práticas pedagógicas.
É composto por dois subnúcleos.

Subnúcleo C_1: Relação entre o professor e os alunos

Aparecem aqui relatos que destacam a amizade entre o professor e o aluno, além daqueles que apontam a liberdade dos alunos com o docente. S_1 aponta a proximidade da professora com os alunos, dando a essa proximidade um caráter de amizade:

...essa professora de Biologia era nossa amiga, acima de tudo a gente gostava muito dela. Ela conversava muito com a gente. A gente tinha dúvida: 'Ah professora a gente não sabe se quer fazer Biologia', eu e uma amiga minha. Ela explicou todo o curso de Bio pra gente, de Engenharia Ambiental ($S_1 - C_1$).

S_4 aponta a liberdade que os alunos tinham, pois podiam procurá-la para discutir algo ou tirar dúvidas:

Nossa relação com a professora era super boa assim, podia chegar e falar as coisas, discutia as coisas... ($S_4 - C_1$).

Subnúcleo C_2: Características pessoais do professor

S_2 menciona algumas características pessoais do professor, dizendo que era, ao mesmo tempo, polêmico e rigoroso:

>...*ele sempre foi um professor polêmico e isso sempre me chamou a atenção; ele sempre foi assim; às vezes até eu achava que ele exagerava no rigor, mas era um professor que, se você estudasse, você ia se dar muito bem com ele, se você não estudasse, o problema era seu* $(S_2 - C_1)$.

Nota-se que os alunos referem-se à relação professor-aluno, apontando que, quando há amizade, proximidade e liberdade, o processo de ensino e aprendizagem é facilitado, além de se tornar mais agradável. Um dos participantes aponta ainda o rigor do professor, admitindo que isso acontecia para que os alunos tomassem consciência da importância de se dedicar aos estudos.

Núcleo D: Conseqüências para os alunos

Este núcleo foi criado a partir dos relatos que correspondem às relações do sujeito com o objeto de conhecimento em questão, bem como a algumas decisões assumidas pelos alunos após as aulas com o professor referido.

Foi subdividido, portanto, em dois subnúcleos.

Subnúcleo D_1: mudança na relação do sujeito com o objeto de conhecimento

Todos os participantes comentam que desenvolveram gosto pelo objeto de conhecimento de que falam. Apontam que, a partir da experiência relatada, passaram a relacionar-se de forma positiva com o objeto. Como exemplo, os relatos de S_2, S_3 e S_4 apontam que:

> *Antes desse professor eu não gostava de História. Eu sempre gostei de assuntos polêmicos, mas eu nunca tinha tido um professor que fizesse com que eu me estimulasse, com que eu tivesse gosto pela*

História, porque até então eu via a História como uma coisa chata, eu olhava e falava, 'peraí, por que eu tenho que saber que Pedro Álvares Cabral tropeçou quando chegou no Brasil, por que eu tenho que saber?'; eu enxergava dessa forma ($S_2 - D_1$).

Foi a partir das aulas dele que eu comecei a gostar de Matemática. Foi, com certeza foi. A partir da 6ª série e até hoje eu gosto de Matemática ($S_3 - C_1$).

...E ela, por eu não ter tido um professor bom antes né, não tinha aprendido muita coisa, a gente achava que Física era difícil e tal, mas a gente tinha muita facilidade de entender a matéria com ela... ($S_4 - D_1$).

Do mesmo modo, os quatro sujeitos relatam que passaram a estudar com mais freqüência e que, portanto, as aulas os estimulavam:

Depois que comecei a ter aula de Biologia com essa professora, eu e uma amiga, eu e ela a gente vivia se afundando em livro, a gente tirava dúvida uma com a outra, Biologia, nossa, depois que eu comecei a gostar eu comecei a correr muito atrás...($S_1 - D_1$).

Depois das aulas até hoje eu leio muito, a revista Super Interessante *eu assinei, eu estou sempre buscando assuntos 'super interessantes', assuntos curiosos, polêmicos (...), jornais, o assunto dessa guerra que está acontecendo atualmente no Iraque...* ($S_2 - D1$).

... qualquer coisinha que envolva Matemática eu vou, mesmo tendo aquela insegurançazinha, mas eu vou, eu gosto. Minha namorada até briga comigo porque eu começo a estudar, eu sento pra estudar, eu abro Física e começo a estudar, aí eu vou a tarde inteira estudando Física. Aí 'putz, ontem eu estudei só Física, tenho as outras matérias pra estudar'. No dia seguinte eu pego Matemática e vou três dias seguidos de Matemática. Acaba os exercícios de

Matemática da apostila, aí eu... agora não tem mais nada pra fazer, né...! Mas tem, tem Biologia, História, Geografia... ($S_4 - C_1$).

Além dessas questões, S_2 menciona uma mudança no senso crítico após a experiência relatada. Para ele, as aulas o ajudaram a redigir suas idéias com mais clareza e a debater de forma mais segura:

Eu acho que, com essas aulas, meu senso crítico veio a aflorar. Eu aprendi a fazer uma redação com mais gosto, sabendo colocar minhas idéias no papel. Aprendi a debater aquilo que eu acho, aquilo que eu não acho ($S_2 - D_1$).

Subnúcleo D_2: Decisões assumidas pelo aluno após as aulas com o professor referido

Os sujeitos apontam, com relação a esse subnúcleo, as influências sofridas durante as aulas, inclusive na escolha da carreira profissional:

Ele me influenciou acho que em 90% da minha vida. Esse professor deu o pontapé inicial, tanto que se não fosse pela área de exatas, porque foi a Matemática que me puxou pra Física, a Física e a Matemática me puxaram pra Química, daí a Matemática foi dando um... foi tipo um 'presta atenção, olha aí, é disso que você gosta'. Aí foi nisso que eu me firmei, na Matemática, graças a ele... ($S_3 - C_2$).

As aulas influenciaram eu ter escolhido a Psicologia... o professor estudava muito essa parte de Psicologia, ele não era formado, ... mas ele mostrou através da História essa regressão, por exemplo, que a igreja faz até hoje na cabeça das pessoas, sempre o lado da Psicologia, ele sempre uniu muito a História com a Psicologia. Foi onde eu me interessei muito. Eu também convivo (...) com a parte religiosa, eu gosto de sentar com pessoas, eu não gosto simplesmente de ouvir os problemas, eu gosto de ir a fundo naquilo que a pessoa tem, sentar e conversar para ver se eu vou conseguir ajudar. Desde pequeno. Ou seja, foi uma força, uma alavanca para minha vida ($S_2 - D_2$).

Pôde-se notar, com os exemplos do núcleo D, que as aulas com o respectivo professor mudaram a atitude dos sujeitos com relação ao objeto de conhecimento: eles passaram a se interessar mais pelo estudo, a estudar com mais prazer, com mais gosto. O aspecto afetivo na relação entre eles e o objeto de conhecimento é, portanto, destacado: a relação passou a ser extremamente positiva. As influências sofridas pelo professor e suas aulas, porém, não se limitam a isso, mas alcançam a decisão dos alunos sobre a carreira profissional que deveriam abraçar.

Discussão

Conforme já explicitado, esta pesquisa volta-se para as condições de ensino, visando identificar aspectos da prática pedagógica docente que, potencialmente, podem apresentar implicações afetivas na futura relação que se estabelece entre o sujeito e o objeto de conhecimento.

Para tanto, reafirmam-se alguns pressupostos aqui já assumidos:

a) É por meio das interações sociais que os indivíduos se desenvolvem; na escola, além da convivência com seus pares, os indivíduos têm a possibilidade de conviver com os professores que são os principais responsáveis pela mediação entre eles e os conteúdos escolares. Entende-se, então, que a mediação docente é essencial para o processo de aprendizagem dos sujeitos. Para Leite e Tassoni (2002):

> *A aprendizagem é um processo dinâmico que ocorre a partir de uma ação do sujeito sobre o objeto, porém sempre mediada por elementos culturais, no caso escolares; ou seja, a mediação é condição fundamental para o processo de construção do conhecimento pelo aluno* (p. 130).

b) A qualidade da mediação determina, em grande parte, a qualidade da relação que se estabelece entre o aluno e os conteúdos abordados na escola. Sobre isso, Tassoni (2000) aponta que:

O que se diz, como se diz, em que momento e por quê – da mesma forma que o que se faz, como se faz, em que momento e por quê – afetam profundamente as relações professor-aluno e, conseqüentemente, influenciam diretamente o processo de ensino aprendizagem, ou seja, as próprias relações entre sujeito e objeto (p. 149).

Retomados os objetivos e pressupostos deste trabalho, apresentam-se, a seguir, algumas considerações sobre os dados coletados.

De maneira geral, eles reforçam a interpretação de que as práticas pedagógicas assumidas pelo professor no processo de ensino e aprendizagem influenciam sobremaneira a relação afetiva que se estabelece entre sujeito-objeto.

Pôde-se notar, nas entrevistas, o grande prazer dos participantes em relatar as experiências escolares afetivamente positivas envolvendo determinado objeto e mediadas pelo respectivo professor. Ficou explícita a alegria deles ao falarem sobre um professor marcante, não somente pela relação agradável que mantinha com seus alunos, mas, sobretudo, porque lhes possibilitou, por meio de práticas pedagógicas eficazes, uma aprendizagem verdadeira, significativa e prazerosa. É possível inferir que, quando se apropriam concretamente dos conteúdos apresentados na escola, os alunos desenvolvem uma auto-imagem positiva, segura e capaz, o que pode influenciar diretamente a relação afetiva que estabelecem com o objeto de conhecimento em questão.

Leite e Tassoni (2002) já haviam apontado que a afetividade, além de estar presente nas relações que se estabelecem entre o professor e os alunos – como mostram as pesquisas de Tassoni (2000), Silva (2001), Negro (2001) e Colombo (2002) –, manifesta-se também nas decisões pedagógicas assumidas pelo docente. Para eles, *a questão da afetividade em sala de aula não se restringe apenas às relações* tête-à-tête *entre professor e aluno* (p. 129). Os autores identificam, pelo menos, cinco decisões no planejamento e desenvolvimento de um curso que certamente terão implicações marcadamente afetivas, podendo interferir profundamente na futura relação que se estabelecerá entre o aluno e o objeto em questão: 1) Para onde ir – a escolha dos objetivos de ensino; 2) De onde partir – o aluno como referência para iniciar o processo; 3) Como caminhar – a organização dos conteúdos; 4) Como ensinar – a escolha dos procedimentos e atividades de ensino; 5) Como avaliar – uma decisão contra ou a favor do aluno?

Estes e outros aspectos – tais como a relação do professor com o objeto de conhecimento e as conseqüências das aulas para a vida dos alunos – aparecem nos relatos dos participantes, como visto no capítulo anterior.

Além das questões tratadas até aqui, os dados apontam também a referência dos sujeitos à questão da relação entre o professor e o objeto de conhecimento com o qual trabalha, evidenciando que, aqueles professores que possuem um grande domínio dos conteúdos a serem ensinados, e sentem por ele uma verdadeira paixão, são considerados modelos a serem seguidos por seus alunos.

Os sujeitos relatam forte admiração pelos respectivos professores, explicitando que estes, durante as aulas, demonstravam grande conhecimento acerca dos conteúdos com os quais trabalhavam e grande habilidade e desenvoltura no trato dado a eles. Em outras palavras, o conhecimento de seus professores transparecia nas aulas, por meio de suas explicações, discussões e entusiasmo ao ministrá-las.

Cunha (1992, *apud* Tassoni, 2000), ao estudar as concepções de alunos de Ensino Médio e universitários acerca do bom professor, aponta que esta imagem está relacionada à relação professor-aluno. Porém, observa que esta relação não se restringe aos aspectos afetivos. De acordo com a pesquisadora, a idéia de bom professor está ligada *"ao grau de conhecimento que tem de sua matéria, às habilidades de organização de suas aulas e às relações positivas que ele mantém em classe"* (p. 23).

Tassoni (2000), no entanto, alerta para a possibilidade de outra interpretação. De acordo com ela, os aspectos afetivos que permeiam a relação professor-aluno não se restringem somente às virtudes e valores do professor com relação aos seus alunos. Eles manifestam-se também na maneira como o professor lida com o conteúdo e nas habilidades de ensino que desenvolve (p. 23).

A autora observa, baseando-se em Dantas (1992) que, à medida que os indivíduos vão se desenvolvendo cognitivamente, a vinculação afetiva encontra nessas novas vias um caminho para se nutrir:

> Instala-se o que se poderia denominar de forma cognitiva de vinculação afetiva. Pensar nessa direção, leva a admitir que o ajuste fino da demanda às competências, em educação, pode ser pensado como uma forma muito requintada de comunicação afetiva (Tassoni, 2000, p. 23).

Esta forma cognitiva de vinculação afetiva entre professor e aluno abre caminhos para uma vinculação também afetivamente positiva entre sujeito e objeto de conhecimento.

É possível inferir, portanto, que a maneira de o professor expor suas aulas com desenvoltura, demonstrando grande competência e conhecimento, estimulava os sujeitos em seus estudos e favorecia sobremaneira sua relação afetiva positiva com aquele objeto.

Os alunos também relatam a satisfação dos professores em ensinar, mencionando que isso colaborava para o envolvimento, cada vez maior, deles com o objeto em questão.

Além disso, o fato de os professores demonstrarem verdadeira paixão por aquele objeto de conhecimento com o qual trabalhavam, contagiava e empolgava os alunos a estudarem e se dedicarem ao conhecimento daquele objeto. Os dados sugerem, portanto que a explicitação desses dois aspectos pelos professores nas aulas – grande conhecimento e grande prazer em lidar com aqueles conteúdos – fazia com que os alunos reconhecessem nele um modelo a ser seguido.

Grotta (2000), pesquisando junto a sujeitos socialmente reconhecidos como bons leitores, na busca de indicar que experiências foram significativas para a formação destes, aponta vivências dos sujeitos relacionadas a lembranças e imagens de seus professores leitores. Da mesma forma que aqui, seus dados sugerem que os professores referidos pelos sujeitos configuravam-se como modelos de leitores, devido ao entusiasmo que tinham em ensinar, ao grande conhecimento acerca dos temas, à grande desenvoltura com que apresentavam as obras e autores, bem como à paixão que tinham pelo objeto de conhecimento em questão.

De acordo com Grotta (2000), as atitudes dos professores durante as leituras e comentários – voz, expressão facial, movimentos corporais – bem como os conteúdos de suas exposições contagiavam os alunos, despertando-lhes a vontade de experenciar aquele prazer, aquele conhecimento. A autora conclui observando, portanto, que *é a qualidade da mediação do 'outro' que vai conferindo aos objetos de conhecimento, no caso a leitura, um sentido afetivo e vai transformando as experiências de leitura em algo significativo para o sujeito* (ibidem, p. 177).

Os dados presentes aqui sugerem, semelhantemente, que é a qualidade da mediação experenciada pelos sujeitos que garante vinculação afetiva positiva com determinado objeto de conhecimento.

Apontam, ainda, que a relação positiva estabelecida entre eles pode ser reconhecida quando os participantes relatam que, a partir dessas aulas, é que passaram a gostar do objeto em questão e a se dedicarem mais ao seu estudo.

Três dos sujeitos – S_1, S_2, S_3 – relatam que a experiência vivenciada nessas aulas com os respectivos professores foram determinantes para passarem de um estado de total desinteresse por aquela área para um enorme envolvimento com a mesma. Nas palavras de S_2:

(...) *Mas ele faz com que você enxergue que a História é vida, a História envolve todas as matérias, tem História da Matemática, História do Português, História da Geografia, mas você não tem*

Matemática da História. Então é a única matéria que engloba todos os outros assuntos. E você, entendendo a História, lá de trás, caminhando, buscando, conhecendo, você vai entender aqui na frente, o porque que muitas coisas acontecem. Então esse estímulo que ele vai criando no aluno, ele fez com que eu aprendesse a ligar os assuntos polêmicos que eu já gostava, assuntos religiosos e a História antiga ($S_2 - D_{1.1}$).

Além disso, os dados mostram que o envolvimento com o objeto a partir das aulas foi tal que influenciou inclusive na escolha da carreira profissional desses alunos:

Ele me influenciou acho que em 90% da minha vida... não sei, acho que ele me influenciou bastante ($S_3 - C_2$).

Considerações finais

Os dados demonstram, em sintonia com as pesquisas citadas, que é visível a presença da afetividade na dinâmica interativa que envolve professor e aluno.

No entanto, em se tratando de jovens, percebe-se que a questão afetiva não se restringe a toques físicos, a olhares ou a modulações de voz, como observado em pesquisas com crianças. Diferentemente disso, a afetividade passa a envolver uma dimensão mais cognitivizada, visto que, durante o desenvolvimento, ela sofre a ação da cognição. Para Dantas (1992),

No seu momento inicial, a afetividade reduz-se praticamente às suas manifestações somáticas, vale dizer, é pura emoção. Até aí, as duas expressões são intercambiáveis: trata-se de uma afetividade somática, epidérmica, onde as trocas afetivas dependem inteiramente da presença concreta dos parceiros. Depois que a inteligência construiu a função simbólica, a comunicação se

O professor inesquecível: a afetividade nas práticas pedagógicas 251

beneficia, alargando seu raio de ação. Ela incorpora a linguagem em sua dimensão semântica, primeiro oral, depois escrita. A possibilidade de nutrição afetiva por essas vias passa a se acrescentar às anteriores, que se reduziam a comunicação tônica: o toque e a entonação de voz (p. 90).

Assim, os alunos, quando jovens, passam a considerar aspectos positivos para sua aprendizagem os tipos de conteúdos abordados e a forma como lhes são apresentados.

Os dados presentes na pesquisa permitem ir além desta constatação: demonstram a presença da afetividade nas principais decisões de ensino assumidas pelo professor, indicando que se constituem como um fator fundante nas relações que se estabelecem entre o sujeito e o objeto de conhecimento.

As experiências escolares de jovens aqui analisadas demonstram, claramente, que a qualidade da mediação experenciada por eles influenciou a qualidade dos vínculos estabelecidos com os diversos objetos de conhecimento.

As práticas pedagógicas narradas por eles – dentre as quais: aspectos da metodologia do professor, organização da sala, aulas expositivas, atividades diversificadas, materiais adotados, exercícios, instrumentos de avaliação, objetivos do professor na disciplina – bem como as habilidades do professor nas suas exposições e a explicitação do prazer em ensinar naquela área, parecem ter sido fatores determinantes para o envolvimento dos sujeitos com os vários objetos de conhecimento aos quais se referiram.

Cabe ressaltar que estas características dos profissionais não podem ser interpretadas como pré-determinadas, dado o referencial teórico adotado na pesquisa. Ao contrário, supõe-se que são fruto de uma história de mediações e aprendizagens ocorridas durante sua formação inicial e também durante sua vida profissional. Conforme aponta Cunha (2000), a constituição do professor implica um processo de internalização, o que corresponde dizer que aquilo que o professor vai se tornando não é resultado apenas de influências externas ou de uma aptidão interna. A relação do professor com o meio que o rodeia tem um caráter histórico-cultural: 'não é a natureza, mas a sociedade, em primeiro lugar, quem deve ser considerada como fator determinante da conduta do homem' (Vygotsky, 1987, p. 97); estas relações não envolvem apenas trocas objetivas, elas também constituem um processo interativo (Cunha, 2000, p. 32).

Pelo exposto, é importante salientar que, na escola, os olhares devem voltar-se não apenas para os aspectos cognitivos dos alunos, mas atentar também para formas de propiciar condições afetivas que colaborem para o estabelecimento de vínculos positivos entre os alunos e os objetos de conhecimento a eles apresentados.

Em síntese, a presente pesquisa resgata a importância do papel mediador do professor que, além de desenvolver as condições imediatas de ensino, pode influenciar as decisões que afetam diretamente a vida dos alunos, como demonstram os relatos aqui apresentados, transformarem-se no seu professor inesquecível.

Referências

Aguiar, Wanda Maria Junqueira. "A pesquisa em psicologia sócio-histórica: contribuições para o debate metodológico", in Bock, Ana Mercês Bahia; Gonçalves, Maria da Graça Marchina; Furtado, Odair (orgs.). *Psicologia sócio-histórica: uma perspectiva crítica em psicologia.* São Paulo: Cortez, 2001.

Bogdan, R. C. E Biklen, S. K. *Investigação qualitativa em educação: uma introdução à teoria e aos métodos.* Porto: Coleção Ciências da Educação, 1994.

Colombo, Fabiana Aurora. *Afetividade e produção escrita: a mediação em crianças de pré-escola*. Monografia, Faculdade de Educação, UNICAMP. Campinas, 2002.

Cunha, Myrtes Dias da. *Constituição de professores no espaço-tempo da sala de aula*. Tese de Doutorado, Faculdade de Educação, UNICAMP. Campinas, 2000.

Dantas, Heloysa. "A afetividade e a construção do sujeito na psicogenética de Wallon", in La Taille, Y., Dantas, H., Oliveira, M. K. *Piaget, Vygotsky e Wallon: teorias psicogenéticas em discussão*. São Paulo: Summus, 1992.

Galvão, Izabel. *Henri Wallon: uma concepção dialética do desenvolvimento infantil*. Petrópolis: Vozes, 2001. 9ª Edição.

Grotta, Ellen Cristina Baptistella. *Processo de formação do leitor: relato e análise de quatro histórias de vida*. Dissertação de Mestrado, Faculdade de Educação, UNICAMP. Campinas, 2000.

Larocca, Priscila. *Conhecimento psicológico e séries iniciais: diretrizes para a formação de professores*. Dissertação de Mestrado, Faculdade de Educação, UNICAMP. Campinas, 1996.

Leite, Sérgio Antônio da Silva; Tassoni, Elvira Cristina Martins. "A afetividade em sala de aula: as condições de ensino e a mediação do professor", in Azzi, Roberta Gurgel; Sadalla, Ana Maria Falcão de Aragão (orgs.). *Psicologia e formação docente: desafios e conversas*. São Paulo: Casa do Psicólogo, 2002.

Lüdke, Menga; André, Marli E. D. A.. *Pesquisa em educação: abordagens qualitativas*. São Paulo: EPU, 1986.

Negro, Telma Cristina. *Afetividade e leitura: a mediação do professor em sala de aula*. Monografia, Faculdade de Educação, UNICAMP. Campinas, 2001.

Oliveira, Ivone Martins. *O sujeito que se emociona: signos e sentidos nas práticas culturais*. Tese de Doutorado, Faculdade de Educação, UNICAMP. Campinas, 2001.

Oliveira, Marta Kohl de. "O problema da afetividade em Vygotsky", in La Taille, Y., Dantas, H., Oliveira, M. K. *Piaget, Vygotsky e Wallon: teorias psicogenéticas em discussão*. São Paulo: Summus, 1992.

_____. *Vygotsky: aprendizado e desenvolvimento: um processo sócio-histórico*. São Paulo: Scipione, 1997.

Rego, Teresa Cristina. *Vygotsky: uma perspectiva histórico-cultural da educação*. Petrópolis: Vozes, 2002. 14ª Edição.

Silva, Mirian Lourdes Ferreira dos Santos. *Análise das dimensões afetivas nas relações professor-aluno*. Monografia, Faculdade de Educação, UNICAMP. Campinas, 2001.

Tassoni, Elvira Cristina Martins. *Afetividade e produção escrita: a mediação do professor em sala de aula*. Dissertação de Mestrado, Faculdade de Educação, UNICAMP. Campinas, 2000.

Vygotsky, L. S. *Pensamento e Linguagem*. S. Paulo: Martins Fontes, 1993.

Vygotsky, L. S. *A formação social da mente*. São Paulo: Martins Fontes, 1994.

Vygotsky, L. S. *Desenvolvimento Psicológico na Infância*. S. Paulo: Martins Fontes, 1998.

Wallon, H. *A evolução psicológica da criança*. Lisboa: Edições 70, 1968.

Wallon, H. *As origens do caráter na criança*. São Paulo: Difusão Européia do Livro, 1971.

Wallon, H. *Do acto ao pensamento*. Lisboa: Moraes Editora, 1978.

Wallon, H. *Origens do pensamento na criança*. S. Paulo: Manole, 1989.

CAPÍTULO XII
Educar, sentir e brincar: transitividade em ação

Alysson Massote Carvalho
Maria Isabel Pedrosa
Sérgio Antônio da Silva Leite

Razão e afetividade não "andam de mãos dadas" na maioria dos estudos da Psicologia. A razão é considerada, preferencialmente, em investigações cognitivas; a afetividade, mais ligada às investigações clínicas. Essa dicotomia presente na atualidade é, entretanto, herdeira de reflexões filosóficas e ideológicas tradicionais, que concebiam o homem como uma dualidade: corpo e alma. No período em que predominou o dualismo cartesiano, os esforços científicos foram canalizados para o estudo do corpo, considerando-o objeto privilegiado de investigação, o que permitiu um avanço na compreensão do organismo, com repercussões metodológicas em busca de maior objetividade e medição. Por outro lado, a dualidade propiciou um afastamento do estudo científico de certos processos mentais, mais considerados "coisas do espírito", e cujo acesso percorria o caminho da introspecção (Fraisse, 1963/1968). Mesmo na era pós-cartesiana, a motivação, por exemplo, foi muitas vezes questionada e considerada uma noção supérflua: processos de estimulação e aprendizagem pareciam suficientes para a explicação do comportamento (Nuttin, 1965/1969). Um pensamento dicotômico revela-se com várias nuances, em distintos aspectos do conhecimento: quantidade e qualidade como balizadores científicos; experimentação ou observação como opções procedimentais para controle de variáveis de estudo; enfoque biológico ou cultural como perspectivas teóricas para a descrição e explicação do comportamento humano. Muitos outros exemplos continuam presentes no debate atual.

A literatura da Psicologia do Desenvolvimento reflete a dicotomia entre razão e afetividade: se a teoria pertence à área da cognição, poucas são as hipóteses interpretativas em que estão imbricados conceitos cognitivos e afetivos, mesmo que haja um reconhecimento dos autores da relevância em se considerar um processo de desenvolvimento integral. Se, ao contrário, a ênfase for sobre a afetividade da criança, examinando-se processos motivacionais, emocionais, ou o processo de construção de sua identidade, entre outros, há quase sempre uma ausência de hipóteses interpretativas que utilizam conceitos cognitivos integrados àqueles processos.

Uma das poucas exceções deve ser feita à teoria walloniana, que parte do processo emocional, portanto um processo afetivo, para explicar a constituição da vida mental, considerando a emoção o primeiro recurso comunicativo do sujeito com seus parceiros sociais. Wallon (1942/1979; 1949/1971) explica que o complexo sensitivo-motor, pertencente ao repertório inicial da criança, portanto parte de sua herança genética, possibilita que suas disposições internas sejam transformadas em emoções, pela intervenção do outro. Implicitamente, o autor reconhece que também faz parte dessa herança a capacidade do ser humano de atribuir sentidos a suas diversas experiências, mesmo que essa atribuição seja possibilitada por recursos interpretativos de níveis de complexidade diferentes, segundo as etapas de sua vida, sendo menos complexos na etapa inicial.

Ainda de acordo com a perspectiva walloniana (Wallon, 1942/1979), a criança, possuindo uma plasticidade percepto-motriz, transforma movimentos aleatórios em movimentos ajustados a seus propósitos, principalmente àqueles que buscam uma *fusão* com o outro e promovem, ao mesmo tempo, a *diferenciação* dele com outro (processo imitativo), num desenrolar contínuo de sua ontogênese. Ao se fundir com o outro, a criança busca uma semelhança quase completa, um duplo na realidade. Essa duplicação permite a comparação, realçando-se, em conseqüência, semelhanças e diferenças, possibilitando, assim, a diferenciação eu-outro, ou seja, a emergência de um processo identitário.

Do ponto de vista funcional, a imitação é o recurso comunicativo preponderante no terceiro ano de vida da criança. Por meio da imitação ela informa ao outro que deseja estar junto a ele, fazer algo com ele e que é interessante o que fazem compartilhadamente. É desse modo que a imitação repercute naquele que é imitado (Nadel e Baudonnière, 1981; Nadel e Fontain, 1989). Mais do que um recurso comunicativo, entretanto, a imitação é, segundo Wallon (1942/1979), constitutiva de sua função de representação, pois todo o esforço empreendido pela criança para imitar a prepara para usar o movimento tônico (gestos, posturas, mímica) como um meio de representar, ou seja, de articular o plano do sensível e do concreto, ao plano das idéias, das imagens e do pensamento. A criança que imita um cachorro, se pondo de quatro, deixando a língua de fora e emitindo um som de latido, dá mostras de uma função de representar, mesmo incipiente: o seu gesto não é relevante em si mesmo, mas, sim, pela força de trazer para a situação presente, algo não presente (o cachorro). Novamente, constata-se nessa teoria que afetividade e cognição são inseparáveis, não porque o autor afirme a relevância de estarem integradas, mas porque necessariamente o são, na medida em que o desdobramento do processo, tal como hipotetizado pelo autor, implica a consideração simultânea de aspectos da ontogênese que se revelam intricados: constituição da noção de eu-outro, construção da comunicação e fortalecimento da função de representar.

A teoria walloniana é tomada neste capítulo como exemplo de um instrumental interpretativo que possibilita uma explicação do desenvolvimento infantil sem compartimentalizar a criança. Não se quer dizer que ela é o único instrumento teórico a fazer isso, nem tampouco dizer que outras teorias, que ofereceram explicações específicas da cognição ou da afetividade, não tenham o seu valor. Em muitos trabalhos de investigação, considerando-se aquisições circunscritas, o pesquisador tem a necessidade de buscar instrumentos teóricos que lhe possibilitem explorar e explicar o fenômeno em exame. Para isso, ele recorre a estudos que lhe ofereçam os subsídios necessários. O nível de especialização, entretanto, traz como conseqüência, uma fragmentação desses estudos, sendo necessário um grande esforço daqueles que desejam aplicar os conhecimentos construídos, em seu próprio campo do saber, ou utilizá-los em outro campo. Esse é o caso da Educação, que busca suporte na Teoria do Desenvolvimento, entre outros campos do saber, para realizar práticas educativas que sejam significativas para a criança e para o adolescente e propiciem, portanto, aprendizagens de modo efetivo.

No contexto educacional, com destaque sobre o processo de ensino e aprendizagem, verificam-se dificuldades e desafios que devem ser enfrentados. São problemas envolvendo, por exemplo, a aquisição de habilidades, transmissão de informações e fortalecimento da competência social, incluindo nesse último o estabelecimento de limites e o desenvolvimento da moralidade. Surge, então, a necessidade de se *construir um diálogo* entre a Psicologia do Desenvolvimento e a Educação de modo a que os educadores possam apoiar suas práticas pedagógicas em um real conhecimento do aprendiz. Por outro lado, as dificuldades encontradas na implementação de seqüências didáticas para a aprendizagem de conteúdos específicos, para a aquisição de habilidades requeridas no domínio de tecnologias, ou mesmo na implementação de experiências que promovam autonomia, capacidade crítica, etc. servem de instigadores para novas investigações psicológicas.

A dicotomia entre afetividade e razão é evidenciada em várias concepções psicológicas ou em diversos procedimentos pedagógicos, quer seja ao se hipotetizar o desenvolvimento humano, os processos de aprendizagem ou formação de conceitos, ou mesmo ao se escolher conteúdos informacionais e estratégias de ensino que promovam experiências significativas. Um exemplo que ilustra essa dicotomia é evidenciado no brincar infantil. Apesar de reafirmarem a relevância do brincar para a criança e dizerem que brincando as crianças se desenvolvem, educadoras, freqüentemente, reservam pouco espaço para a brincadeira livre na Educação Infantil. Somente quando a brincadeira faz parte de um planejamento didático, conferindo-lhe um *status* pedagógico, é que se permite que a criança brinque. Se não for assim, o brincar pelo simples prazer de brincar não é permitido, ou melhor, somente é permitido na hora do recreio, naquele momento de pausa para o descanso (cf., por exemplo, Carvalho e Pontes, 2003; Pereira e Carvalho, 2003).

As educadoras reconhecem que a criança tem alta motivação para brincar, tanto que utiliza a brincadeira didaticamente, para envolvê-la numa tarefa educacional. Isso está ilustrado no capítulo sobre "Ontogênese da criança de zero a seis anos e a Educação Infantil", que discute uma prática pedagógica possivelmente propiciadora de uma aprendizagem sobre escrita numérica, em um contexto significativo de atividade lúdica. Mas, freqüentemente, o valor do brincar está em viabilizar o conhecimento que se quer ensinar e não o conhecimento que a criança adquire sozinha, com seus parceiros, pelas exigências do brincar.

Menos freqüente ainda é justificar o brincar, na Educação Infantil, pelo prazer que a criança tem em brincar (valor afetivo). Normalmente, quando se envolvem crianças em brincadeiras, com intencionalidade pedagógica, justifica-se que o brincar conduz a aprendizagens ou aquisições (valor cognitivo). Assim como as educadoras, pais e psicólogos reconhecem que procedimentos didáticos planejados por meio da brincadeira propiciam situações significativas para a criança e, portanto, a brincadeira é um instrumento pedagógico relevante. O argumento que se quer evidenciar, entretanto, é que nossos hábitos mentais nos conduzem a atribuir à escola ou à pré-escola uma missão exclusivamente de ordem cognitiva. Esses hábitos são construídos, provavelmente, a partir de uma concepção de ontogênse em que afetividade e razão são processos dicotômicos. Não se pergunta: por que as crianças gostam tanto de brincar? Qual o papel da brincadeira na ontogênese da criança? Que recursos (socioafetivos e cognitivos) as crianças mobilizam para brincar? O que elas aprendem brincando, com suas próprias brincadeiras, com seus próprios parceiros, pelo simples fato de brincarem? Como a brincadeira se relaciona aos contextos sociais e culturais de desenvolvimento?

O capítulo intitulado "Brincar, ambiente educativo e desenvolvimento humano: implicações educacionais", que compõe esta parte do livro, revela um conjunto de dados descritivos sobre o brincar de 542 crianças, numa faixa etária entre 3 e 6 anos, videoregistradas em situação livre. Uma análise foi empreendida a partir de uma classificação das brincadeiras, de acordo com vários atributos (idade, composição grupal, gênero, relação estabelecida entre os membros, tipos de brincadeiras, estilo de interação, etc.), confrontando-as com uma descrição do ambiente institucional educativo, onde os registros foram feitos, e o conteúdo de entrevistas realizadas com as educadoras dessas instituições. O deixar brincar (brincar espontâneo) e o fazer brincar (brincar com propósitos educativos) são discutidos a partir dos resultados analisados.

"O professor inesquecível: a afetividade nas práticas pedagógicas" é o tema abordado em um dos capítulos, nessa parte do livro, que trata das relações ensino-aprendizagem, focando aspectos que, potencialmente, podem apresentar implicações afetivas na relação sujeito-objeto de conhecimento. A relação professor-aluno é investigada por meio de entrevistas realizadas com jovens, que cursam ou terminaram de cursar o terceiro ano colegial e que mencionaram ter tido uma experiência escolar marcante. Além disso, dispuseram-se a oferecer informações sobre essas experiências. As práticas pedagógicas descritas por eles, as habilidades do professor em suas exposições e o prazer em ensinar os conteúdos da disciplina parecem ser fatores implicados na relação do aluno com os objetos de conhecimento aos quais se referiam.

Os três estudos que compõem essa parte do livro buscam oferecer subsídios para uma reflexão profícua sobre o processo ontogenético e sua relação com práticas pedagógicas, em ambientes educacionais, que possam repercutir significativamente naquele processo. Tem-se como pressuposto a concepção de que um projeto educativo tem possibilidade de potencializar o desenvolvimento do ser humano e de que a instituição educacional é um recurso social básico para melhorar as condições de vida das pessoas. Mas esse projeto precisa estar baseado no conhecimento sobre a criança, o adolescente e o jovem adulto, suas motivações, seus recursos interpretativos, a natureza de seus afetos, as possibilidades de seus pensamentos, o papel das interações de parceiros coetâneos e não-coetâneos e muitas outras características dos aprendizes ou de situações que sejam significativas para eles. Há necessidade de formação e desenvolvimento profissional dos educadores, mediadores intencionais de aprendizagens e aquisições do educando, e há necessidade de que a Psicologia do Desenvolvimento responda questões que sirvam de suporte ao trabalho do educador (cf. Zabalza, 2000). Esse suporte precisa superar o binômio razão *versus* afetividade, compreendendo a imbricação dos processos que estão em curso ao longo da ontogênese. As análises empreendidas nos três capítulos que se seguem são um esforço nessa direção.

Referências

CARVALHO, A. M. A. e PONTES Brincadeira é cultura. In: CARVALHO, A. M. A., MAGALHÃES, C. M. C., PONTES, F. A. R. E BICHARA, I. D. (Orgs.) *Brincadeira e cultura: viajando pelo Brasil que brinca*, 1ª ed. São Paulo: Casa do Psicólogo, v. I 2003. p. 15-30.

FRAISSE, P. Evolução da Psicologia Experimental. In P. Fraisse & J. Piaget (Orgs.) - *Tratado de psicologia experimental*, vol. 1, cap. I, Rio, Forense, 1968 (Edição original de 1963).

NADEL, J., BAUDONNIÈRE, P. M. Imitação, modo preponderante de intercâmbio entre pares, durante o terceiro ano de vida. *Caderno de Pesquisa*. São Paulo (39), 1981, p. 26-31.

NADEL, J. & FONTAINE, A. Communicating by imitation: A developmental and comparative approach to transitory social competence. In: Schneider, B. H. et al. (Eds.) *Social competence in developmental perspective.* Kluwer: Academic Publishers, 1989. p. 131-144.

NUTTIN, J. A motivação. In P. Fraisse & J. Piaget (Orgs.) – *Tratado de psicologia experimental*, vol. 5, cap. XV, Rio, Forense, 1969 (Edição original de 1965).

PEREIRA, M. A. P. e CARVALHO, A. M. A. Brincar, é preciso. In: CARVALHO, A. M. A., MAGALHÃES, C. M. C., PONTES, F. A. R. E BICHARA, I. D. (Orgs.) *Brincadeira e cultura: viajando pelo Brasil que brinca*, 1ª ed. São Paulo: Casa do Psicólogo, v. II, 2003. p. 117-123.

WALLON, H. *As origens do caráter na criança:* os prelúdios do sentimento de personalidade. São Paulo: Difusão Européia do Livro, 1971 (Edição original de 1949).

WALLON, H. *Do acto ao pensamento:* ensaio de psicologia comparada. Lisboa: Moraes Editores, 1979 (Edição original de 1942).

ZABALZA, M. A. Getting beyond the problem with quality (Review article). *European early childhood education research Journal*, 8(2), 117-118, 2000.

Sobre os autores

Alysson Massote Carvalho
Pós Doutor em Psicologia pela UCNG. Orientador do Programa de Pós-graduação em saúde da criança e do adolescente da faculdade de Medicina da UFMG.Coordenador do Laboratório do Brincar. Ex-coordenador dos Programas de Educação e Saúde da Pro-Reitoria de Extensão da UFMG

Daniela Cavani Falcin
Pedagoga, formada na Faculdade de Educação da UNICAMP. Mestranda do Programa de Pós-graduação da FE/UNICAMP. Bolsista da FAPESP

Jaan Valsiner
Psicólogo cultural com base axiomática consistente em psicologia do desenvolvimento, trazida para a análise de fenômenos sociais e psicológicos em amplitude. É editor-fundador (1995) do periódico científico *Culture & Psychology* (SAGE). Atualmente é professor de psicologia no Departamento de Psicologia da Clark University, EUA. Publicou vários livros, sendo os mais recentes *The guided mind* (Cambridge, Ma.: Harvard University Press, 1998), *Culture and human development* (London: Sage, 2000) e *Comparative study of human cultural development* (Madrid: Fundación Infancia y Aprendizaje, 2001). Organizou, com Kevin Connolly, o *Handbook of Developmental Psychology* (London: Sage, 2003) e, com Alberto Rosa, o *Cambridge Handbook of Socio-Cultural Psychology* (prelo). Fundou recentemente um novo periódico científico voltado à análise de caso individual, o *International Journal of Idiographic Science* (2005—www.valsiner.com). É, ainda, editor dos periódicos científicos *Integrative Psychological and Behavioral Sciences* e

From Past to Future: Annals of Innovations in Psychology (Transaction Publishers, a partir de 2007). Em 1995, recebeu, na Alemanha, o prêmio Alexander von Humboldt, pelo seu trabalho interdisciplinar na área de desenvolvimento humano. Foi professor visitante nos seguintes países: Alemanha, Austrália, Brasil, Estônia, Holanda, Inglaterra, Itália e Japão.

José Moysés Alves

Professor do Departamento de Psicologia Experimental da Universidade Federal do Pará (UFPA). Mestre em Educação Especial pela Universidade Federal de São Carlos. Doutor em Psicologia pela Universidade de São Paulo. Professor do Programa de Pós-graduação em Teoria e Pesquisa do Comportamento e do Programa de Pós-graduação em Educação em Ciências e Matemática, ambos da UFPA. Investiga e orienta pesquisas sobre a construção de conhecimentos nas interações sociais, em diferentes contextos de educação formal e não-formal, a partir de uma perspectiva histórico-cultural

Lívia Mathias Simão

Psicóloga, mestre e doutora pelo Instituto de Psicologia da Universidade de São Paulo, onde é docente desde 1987 e coordena o Laboratório de Interação Verbal e Construção de Conhecimento do Departamento de Psicologia Experimental. Tem Pós-Doutorado pela University of North Carolina at Chapel Hill, EUA e foi professora visitante na Clark University, EUA. Desenvolve e orienta pesquisas concernentes a questões relativas à construção da subjetividade humana em relações eu-mundo, eu-outro e eu-*self*, desde as perspectivas do construtivismo semiótico-cultural em psicologia e, de forma mais ampla, da filosofia da psicologia. É autora e co-autora de artigos, capítulos de livros e livros, dentre os quais Simão, de Sousa e Coelho, Jr. (2002) *Noção de Objeto, concepção de sujeito: Freud, Piaget e Boesch* (Casa do Psicólogo), Simão e Valsiner (Orgs.)(2006*) Otherness in Question: Labyrinths of the*

Self (Information Age Publishing). É consultora de periódicos científicos nacionais e internacionais e das principais agências brasileiras de fomento à pesquisa. Foi membro da Comissão de Avaliação dos Programas de Pós-Graduação em Psicologia da CAPES. E-mail: limsimao@usp.br.

Maria Cecília A. de Aguiar

Faz parte do Grupo de Estudos e Pesquisas Pedagógicas (GEPP), do Departamento de Educação da Universidade Católica de Pernambuco (Unicap). Tem mestrado em Psicologia Cognitiva e doutorado em Educação, ambos realizados na UFPE. Vem pesquisando sobre processos cognitivos, socioafetivos e pedagógicos relacionados à Matemática, na Educação Infantil e no Ensino Fundamental.

Maria Isabel Pedrosa

Integra o Laboratório de Interação Social Humana (LabInt), do Departamento de Psicologia da UFPE. Realizou doutorado no Departamento de Psicologia Experimental do Instituto de Psicologia da USP e Pós-Doutorado na Duke University (USA). Orienta suas investigações para a descrição e compreensão da ontogênese infantil, buscando integrar aspectos evolutivos e culturais em suas análises. É pesquisadora do CNPq.

Maria Margarida Pereira Rodrigues

Professora do Departamento de Psicologia Social e do Desenvolvimento da Universidade Federal do Espírito Santo. Desenvolve pesquisas sobre desenvolvimento sócio-afetivo e formação e atuação de profissionais da área de saúde. Organizou, com Lídio de Souza e Maria de Fátima Quintal de Freitas, o livro *PSICOLOGIA: reflexões (im)pertinentes* publicado em 1998 pela Casa do Psicólogo.

Maria Michele Fernandes Alves
Mestre em Psicologia do Desenvolvimento pela UFMG. Professora do curso de Psicologia da PUC-Minas.

Maria Thereza Costa Coelho de Souza
Psicóloga e professora de Psicologia do Desenvolvimento do Departamento de Psicologia da aprendizagem, do desenvolvimento e da personalidade do Instituto de Psicologia da USP. Dedica-se desde 1990 ao estudo das relações entre afetividade e cognição no desenvolvimento, a partir das interpretações de contos de fadas e contos maravilhosos, possuindo programa de pesquisas nesta linha de pesquisa do Programa de Pós-graduação em Psicologia Escolar e do Desenvolvimento Humano. É autora, dentre outros, de *Noção de objeto, concepção de sujeito: Piaget, Freud e Boesch*, com Coelho Junior e Simão (Casa do Psicólogo, 2002); *Os sentidos de construção: o si mesmo e o mundo*, como organizadora e autora, juntamente com professores e profissionais de outras áreas (Casa do Psicólogo, 2004), além de inúmeros artigos em periódicos científicos.

Paulo de Salles Oliveira
Professor livre-docente do Departamento de Psicologia Social e do Trabalho do Instituto de Psicologia da USP. Escreveu: *Brinquedos artesanais e expressividade cultural* (São Paulo, SESC, 1982), *Brinquedos tradicionais brasileiros* (São Paulo, SESC, 1983), *O que é brinquedo* (2ª. ed. São Paulo, Brasiliense, 1989), *Brinquedo e indústria cultural* (Petrópolis, Vozes, 1986), *Vidas compartilhadas. Cultura e co-educação de gerações na vida cotidiana* (São Paulo, Hucitec, 1999) e *Cultura solidária em cooperativas. Projetos coletivos de mudança de vida* (São Paulo, EDUSP, no prelo). Organizou duas coletâneas: *Metodologia das ciências humanas* (2ª.ed São Paulo, Hucitec / EDUNESP, 2001) e *O lúdico na cultura solidária* (São Paulo, Hucitec, 2001).

Sérgio Antonio da Silva Leite

Psicólogo, doutor em Psicologia pela USP. Professor do Departamento de Psicologia Educacional da Faculdade de Educação da UNICAMP. Membro do Grupo de Pesquisa ALLE – Alfabetização, Leitura e Escrita. Recentemente, organizou as obras *Alabetização e Letramento – contribuições para as práticas pedagógicas* (Campinas, Komedi, 2001) e *Afetividade e práticas pedagógicas* (S.Paulo: Casa do Psicólogo, 2006).

Vera Silvia Raad Bussab

Professora do Instituto de Psicologia da Universidade de São Paulo, desde 1975, orientadora de Pós-Graduação em Psicologia Experimental, a partir de 1982. Utiliza a Etologia em seus trabalhos como quadro de referência para a compreensão dos processos psicológicos, com especial interesse na ontogênese e filogênese das vinculações afetivas e nas interações entre aspectos afetivos, emocionais e cognitivos no desenvolvimento humano. Pesquisadora do CNPq desde 1989, foi aprovada em concurso de livre-docência em 2003, com a tese *Afetividade e interação social em crianças: abordagem psicoetológica* e aprovada recentemente em concurso de Professor Titular em Psicologia Experimental no IPUSP. É co-autora do livro *Vai encarar? Lidando com a agressividade* (Moderna, 1998); dentre os capítulos publicados encontram-se "Nas malhas do apego: natureza, cultura e desenvolvimento humano" , no livro *Cultura cognição e afetividade* (Casa do Psicólogo, 2002), e " Play in Hunther-Gatherer Society", no livro *The Nature of Play* (Guilford, 2005); dentre os artigos, Bussab, V. S. R.; Fonseca, V. R. J. R. M. Self, other and dialogical space in autistic desorders. *International Journal of Psychoanalysis*, Londres, 1-25, 2006; e Bussab, V. S. R. Fatores Hereditários e ambientais no desenvolvimento: a adoção de uma perspectiva interacionista; *Psicologia Reflexão e Crítica*, Porto Alegre – RS, v. 13, 223-243, 2000. Participa, atualmente de projeto temático multicêntrico e longitudinal sobre o tema "Interação mãe-bebê: Depressão pós-parto como fator de risco no desenvolvimento".